权威·前沿·原创

皮书系列为
"十二五""十三五"国家重点图书出版规划项目

BLUE BOOK

智库成果出版与传播平台

文化蓝皮书

BLUE BOOK OF
CHINA'S CULTURE

中国文化发展研究报告
（2017~2020）

RESEARCH REPORT ON THE DEVELOPMENT OF
CHINA'S CULTURE (2017-2020)

主　编／张晓明
副主编／李　河　李　炎　章建刚　史东辉

社会科学文献出版社
SOCIAL SCIENCES ACADEMIC PRESS (CHINA)

图书在版编目（CIP）数据

中国文化发展研究报告 . 2017－2020 / 张晓明主编
. －－ 北京：社会科学文献出版社，2020.9
（文化蓝皮书）
ISBN 978－7－5201－6894－6

Ⅰ.①中… Ⅱ.①张… Ⅲ.①文化发展－研究报告－
中国－2017－2020 Ⅳ.①G12

中国版本图书馆 CIP 数据核字（2020）第 128700 号

文化蓝皮书

中国文化发展研究报告（2017~2020）

主　　编 / 张晓明
副 主 编 / 李　河　李　炎　章建刚　史东辉

出 版 人 / 谢寿光
责任编辑 / 陈　颖　桂　芳

出　　版 / 社会科学文献出版社 · 皮书出版分社（010）59367127
　　　　　　地址：北京市北三环中路甲 29 号院华龙大厦　邮编：100029
　　　　　　网址：www. ssap. com. cn
发　　行 / 市场营销中心（010）59367081　59367083
印　　装 / 三河市东方印刷有限公司

规　　格 / 开　本：787mm × 1092mm　1/16
　　　　　　印　张：21　字　数：311 千字
版　　次 / 2020 年 9 月第 1 版　2020 年 9 月第 1 次印刷
书　　号 / ISBN 978－7－5201－6894－6
定　　价 / 128.00 元

本书如有印装质量问题，请与读者服务中心（010－59367028）联系祝贺中国社会科学院中国文化研究中心成立暨《文化蓝皮书》出版 20 周年！

文化蓝皮书总编委会

主要编撰者简介

张晓明 研究员，中国社会科学院中国文化研究中心副主任，《文化蓝皮书：中国文化产业发展报告》主编，中国传媒大学博士生导师，财政部中央文资办专委会主任。长期从事文化政策研究，参与国家文化体制改革方案制定，以及中央和地方文化发展规划的制定。近年来，参与推动文化科技融合重大项目研究与开发，任北京邮电大学移动媒体和文化计算重点实验室学术委员会主任。

李 河 中国社会科学院哲学所现代外国哲学研究室二级研究员，博士生导师，中国社会科学院中国文化研究中心执行主任，享受国务院特殊津贴专家。学术方向为西方哲学和国外文化政策。专著《巴别塔的重建与解构》获中国社会科学院优秀科研成果专著一等奖（2011）；参与编辑翻译《外国著名思想家译丛》（共 65 本），译著《胡塞尔思想的发展》获中国社会科学院青年科研成果译著一等奖（1999）；2009～2013 年担任联合国教科文组织"文化多样性国际基金"（IFCD）首届六人评委会成员；主持国家社会科学基金 A 类重大课题"文化多样性与和谐世界建设"；主持中国文化研究中心"中国周边国家文化发展状况调查"项目和《中外文化交流年度报告》系列。

李 炎 教授、博士生导师，现任云南大学国家文化和旅游研究基地主任，云南大学文化发展研究院院长，文化和旅游部文化产业专家委员会委员、中国文联艺术产业委员会委员，中国文化产业协作体专家委员会委员，中国文化产业管理专业委员会副会长、云南省文化产业研究会会长，云南省

"民族文化与文化产业发展"智库负责人、多个省市和高校文化发展与文化产业顾问。长期从事文化产业、民族文化学、跨文化和少数民族艺术研究与教学工作。出版文化与文化产业相关著作8部，在学术刊物上发表文章百余篇。主持和参与国家、省部级课题10余项，主持、参与地方性战略咨询、发展规划和文化创意产业园区项目策划等横向课题50余项。

章建刚 中国社会科学院哲学所研究员，博士生导师。2000年以来，注重国家文化发展与文化政策研究，涉及文化产业发展、文化体制改革、公共文化服务、各类文化遗产与文化多样性保护、少数民族地区文化发展等重大专题，尤其开始运用文化经济学理论对问题进行分析。曾任《文化蓝皮书》（系列）主编；文化部《保护和促进文化表现形式多样性公约》事务部际协调机制成员、文化部国家公共文化服务体系建设专家委员会专家；中国文联文艺批评家协会理事；中华全国美学学会理事。曾受聘山西大学音乐学院特聘教授、上海交通大学特聘研究员等。

史东辉 上海大学经济学院教授，博士研究生导师。主要研究领域为产业经济理论及公共政策。先后出版专著、译著20余部，主持或参与了逾20项国家和省部级课题，并获得上海市第十届哲学社会科学优秀成果著作类一等奖、教育部普通高校第二届人文社科研究成果三等奖、上海大学"王宽诚育才奖"以及国家中长期科学和技术发展规划领导小组办公室嘉奖。

前　言

2000 年 10 月 13 日，中共十五届五中全会闭幕后第二天，中国社会科学院文化研究中心正式举行成立大会，中央政治局委员、中国社会科学院院长李铁映同志到会并做重要讲话，传达了中央全会关于发展文化产业的重大政策信息，并要求文化研究中心编制《文化蓝皮书》，以配合中央这一重大战略部署的推进。2002 年 2 月，首部"文化蓝皮书"——《文化蓝皮书：2001～2002 中国文化产业发展报告》正式出版。

从 2002 年到 2016 年，《文化蓝皮书：中国文化产业发展报告》连续出版了 13 本。在这段时间里，文化研究中心还编撰出版了《文化蓝皮书：中国公共文化服务发展报告》《文化蓝皮书：中国少数民族文化发展报告》《文化蓝皮书：国际文化产业发展报告》等，总计达到 20 本以上。《文化蓝皮书》系列始终在我国文化领域保持影响力领先的位置。

中国社会科学院文化研究中心的成立，是中国社会科学院发挥思想库智囊团作用、服务国家发展战略的重大创新性举措；《文化蓝皮书》的出版，是中国社会科学院文化研究中心服务国家文化发展战略的标志性事件。

在党的十九大召开以后，文化领域的智库型研究受到党和政府的高度重视，作为国内首个具有重大影响的国家文化政策智库，"中国社会科学院文化研究中心"由院领导决定升级为院"高端智库"，更名为"中国社会科学院中国文化研究中心"，重启《文化蓝皮书》的工作也提上了日程。经过周详的准备，《文化蓝皮书：中国文化发展研究报告（2017～2020）》得以出版。

鉴于党的十八大以来，无论是文化发展形势还是文化政策环境均已发生了重大变化，念及 2000 年文化研究中心成立初始就曾考虑编撰"中国文化

发展报告"，我们决定做一本《文化蓝皮书》的 2.0 版，将《文化蓝皮书：中国文化产业发展报告》更名为《文化蓝皮书：中国文化发展研究报告》，对原来设计的内容结构做出大幅调整，以期更好地适应当前文化发展形势的需要。调整的内容包括：首先是增设了"综合篇"，将"区域文化产业""文化和科技融合""文化产业投资""文化金融""文化消费""文化企业"等综合性问题做集中处理。其次是大大缩小了"产业篇"的内容，突出了对"数字创意产业"等新兴产业类型的研究。再次是增设了"国际借鉴篇"，加强了对国外文化发展最新趋势研究。最后是将以前的"专家视野篇"改为"理论探讨篇"，以适应目前产业转型期对新业态、新产业、新模式研究的需要。

摘　要

　　根据第四次经济普查数据，我国文化产业在将近 3 个五年计划的较长时段中，总体上实现了高速发展。2018 年，我国文化产业实现增加值 38737 亿元，比 2004 年增长 10.3 倍。2005～2018 年，文化产业增加值年均增长 18.9%，高于同期 GDP 年均增速 6.9 个百分点。文化产业增加值占 GDP 的比重，由 2004 年的 2.15%，提高到 2018 年的 4.30%。文化产业离"国民经济支柱产业"的目标越来越近，对国民经济与社会发展起着越来越重要的作用。

　　分年度看，文化产业发展明显地分为两个阶段：2004～2010 年，年均增长率达到 23.4%，2010 年以后整体上一路下降：2011 年 21.96%、2012 年 16.5%、2013 年 11.1%、2014 年 12.1%、2015 年 11%、2016 年 13%、2017 年 10.8%、2018 年 8.2%、2019 年 7%（规上企业）。与此同时，我国文化产业中与数字技术高相关度行业出现爆发式增长，推动文化产业发展实现了重大的结构性转换。

　　可以说，在文化改革和发展的前一个十年的"窗口期"关闭的同时，新的"窗口期"已经打开。数字经济的强势崛起使得我国文化发展搭上了又一辆快车，我国文化发展正进入新一轮"增量改革"周期。

　　重大的结构性变化需要文化产业部门全面转轨，形成既符合市场经济一般规律又遵循文化生产特殊规律的发展道路和发展模式。从某种意义上说，这才真正开始了建立在市场经济基础上的文化产业发展。

Summary

According to the data of the fourth economic census, China's cultural industry achieve rapid development in the relatively long period of the nearly three five-year plans. In 2018, China's cultural industry achieved an added value of 3, 873. 7 billion yuan, an increase of 10. 3 times higher than that in 2004. From 2005 to 2018, the added value of the cultural industry grew at an average annual rate of 18. 9% , which was 6. 9 higher than the average annual GDP growth rate over the same period. The added value of the cultural industry as a proportion of GDP increased from 2. 15% in 2004 to 4. 30% in 2018. The cultural industry is getting closer and closer to the goal of " the pillar industry of the national economy" , and it plays an increasingly important role in the development of the national economy and society.

On an annual-basis, the development of the cultural industry is clearly divided into two stages: From 2004 to 2010, the average annual growth rate reached 23. 4% , and the overall decline after 2010: 21. 96% in 2011, 16. 5% in 2012, 11. 1% in 2013, 12. 1% in 2014, 11% in 2015, 13% in 2016, 10. 8% in 2017, 8. 2% in 2018, 7% in 2019 (the enterprises with considerable scale) . At the same time, the explosive growth of industries that are highly related to digital technology in China's cultural industry, as well as industries that are highly related to cultural industries, has promoted the development of cultural industries and achieved major structural transformations.

It can be said that while the "window period" of the first ten years of cultural development is closed, a new "window period" has been opened. The strong rise of the digital economy has madeChina's cultural development catch another fast train, and China's cultural development is entering a new round of "incremental reform" cycle.

Major structural changes require a comprehensive transformation of the cultural industry sector to form a development path and development model that conforms to the general laws of the market economy and the special laws of cultural production. In a sense, this really started the development of cultural industry based on the market economy.

目　录

Ⅲ　产业篇

Ⅳ　国际借鉴篇

Ⅴ　理论探讨篇

Ⅵ　附录

皮书数据库阅读**使用指南**

CONTENTS

I General Reports

文化蓝皮书

II Comprehensive Reports

III Industry Reports

Ⅳ　International Reference

Ⅴ　Theory Discussion

Ⅵ　Appendix

总 报 告

General Reports

B.1

拥抱变化，谋划未来

——中国文化发展研究及趋势分析（2017~2020）

张晓明　章建刚　李河　史东辉*

摘　要： 近年来，文化产业发展速度大幅下降，但是与数字技术高相
　　　　　关度产业爆发式增长，融合发展成为无所不在的主题，以
　　　　　"放管服"为主线的改革措施推动文化产业转向质量效益型
　　　　　增长。在此背景下，文化发展在建构"数字文化创新生态体
　　　　　系"、转向网络化和智能化的"大生产"系统，以及在体制
　　　　　机制政策领域做"原始创新"等方面存在新的问题。总报告

* 张晓明，中国社会科学院中国文化研究中心副主任，研究员，主要研究方向为文化政策、文
化科技融合等；章建刚，中国社会科学院中国文化研究中心副主任，研究员，主要研究方向
为文化政策、文化体制改革、公共文化服务等；李河，中国社会科学院中国文化研究中心执
行主任，研究员，主要研究方向为西方哲学及国外文化政策；史东辉，上海大学经济学院教
授，博士生导师，主要研究方向为产业经济学及产业政策。

建议：抓住5G商用的重大契机，实施国家文化遗产数字化战略；抓住国家经济发展方式转型和经济结构调整的契机，推动文化消费潜力释放；抓住数字文化发展高峰期到来的契机，以"原始创新"的精神推动文化领域国家治理体系和治理能力现代化建设；以及整合文化和相关产业政策，形成"三元动力"体系，推动我国文化科技深度融合，领跑国际数字创意产业发展。

关键词： 数字文化　数字技术　文化创新生态　新型文化基础设施

本蓝皮书于2019年启动，这是一个对编制新的《文化蓝皮书》相对有利的时间节点。上一本《文化蓝皮书》编写于2015年，正值"十二五"收官之年，总报告题为"面向'十三五'，走进新常态"，对"十三五"进行了展望。2019年是"十三五"即将结束之年，又处在一个回顾以往、展望未来的节点上。此外，上一本《文化蓝皮书》编写之际刚刚结束了第三次全国经济普查，于是包含了比较翔实的文化发展数据分析。2019年是第四次全国经济普查完成后（2018年）的数据分析之年，有条件对这期间的文化发展总体状况进行系统回顾。

一　对十八届三中全会以来文化发展形势的总体认识：大转型时期

从政策面上看，2013年十八届三中全会通过了《中共中央关于全面深化改革若干重大问题的决定》，提出了"建立健全现代文化市场体系"这一总的政策思路，并围绕发挥市场在资源配置上的决定性作用和更好地发挥政府的作用这一核心目标，对如何在文化领域建立现代治理体系和提高治理能力做出了战略部署，以"放管服"为主线，为推进文化体制机制改革确立了基调。从那以后，我国文化领域进入新一轮政策密集出台期。

我们对这个阶段文化发展的基本概括是"大转型"，其有以下 4 个主要特点。

（一）发展进入下行通道，规模型扩张阶段结束

根据第四次经济普查数据，我国文化产业在将近 3 个五年计划的较长时段中，总体上实现了高速发展。2018 年，我国文化产业实现增加值 38737 亿元，比 2004 年增长 10.3 倍。2005~2018 年，文化产业增加值年均增长 18.9%，高于同期 GDP 现价年均增速 6.9 个百分点。文化产业增加值占 GDP 比重，由 2004 年的 2.15%，提高到 2018 年的 4.3%。文化产业离"国民经济支柱产业"的目标越来越近，对国民经济与社会发展起着越来越重要的作用。[①]

但是，如果将国家统计局 2004 年后每年公布的全国文化及相关产业企业营业收入增长统计报表排列起来做一个纵向比较，就可以看到文化产业发展明显地分为两个阶段：2004 年到 2010 年是个"飙升"阶段，文化产业年均增长率达到 23.4%，但是 2010 年以后几乎是一路下降：2011 年 21.96%，2012 年 16.5%，2013 年 11.1%，2014 年 12.1%，2015 年 11%，2016 年 13%，2017 年 10.8%，2018 年 8.2%，2019 年 7%（规上企业）。

另外，根据国家统计局的数据，2018 年全国规模以上文化及相关产业的企业实现营业收入 96799 亿元，比上年减少 1.4%，虽然其中有统计口径调整的原因，但是文化产业下降的态势是明显的。

可以说，中国文化产业以规模扩张为主要特点的阶段已经基本结束，增长速度在 2010~2012 年的"陡降"后，进入了仅高于国民经济 GDP 增长速度 5 个百分点左右的"平台期"。

如果将自十五届五中全会（2000 年）提出"文化产业"概念以来我国

---

① 国家统计局社会科技和文化产业统计司、中宣部文化体制改革和发展办公室编《中国文化及相关产业统计年鉴（2019）》，中国统计出版社，2019，第 28 页。

文化发展的历程做一个总体描述，其大体上可以分为两个阶段：第一个阶段是 2010 年以前，可以归结为在文化体制改革的生产力释放作用与文化产业的政策性推动作用双重动力之下的"非常规"高速发展时期；第二个阶段是 2010 年以后，改革的阶段性任务基本完成，与改革配套出台的政策效应递减，在宏观经济形势的影响下，文化产业的发展速度下降，进入了在经济领域被称为"新常态"的新时期。

（二）文化产业出现结构变化，转向创新驱动发展模式

更重要的是，在 2010 年后我国文化产业发展速度下降的同时，出现了重大的结构变化，带动了发展方式转换。

总体上来看，2008 年的全球金融危机是一个转折点，刺激了数字和网络技术的大规模商用，推动我国文化产业中与数字技术高相关度部门的爆发式增长，实现了令人叹为观止的整体结构跃迁。

从统计数据可以看出发展态势。从 2015 年开始，国家统计局每年发布文化及相关产业规模以上企业数据，其中特别区分出以"互联网＋"为主要形式的文化信息传输服务业，从中可以看出文化产业与数字技术高相关度门类的暴涨态势。2015 年，以"互联网＋"为主要形式的文化信息传输服务业是投资额增长最快的行业，比上年增长 77.0％；2016 年后披露的规模以上文化企业增长数据，每年文化信息传输服务业都在分行业中增长最快：2016 年 30.3％，2017 年 34.6％，2018 年 24％。2019 年国家统计局使用新版统计指标体系，其中显示，文化新业态特征较为明显的 16 个行业小类实现营业收入 19868 亿元，比上年增长 21.2％；占比为 22.9％，比上年提高2.1 个百分点。其中，互联网其他信息服务、可穿戴智能文化设备制造的营业收入增速超过 30％。以上数字充分显示结构变化之剧烈。

以下研究更能充分反映变化的深刻程度。2019 年 8 月，国务院发展研究中心发布了一项研究成果——《数字文化产业发展趋势研究报告》，报告认为，数字技术快速发展导致的变化对传统国内生产总值核算带来了挑战，国家统计局因此对于文化产业有重大漏统。据国务院发展研究中心测算，

2017 年全国数字文化产业增加值应该达到 1.03 万亿~1.19 万亿元，如果以统计局公布的 2017 年文化及相关产业增加值总数 34722 亿元计算，占比应该达到 34% 左右。按照这个比例估计，数字文化产业对于我国文化产业增加值的贡献率会达到 70% 以上。这些数据清楚地说明，文化产业的技术构成已经发生根本性变化，数字技术相关行业已经迅速崛起，文化产业的结构变化已经完成。可以说，在数字技术的创新驱动作用下，文化产业已经从规模速度型增长转向了质量效益型增长。

2016 年 11 月，国务院发布《"十三五"国家战略性新兴产业发展规划》，首次将"数字创意产业"纳入其中。2017 年 4 月，文化部出台首个专门针对数字文化产业的文件——《文化部关于推动数字文化产业创新发展的指导意见》，全面推动"互联网＋文化"的新业态、新模式、新趋势的发展。这两个文件的发布是对上述发展态势的最明确的表征。

（三）从消费性服务功能向生产性和社会性服务功能延伸：融合发展成为无所不在的主题

2010 年以后，在文化产业发展速度进入下行通道的同时，开始出现与国民经济和社会发展各领域融合发展的新态势。特别是十七届五中全会提出推动文化产业成为国民经济支柱性产业的战略目标后，十七届六中全会进一步强调推动文化产业跨越式发展，使其成为国民经济新的增长点、经济结构战略性调整的重要支点、转变经济发展方式的重要着力点，这是将发挥文化产业生产性服务功能、实现与国民经济各行业的融合发展纳入国家战略。我国文化产业的发展开始撬动国民经济结构战略性调整和转变经济发展方式这盘大棋。

文化产业属于既具有消费性服务功能，又具有生产性服务功能的现代服务业，是推动国民经济发展的战略性新兴产业。但是由于发展得不充分，到目前为止，对其做全面量化分析还得不到权威统计数据的支持。我们只是看到，为了落实十七届六中全会的政策需要，国家统计局 2012 年对我国文化及相关产业分类做了新的调整，加进了"文化创意和设计服务"这个最能反

映文化产业与国民经济融合发展的新的指标类别。在以后历年的统计公报中（除了2013年使用修改过的统计数据因而无法与前一年比较，以及2017年由于根据2018年再次修改了指标体系而没有提供数据外），我们可以看到，文化创意和设计服务都是仅次于"以'互联网＋'为主要形式的文化信息传输服务业"的统计类别：2014年增长17.7%，2015年增长18.2%，2016年增长18%，2018年增长16.5%。

2018年，文化部和国家旅游局合并，文化与旅游融合发展成为最受关注的政策主题，标志着融合发展进入新的阶段。从统计指标上看，文化和旅游的统计指标体系区别较大，重合叠加部分较小，基本上是平行体系，其统计数据可以相加计算。这样看来，文化和旅游诸行业增加值相加总量已经完全可以超过"国民经济支柱产业"5%的低线标准，甚至达到"国家战略性新兴产业"10%的高线标准了。

（四）"放管服"与新动力：体制机制政策的再创新

在2014年和2015年的《文化蓝皮书》中，我们已经提出了这样的观点：十八届三中全会将文化政策的"第一主题词"从文化产业改为文化市场，这是"文化产业回归文化市场"的重大转变，我国文化产业的发展已经从政府主导的启动阶段走向依靠市场内生动力发展的新阶段，"铺摊子"将转向"上档次"，市场将成为下一轮文化产业发展的最大动力。近年来，文化管理部门大力推动以"放管服"为名的改革，证明了这一论断的准确。

"放管服"是落实党的十八大改革基本方略——转变政府职能，让市场在资源配置中起决定性作用和更好地发挥政府的作用——的一组核心改革措施，其基本内涵就是围绕处理好政府与市场关系，简政放权、放管结合、优化服务三管齐下推动政府职能转变，从而优化营商环境，激发市场活力和社会创造力，促进经济持续健康发展。正是在这一工作主线基础上，近年来出台的一系列新政策才得以发挥促进产业发展的作用。

梳理这一套具体的改革措施需要太大的篇幅，不是本报告可以做到的，我们将注意力放在理解这一时期出台的政策趋势和本质上。党的十八大以来，我国文化产业在文化科技融合领域忽然发力，以令人炫目的"数字化"转换推动了质量效益型增长，使得中国文化产业在新一轮全球化中从"跟跑"到"并跑"，最后到"领跑"，进入了全新的领域。从某种程度上说，我们已经进入了"无人区"，脚下已经不再有前人走过的道路，一切都需要我们自己去探索，这才是真正的"深水区"，需要我们在体制机制政策方面做"原始创新"。在这时，任何以往的经验甚至教条都至多具有参考价值，最为重要的事情就是尊重人民群众的首创精神，放开市场对资源的配置作用，以科学的包容的精神不断试错，摸索出自己的道路。这就是"放管服"改革的精神实质。从某种意义上说，文化科技融合而生的数字创意产业正是这一轮改革型政策的突出成果。

二 对当前形势的研判：新时期，新问题，新思维

回顾近十年来的发展历程，比较前一个十年的发展历史，我们可以形成这样一个认识：正如我国宏观经济正在经历一次"大变局"一样，我国文化产业的发展模式也在发生根本性变化。前一个十年，文化产业搭上了加入WTO后中国工业化起飞这辆快车，特别是在经济的快速扩张中分享了城市化的"红利"，得到了来源于地方政府"经营城市"而获得的高额"计划外财政收入"的补贴，才实现了超常规增长。文化产业在这个阶段的非常规增长看上去波澜壮阔，但是具有明显的体制性释放和政策性推动性质（特别表现在文化企业的营收和利润中，财政补贴占比较大），并没有形成自身的商业模式，建立起良好的市场内生动力机制。后一个十年，由于国内外经济形势的变化和发展方式的转变，以及政策面就市场对资源配置起决定性作用的进一步肯定，传统城市化模式中政府以土地财政支撑的"交叉补贴"式政策效应逐渐结束，文化产业遭遇超越传统发展模式、进入自主创新发展新阶段的考验。文化产业部门需要全面转轨，形成既符合市场经济一般规律又遵循文化生产特殊规律的发展道路和发展模式。从某种意义上说，这才真正开始了建立在市场经济基础上的文化产业发展。

如果仅仅是宏观形势变化和投资推动模式熄火，文化产业必然落入"存量改革"的陷阱。但是幸运的是，数字经济的强势崛起使得我国文化发展搭上了又一辆快车。也就是说，在文化改革和发展前一个十年的"窗口期"关闭的同时，新的"窗口期"已经打开，我国文化发展正在进入新一轮"增量改革"周期。

新时期有新问题，需要新思维，我们要积极地去探索和认识。

（一）文化生态环境已经发生变化，新旧媒体如何转换与重构？

我国传统的文化环境由单一的政府主管主办的"文化事业单位"构成，直至2003年才在文化产业发展的大背景下开始启动全面改革。经过近10年来文化发展过程中剧烈的结构变化，由于数字技术和移动互联网的普及，传统以出版广电为主要载体的文化创作、生产、传播、消费系统，已经变成以"互联网＋"为主要载体的全新系统；网络内容已经构成文化产品和服务的主要内容，互联网服务公司已经成为最大的文化内容提供商和渠道运营商。但是问题在于，以往由政府主管主办的、以出版广电等传统媒体为主要载体的传统文化服务体系，如何能向数字化平稳转型？如何能与以民间力量为主导的、以新兴媒体为主要载体的、在市场经济条件下迅速崛起的现代文化服务体系相互配套、相互支撑、日益融合，建构起一个全新的文化生态环境？

2017年4月，文化部发布了《文化部关于推动数字文化产业创新发展的指导意见》，其中提出"建设数字文化产业创新生态体系"，这是解决问题的新思维。但是，无论是传统的出版和广电机构向"融媒体"转化也好，还是新兴的互联网企业助推文博文物机构文创开发也好，依然有一座有形和无形的墙横亘在新旧系统之间，"数字文化产业创新生态体系"尚无法成为全新的有机体。看来，观念和体制的创新还有较长的路要走。

2000年10月，中共中央召开了十五届五中全会，第一次将发展文化产业纳入国民经济和社会发展规划，文件中最早对文化产业的表述是："推动信息产业与有关文化产业结合"，这就是说，我国文化产业的提出是作为国民经济和社会信息化这个战略的组成部分的，是一开始就以数字和网络技术为基础的"新兴文化产业"，但是到目前为止，还不能说已经完成了信息产业与文化产业的融合。回顾这一段历史，令人深感发展与改革的艰难。

（二）文化生产体系已经发生了变化，如何从传统文化产业"线性的"生产体系，转向网络化和智能化的"大生产"系统？

直到近 10 年以前，传统文化产业都是"线性的"再生产体系，这就是：创作 – 生产 – 交换 – 消费（或者展示） – 回到创作。联合国教科文组织《2009 年文化统计框架》将此传统模式在理论上归结为"文化圈"。这一模式已经随着数字化和网络化的发展，特别是随着平台公司的崛起而终结。新的模式是开放性的和"网络化"的，是截然不同的文化生产体系，有人将其称为"文化大生产体系"。我们认为，理解这个全新的"大生产体系"是理解新型文化生态系统的关键，也是理解很多我们纠结的问题的关键。

新型的网络化和智能化的文化大生产系统有几个突出特点：生产者和消费者相互融合，专业化生产者（PGC）和非专业化生产者（UGC）相互合作，人际交往的社交属性和商业属性无缝连接，等等。核心特征就是所有人都既是消费者也是生产者（所谓"产消者"），既是接受者也是传播者。这几乎就是"大众创业、万众创新"的真实场景。

出现"产消者"的本质就是，任何人在任何时间、任何地点，都能接触到任何人类文化成果，参与文化的消费与生产。数字和网络技术为千百万以往文化内容的被动接受者"赋能"，使他们发掘出以往不被发现的才能，开始了内容创作，他们生产的内容产品规模也极大地超出了专业群体生产的产品总量。比如，根据《2018 年全国新闻出版业基本情况》发布，2018年，全国出版新书 247108 种，同比降低 3.14%；重印图书 272142 种，同比增长 5.74%。[①] 但是仅腾讯阅文集团一家公司截至 2019 年，就有超过 810万作者，作品数量达到 1220 万部。[②] 据统计，全国各种平台公司共有 1300

---

① 资料来源：http：//www.cbbr.com.cn/article/130425.html，最后检索时间：2020 年 5 月 6日。

② 资料来源：阅文集团 2019 年财报。

万人在从事内容生产，年产约 2400 万部作品，以至于国内热播影视产品大多出自爆款的网络小说 IP 的改编。但是，问题也就出在这里，这些往往是在工作之余创作的，缺乏历史和人文训练的非专业群体，能创作出与我们悠久历史和高度文明相称的作品吗？

在短短的不到 10 年时间里，在中国出现了文化内容的创造者从小规模专业作者向大规模业余作者迁移的局面。这一方面凸显了互联网"人文主义价值"的实现，另一方面也出现了"专业鸿沟"：新一代"创意者"能够熟练使用数字网络，但是他们普遍人文素质不高，专业化程度不够，因而生产的数字产品质量不高。传统的专业文学者则正相反，他们大多不能熟练运用数字化工具，所供职的公共文化机构的数字化水平低，服务能力明显滞后。这种新旧创作群体的分野使得新一代内容生产者在创意爆发之际难以获得优秀传统文化机构的滋养和"文化赋能"，而传统文化机构和专业群体则因"技术赋能"不足而难以有所作为。

2012 年公布的第三次全国不可移动文物普查统计，我国现有不可移动文物 76.7 万处。另据 2017 年公布的第一次全国可移动文物普查结果，我国现有国有可移动文物 1.08 亿件/套。这些文物收藏在全国 5000 家左右的国有博物馆中，但是展出率只有 2.8%。文物丰富和体量巨大的故宫，展出率甚至低于 2.8%。于是场景是这样的：一方面是数千万非专业的"创意者"亟须得到丰富传统文化的滋养，另一方面是数以亿计的文物被关在博物馆仓库之中不见天日，专业人文学者依然在"前数字化"的技术环境中工作与生存。从根本上说，这是文化传承的巨大风险。

（三）文化发展形态已经变化，文化管理体系如何改革？

根据上述，在短短的 10 年时间里，我国"互联网＋文化"发展蔚为壮观，"新产业、新业态、新模式"层出不穷，已经开始形成了以网络大生产为基础，以数字创意为生态的全新文化发展态势。国务院发展研究中心课题组在《中国数字文化产业发展趋势研究报告》中认为，在"消费互联网"领域，我们已经开始全球"领跑"，正在 5G 推动下走向"产业互联网"，建构全新的文化生态体系。当我们从文化管理者角度审视这个新世界的时候，有一种近乎"颠覆性"的感觉，就是传统文化管理体系的管理对象已经消失，文化体制机制改革的"窗口期"已过，我们已经进入文化发展与改革的"无人区"，如何前进成为一个全新的问题。

根据中国共产党第十八届二次会议精神，2013年3月召开的第十二届全国人民代表大会第一次会议通过了《国务院机构改革和职能转变方案》，我们看到国务院机构改革的蓝图，即进一步适应市场对资源配置的决定作用，推动国务院机构改革和职能转变以提高行政效能。其中涉及文化管理体系的部分就是进一步推进文化体制改革，统筹新闻出版广播影视资源，将国家新闻出版总署、国家广播电影电视总局的职责整合，组建国家新闻出版广电总局。但是，2018年3月，中共中央印发了《深化党和国家机构改革方案》，我们看到新的机构变动，将国家新闻出版广电总局的新闻出版影视管理职责剥离出来，划入了中央宣传部。可见，这些年文化管理体制一直处在调整和变动之中，摸索过程正在进行。

正如联合国教科文组织文化多样性公约履约报告——"2018全球报告"中所说，全球文化市场出现的"最大变数"是文化价值链深度重组、由管道模式转向网络模式，以及数字环境下文化价值链的重组者"平台公司"的出现。我们甚至可以说，这是自500多年前古登堡印刷技术诞生以来又一次新的"文明跃迁"。由此看来，中国遇到的文化管理体制的挑战具有全球性的意义，而我们在治理体系和治理能力上能否有所作为，也将会为全球瞩目。

三　对发展趋势的分析和建议

展望已经开局的"十四五"及其以后的发展，我们最为强烈的感觉就是所谓的"未来已来"。在本报告紧张撰写的这一段时间，文化领域各种课题、会议、论坛频繁举办，给我们的感觉是，与发展前景不确定性同时存在的是产业转型的不断加速，与发展动能不断积累同时增长的是改革创新的内在紧张。

我们正在步入"无人区",无论是发展还是改革都面临"原始创新"的挑战。

本报告根据以上形势与问题的分析,提出以下政策建议。

（一）抓住5G商用的重大契机,实施国家文化遗产数字化战略,下大力气建设新一代文化基础设施,推动文化产业供给端重大技术革命,构建面向新时期国家文化生态体系

2019年已经被看作"5G元年",紧随5G商用而来的,将是更为恢宏的文化生产系统变化和文化生态环境变迁,是从目前已经发展较为充分的消费互联网向产业互联网延伸,必须启动空前规模的国家文化资源数字化战略,才能从根本上解决本文所分析的文化生态体系不耦合和文化大生产体系不平衡问题。

我们认为,必须在国家战略层面认识到,几千年中华文明历史积累下来的优秀中华文化资源是中华民族取之不尽用之不竭的战略资源,而将国家文化资源从传统介质向数字媒体的全面转移是将传统文化资源开发为经济资源的关键步骤,实质上是为空前规模的产业整合和文化经济发展准备条件,其意义无论怎样估计都不会过高。只有将一向依赖于财政资助,并且到目前为止仅仅以实物形态存在的图书馆、档案馆、博物馆数字化和智能化,接入每一个人的智能终端,才会从根本上使我们的国家文化生态发生变化,而只有建设一个以开放性、多元化、协同化的文化大数据"云服务"平台为核心的新型文化基础设施,才能实现上述目标。

自2005年我国正式提出建设公共文化服务体系以来,文化文物部门在硬件设施建设方面,在文化资源普查与保护方面获得了举世瞩目的长足进展。从某种意义上说,我国公共文化服务体系(特别是博物馆、图书馆、档案馆等系统)主要以硬件设施建设推动发展的阶段已经结束,开始了一个以软件建设为主,带动新型硬件设施建设的发展新阶段。建议以国家战略推动以文化遗产数字化为主线的新一代文化基础设施建设,将国家财政政策在供给端的引领作用和市场消费端巨大的拉动力量结合起来,推动文化资源数字化、素材化和智能化,建设全栈式、全链条、生态化、创新型的文化基础设施。

（二）抓住国家经济发展方式转型和经济结构调整的契机，以内需扩大政策助推文化消费潜力释放，建议系统出台刺激文化消费潜力的政策，提高公众文化消费能力，形成新型消费文化环境

即将到来的"十四五"是我国人均 GDP 超越 10000 美元、向发达国家门槛迈进的重要转折点。根据理论研究，在一般规律的意义上，这是一个国家发展的阶段性转折，即以投资推动为特征的高速增长阶段的结束，以及国民经济增长动力从投资向消费的转移；而在中国这个特殊的场景中，这意味着更为深刻的变化。比如说，这涉及体制机制改革，即从传统计划体制向社会主义市场经济体制的根本性转折；这甚至涉及数千年形成"勤劳节俭"的文化习惯的改变。随着闲暇时间超过工作时间，人们需要转变传统观念，更为积极地评价休闲的伦理和经济价值。这是一个有着巨大想象空间并有所作为的时期。

精确预测国家的消费趋势不是本文所能完成的工作，而是需要多学科专家的研究，但是有几个重要的方向值得引起决策者的关注。

首先，人均 GDP 超过 10000 美元是一个重要的门槛，不仅是发展水平的标志，也是消费升级的一个转折点。根据本书消费报告的分析，我国消费的总体水平不到同样发展水平国家的 1/2，发展空间巨大，其中文化消费的潜力将会更大。基于这一认识，目前受到高度重视的刺激消费政策将是一个长期的取向。

其次，数字和网络技术正在迅速改变整个经济结构，特别是，随着与 5G 相关的大规模数字技术商用普及，供给和消费将会出现"强互动"态势，既是需求拉动供给，也会是供给创造需求。在市场机制作用下，消费场景创新将会层出不穷，其中可能产生的经济增量是难以预测的。基于这一认识，大力开放市场以创造宽松的创新环境极为重要。

最后，数字网络技术将改变市场竞争环境，创新投资与金融工具，以前过多集中在房地产中的个人资产将会向目前尚不活跃的艺术品投资市场转移，可能推动海量文化艺术资源资本化，以及引发巨量的艺术资产投资需

求。预计这一需求将刺激文化金融和艺术金融工具创新，从而构建起全新的投资通道。基于这一认识，建议对于如何重新启动艺术品投资市场进行研究和试点，尽快开始系统的政策创新。

（三）抓住数字文化发展高峰期到来的契机，以"原始创新"的精神推动文化领域国家治理体系和治理能力现代化建设，开创文化体制改革的新局面

近10年来，文化产业数字化和产业融合发展的大趋势证明，以"建立健全现代文化市场体系"为主线的文化管理体制机制改革是发展的关键。尤其是近年来，随着中国在数字文化产业开始"领跑"世界，改革也进入了"无人区"，就更需要深刻领会2003年以来文化体制改革的基本精神和深刻意义，将改革现有体系看作一场"脱胎换骨"的革命。说得更彻底一些，改革已经落后于发展，基于传统行业技术性质的改革"窗口期"已过，现在应打造适应数字文化产业发展需要的全新体制机制。

党的十八大提出将推进国家治理体系和治理能力现代化作为改革的基本任务，以适应新时期社会主义市场经济的发展要求，其中包含了进一步推动文化体制机制改革的依据和内容。2019年10月，十九届四中全会审议通过了《中共中央关于坚持和完善中国特色社会主义制度、推进国家治理体系和治理能力现代化若干重大问题的决定》。我们注意到，决定指出，"发展社会主义先进文化、广泛凝聚人民精神力量，是国家治理体系和治理能力现代化的深厚支撑"，而且强调"必须加强和创新社会治理，完善党委领导、政府负责、民主协商、社会协同、公众参与、法治保障、科技支撑的社会治理体系，建设人人有责、人人尽责、人人享有的社会治理共同体"。推动社会领域治理体系现代化的这些原则，对于在文化领域推动建立科学的治理体系和推动治理能力现代化、开创文化体制改革的新局面具有重大参考价值。

针对当前改革落后于发展的重大矛盾，建议按照2018年3月中共中央印发的《深化党和国家机构改革方案》的要求，从推进党和国家机构职能、优化协同高效为切入点和着力点，首先按照建立健全现代文化市场体系的要

求，解决目前文化领域政府机构既干预过强又因职责不清而管理无效的问题，整合和优化文化管理机构设置，优化职能配置，从而提高行政效率效能。在此基础之上，再进一步有序推进具有"原始创新"意义的文化领域治理体系和治理能力现代化的进程。

（四）整合文化和相关产业政策，形成"三元动力"体系，推动我国文化科技深度融合，领跑国际数字创意产业发展

从十八届三中全会到十九届四中全会，我国文化领域进入了又一轮密集的政策出台期，从产业发展效果考量，最值得肯定的是文化－科技－金融三组政策。近年来数字文化产业的发展充分证明了，科技和金融是文化发展的"车之两轮""鸟之两翼"，只有将"文化科技融合""文化金融合作""金融科技创新"三组政策整合联动，构成"三元动力"结构，才能推动新时期文化科技深度融合，文化产业结构顺利转换，领跑国际数字创意产业发展前沿。

从目前的情况看，文化发展的科技和金融两个轮子的运转存在较大的不协调。文化－科技这一轮转速总体上较高，但是在文化资源数字化这个产业基础环节上还存在缺环，对长期可持续发展有隐忧；文化－金融这一轮转速近年来迅速下降，究其根源，除了宏观经济形势不佳的短期影响外，根本原因在于文化市场中体制性障碍大，要素流通性差，金融工具创新不足。

如前所述，面向未来10～20年的发展，文化领域目前最紧迫的战略任务就是打造新一代文化基础设施。我们认为，随着大规模5G商用阶段的到来，建设以国家文化遗产数字化为核心的新一代文化基础设施的窗口期已经打开，而这正是"文化－科技－金融"三元政策体系整合创新的最佳应用场景。我们建议，抓住落实六部委《关于促进文化和科技深度融合的指导意见》文件出台的契机，将当前文化科技深度融合的主攻方向放在文化遗产数字化和文化金融工具创新两个基点，一方面，建立由"数字技术研发方＋文化内容解读方＋文化资源提供方"共同发起的企业化协同创新平台，打通文化科技融合的"最后一公里"；另一方面，加强对在"互联网＋"平

台基础上文化资源和文化资本的评估技术研究，加强对区块链等新技术在文化资源向资本市场转化的应用场景研究，加强对基于数字技术和网络平台的创新型金融工具研究，以金融科技创新打通从文化资源转化为文化资本的通道，建立起"公共财政＋社会资金＋商业资本"协作开发的创新机制，让文化－金融合作的轮子也快速转起来。

发展与改革都进入了深水区，有风险，但是更重要的是有机遇，可以远航，可能发现新大陆。让我们拥抱变化，谋划未来！

B.2
中国文化产业发展的统计分析[*]

史东辉[**]

摘　要： 2013～2018 年，我国文化产业经济持续高速增长，且其增加值名义增长率明显高于同期 GDP 名义增长率。总体而言，固定资产投资仍然是文化产业经济增长的最大推动力，而居民文化娱乐消费的增速则显得相对较慢。在全部 9 个大类文化产业中，内容创作生产、文化辅助生产和中介服务、文化消费终端生产提供了一大半的营业收入和就业机会。随着我国文化产业增加值区域集中程度的进一步提高，北京文化产业的优势地位日益突出。当然需要加以关注的是，其间规模（限额）以上文化企业的总资产利润率逐步下降，国有控股企业在全国文化产业产出和就业中的占比下降，且盈利状况不佳。

关键词： 文化产业　经济增长　结构变动

一　2013 年以来中国文化产业的经济增长与结构变迁[①]

（一）文化产业经济持续高速增长

2013 年以来，我国文化产业经济持续高速增长。据统计，2018 年全国文

＊　除特别说明外，本文所引用的数据均来自历年《中国文化及相关产业统计年鉴》。

＊＊　史东辉，上海大学经济学院教授，博士生导师，主要研究方向为产业经济学及产业政策。

①　需要说明的是，因 2013～2016 年数据系按《文化及相关产业分类（2012）》计算，而 2017～2018 年数据系按《文化与相关产业分类（2018）》计算，故有关比较存在统计口径不一的问题。尽管如此，由于两个分类标准在界定文化及相关产业范围方面实际差异较小，笔者认为统计口径的差异并不足以对本文的相应结论造成实质性的影响。

化及相关产业增加值为38737亿元，比2013年名义增长了0.77倍，其间年平均名义增长率高达12.1%，比同期我国GDP年平均名义增长率（9.2%）高出2.9个百分点。文化及相关产业占我国GDP的比重，也由2013年的3.69%升至2018年的4.21%，5年间提高了0.52个百分点（见图1）。

图1　2013~2018年我国文化及相关产业增加值及占GDP的比重

与此同时，规模（限额）以上文化企业也同样实现了持续高速的经济增长。据统计，2018年其营业收入、利润总额分别为89257亿元、7207.2亿元，比2013年分别增长39.5%、52.6%，年平均增长率则分别达到6.9%、8.8%。

另据《第四次全国经济普查公报》第二号和第六号披露，2018年末全国有文化及相关产业法人单位210.3万个，比2013年末增长129.0%，年平均增长18%，较之全国年均增长率（15%）高出3个百分点；文化及相关产业占全国法人单位数量的比例，遂由2013年末的8.5%升至2018年末的9.7%。2018年末文化及相关产业法人单位从业人员2055.8万人，比2013年末增长16.8%，年平均增长3.2%，较之全国年均增长率（1.5%）高出1.7个百分点；文化及相关产业占全国法人单位从业人员数量的比重也由2013年末的5.1%升至2018年末的5.4%。①

①　国家统计局：《第四次全国经济普查公报（第二号）》，http：//www.stats.gov.cn/tjsj/zxfb/201911/t20191119_1710335.html；国家统计局：《第四次全国经济普查公报（第六号）》，http：//www.stats.gov.cn/tjsj/zxfb/201911/t20191119_1710339.html。最后检索时间：2020年7月14日。

（二）文化服务业作为我国文化产业的地位不断巩固

按照 2012 年和 2018 年的《文化及相关产业分类》，我们把其中属于制造业部门的文化及相关产业称为文化制造业，把属于第三产业的文化及相关产业称为文化服务业。如表 1 所示，2013 年以来文化服务业在全国文化企业主要经济指标中所占比重不仅逐年上升，而且大多占据绝对多数。其中，2018年文化服务业的营业收入、年末从业人员、利润总额所占比重分别达到了 65.4%、64.4%、71.8%，比 2013 年依次提高了 17.4 个、16.3 个、19.4 个百分点。另据统计，2013～2017 年文化服务业在全国文化产业增加值中所占比重也持续上升，2017 年时达到了 65.2%，比 2013 年提高了 8.3 个百分点。

表1 2013～2018 年文化服务业在全国文化产业主要经济指标中所占比重

单位：%

指标	2013 年	2014 年	2015 年	2016 年	2017 年	2018 年
增加值	56.9	58.4	59.4	61.4	65.2	—
营业收入	48.0	49.8	52.1	54.7	58.7	65.4
年末从业人员	48.1	49.1	52.0	54.3	59.1	64.4
利润总额	52.4	53.0	55.5	58.3	64.8	71.8

注：营业收入、年末从业人员系全部文化企业数据；利润总额系规模（限额）以上文化企业数据；2018 年各类文化产业增加值数据未见披露。

（三）少数大类文化产业创造了多数就业和产出

从就业结构来看，2018 年内容创作生产、文化辅助生产和中介服务、文化消费终端生产 3 个大类吸纳了全国规模（限额）以上文化企业 60% 以上的就业人口。不仅如此，它们还是营业收入最大的 3 个大类，合计占当年全国规模（限额）以上文化企业营业收入的比重亦达到了 55.5%。而在同年全国规模（限额）以上文化企业利润总额构成中，仅新闻信息服务、内容创作生产 2 个大类就分别贡献了 28.5%、24.0% 的份额（见表 2）。

表2　2018年规模（限额）以上文化企业主要经济指标中各大类所占比重

单位：%

大类	年末从业人员	营业收入	利润总额
新闻信息服务	5.7	9.1	28.5
内容创作生产	22.6	20.4	24.0
创意设计服务	10.7	12.4	10.8
文化传播渠道	8.1	11.4	5.5
文化投资运营	0.4	0.5	2.2
文化娱乐休闲服务	6.1	1.7	2.1
文化辅助生产和中介服务	19.2	16.9	14.0
文化装备生产	8.1	9.4	5.8
文化消费终端生产	19.0	18.2	7.1
合计	100	100	100

（四）国有控股规模（限额）以上文化企业占比及其利润率呈下降之势

在规模（限额）以上文化企业中，除年末从业人员数和资产总计之外，2013～2018年国有控股企业多数经济指标的增长相对缓慢，以致其占比呈下降态势。据统计，2018年国有控股企业在规模（限额）以上文化企业单位数、营业收入、利润总额中所占比重分别为11.6%、17.4%、17.4%，比2013年分别降低了2.4个、1.4个、3.7个百分点。同时，国有控股规模（限额）以上文化企业的总资产利润率也只有3.1%，不仅比2013年降低了1.9个百分点，而且比2018年全部规模（限额）以上文化企业的平均水平低了3.2个百分点（见表3）。

表3　2013年和2018年国有控股企业在规模（限额）以上文化企业经济指标中所占比重及利润率

单位：%

企业类型	企业单位数		年末从业人员		年末资产总计		营业收入		利润总额		总资产利润率	
	2018年	2013年	2018年	2013年	2018年	2013年	2018年	2013年	2018年	2013年	2018年	2013年
国有控股	11.6	14.0	16.6	16.3	35.2	34.3	17.4	18.8	17.4	21.1	3.1	5.0
集体控股	1.3	2.5	1.7	3.2	1.6	2.6	1.8	2.8	1.0	2.3	4.2	7.0
私人控股	74.9	66.1	54.2	47.3	35.4	33.3	47.8	43.5	37.4	40.1	6.6	9.9
港澳台商控股	3.9	6.1	13.1	16.1	13.1	11.4	13.5	13.0	29.2	19.9	14.0	14.2

企业类型	企业单位数		年末从业人员		年末资产总计		营业收入		利润总额		总资产利润率	
	2018年	2013年	2018年	2013年	2018年	2013年	2018年	2013年	2018年	2013年	2018年	2013年
外商控股	2.9	5.2	7.6	11.2	7.0	10.9	12.5	14.9	8.0	11.2	7.2	8.5
其他	5.5	6.0	6.9	5.9	7.7	7.5	7.0	7.0	7.0	5.5	5.7	6.1

（五）规模（限额）以上文化企业在全部文化企业经济指标中的占比呈下降之势

按照国家统计局的解释，所谓规模（限额）以上文化企业是指《文化及相关产业分类（2018）》所规定行业范围内，年主营业务收入在 2000 万元及以上的工业企业法人，或年主营业务收入在 2000 万元及以上的批发业企业法人和年主营业务收入在 500 万元及以上的零售业企业法人，或从业人员在 50 人及以上或年主营业务收入在 500 万元及以上的服务业企业法人。如表 4 所示，2018 年规模（限额）以上文化企业在全国文化企业年末从业人员数量、资产总计、营业收入中所占比重分别为 44.6%、59.3%、74.4%，比 2013 年分别降低了 4.1 个、1.0 个、2.0 个百分点。

表4 2013 年和 2018 年全国文化企业经济指标中规模（限额）以上（以下）企业所占比重

单位：%

企业类型	年末从业人员数量		资产总计		营业收入	
	2018 年	2013 年	2018 年	2013 年	2018 年	2013 年
规模（限额）以上	44.6	48.7	59.3	60.3	74.4	76.4
规模（限额）以下	55.6	51.3	40.7	39.7	25.6	23.6

二 中国文化产业的区域构成及变迁

（一）文化产业增加值的区域集中程度进一步提高

2017 年，文化产业增加值最大的前 6 个地区依次为广东、江苏、浙江、

山东、北京、上海，它们所占全国文化产业增加值的比重依次达到了13.65%、11.27%、9.07%、8.55%、7.65%、5.90%，合计占比高达56.09%，比2015年（53.79%）提高了2.3个百分点（见表5）。另外需要指出的是，在2017年各地区生产总值中，只有北京、上海、浙江、广东、江苏5地文化产业的占比超过了当年全国文化产业在GDP中的比重（4.23%），它们的占比依次为9.64%、6.79%、6.19%、5.37%、4.63%。

表5　2015～2017年各地区在全国文化产业增加值中所占比重

单位：%

地区	2015年	2016年	2017年	地区	2015年	2016年	2017年
广东	12.61	13.18	13.65	重庆	1.87	1.84	1.69
江苏	12.04	11.97	11.27	辽宁	2.25	1.71	1.68
浙江	8.25	8.50	9.07	云南	1.47	1.40	1.47
山东	8.58	8.78	8.55	广西	1.47	1.39	1.36
北京	6.67	6.52	7.65	黑龙江	1.33	1.20	1.19
上海	5.64	5.77	5.90	内蒙古	1.12	1.08	1.07
四川	3.95	4.10	4.36	山西	0.93	0.90	0.93
河南	3.84	3.76	3.80	贵州	0.84	0.88	0.92
福建	3.70	3.69	3.70	吉林	0.56	0.57	0.52
湖南	4.74	4.52	3.63	甘肃	0.43	0.45	0.46
湖北	2.95	2.96	3.30	新疆	0.39	0.40	0.42
河北	3.32	3.38	3.12	海南	0.38	0.36	0.40
安徽	2.88	3.02	3.08	宁夏	0.22	0.23	0.23
陕西	2.46	2.49	2.58	青海	0.19	0.20	0.13
江西	2.12	2.18	2.01	西藏	0.09	0.11	0.11
天津	2.71	2.48	1.76	合计	100	100	100

（二）北京文化产业发达程度明显高于其他地区，同时沪、浙、苏、粤、津、闽、鲁7个地区文化产业也相对发达

2017年北京人均文化产业增加值高达12240元，相当于全国平均水平（2498元）的4.9倍，亦远远领先于其他地区。同时，当年上海、浙江、江苏、广东、天津、福建、山东的人均文化产业增加值也相对较高，依次达到了8608元、5661元、4956元、4313元、3980元、3343元、3016元，分别

比全国平均水平高出 244.6%、126.6%、98.4%、72.7%、59.3%、33.8%、20.7%（见表6）。

表6 2017 年全国 31 个省区市人均文化产业增加值

单位：元

地区	人均增加值	地区	人均增加值	地区	人均增加值	地区	人均增加值
北京	12440	陕西	2376	内蒙古	1495	广西	983
上海	8608	湖北	1972	河北	1465	贵州	905
浙江	5661	重庆	1941	河南	1404	山西	891
江苏	4956	湖南	1867	辽宁	1361	青海	745
广东	4313	四川	1852	宁夏	1194	吉林	678
天津	3980	安徽	1740	西藏	1131	甘肃	623
福建	3343	江西	1532	黑龙江	1104	新疆	604
山东	3016	海南	1531	云南	1078		

（三）粤、苏、鲁三省规模以上文化制造业及京、沪、粤、浙四地规模（限额）以上文化服务业的产出规模明显较大

如表7所示，2018 年，广东、江苏、山东三省规模以上文化制造业的营业收入位居前三名，它们所占全国规模以上文化制造业营业收入的比重依次为 24.02%、15.32%、10.99%，合计值达 50.33%；同年北京、上海、广东、浙江四地规模（限额）以上文化服务业的营业收入则处于全国前四位，它们所占全国规模（限额）以上文化服务业营业收入的比重依次为 18.28%、14.81%、14.72%、12.23%，合计值更是高达 60.04%。

表7 2018 年全国 31 个省区市规模（限额）以上文化制造业和文化服务业营业收入在全国的占比

单位：%

文化制造业				文化服务业			
地区	占比	地区	占比	地区	占比	地区	占比
广东	24.02	山东	10.99	北京	18.28	广东	14.72
江苏	15.32	福建	7.81	上海	14.81	浙江	12.23

续表

文化制造业				文化服务业			
地区	占比	地区	占比	地区	占比	地区	占比
浙江	6.22	云南	0.88	江苏	9.74	江西	0.76
湖南	5.39	辽宁	0.56	山东	4.57	广西	0.44
四川	4.97	贵州	0.32	天津	2.91	贵州	0.43
安徽	3.74	海南	0.29	湖北	2.71	新疆	0.36
湖北	3.34	吉林	0.11	福建	2.60	海南	0.31
江西	3.05	内蒙古	0.09	四川	2.59	山西	0.28
上海	3.05	黑龙江	0.08	湖南	2.11	吉林	0.23
河南	2.83	山西	0.07	安徽	1.98	甘肃	0.22
天津	1.52	宁夏	0.07	河南	1.92	黑龙江	0.16
河北	1.30	青海	0.04	重庆	1.88	内蒙古	0.14
北京	1.09	新疆	0.03	陕西	0.96	青海	0.12
广西	0.96	甘肃	0.02	辽宁	0.89	宁夏	0.04
陕西	0.92	西藏	0.01	云南	0.84	西藏	0.02
重庆	0.91	合计	100	河北	0.77	合计	100

三 需要关注的若干现象

（一）2018年规模（限额）以上文化企业营业收入增长态势成疑

如表8所示，2018年全国规模（限额）以上文化企业营业收入为96799亿元，比2017年减少了1.4%。不仅如此，在全部9个大类文化产业中，只有新闻信息服务、创意设计服务、文化传播渠道、文化娱乐休闲服务4个大类实现了正增长，其余5个大类则出现了不同程度的负增长。按照官方的说法，这一现象在很大程度上是由有关统计调整所致，即①根据统计制度，每年定期对规模以上企业调查范围进行调整。每年有部分企业达到规模标准纳入调查范围，也有部分企业因规模变小而退出调查范围，还有新投产企业、破产、注（吊）销企业等变化。②加强统计执法，对统计执法检查中发现的不符合规模以上统计要求的企业进行了清理，对相关基数依规进行了修正。③加强数据质量管理，剔除跨地区、跨行业重复统计的数据。根据国家统计局最新开展的企业组织结构调查情况，2017 年第四季度开始，对企业集团（公司）跨地区、跨行业重复计算进行了剔重。④"营改增"政策实施后，服务业企业改交增值税且税率较低，工业企业逐步将内部非工业生产经营活动剥离，转向服务业，使工业企业财务数据有所减小。⑤根据第四次全国经济普查单位全面清查结果，对规模以上企业调查单位进行了核实调整。① 不过即使这样，也至少说明 2018 年规模（限额）以上文化企业营业收入的增长态势实际上还是有疑问的。

表8 2018 年规模（限额）以上文化企业的营业收入及增长率

大类	营业收入(亿元)		名义增长率(%)
	2018	2017	
新闻信息服务	9517.4	6981.8	36.3
内容创作生产	18072.1	19655.2	-8.1
创意设计服务	12024.8	10772.2	11.6
文化传播渠道	10461.4	9257.9	13.0
文化投资运营	424.9	635.5	-33.1
文化娱乐休闲服务	1623.0	1610	0.8
文化辅助生产和中介服务	14788.3	17566	-15.8
文化装备生产	9261.5	10876.1	-14.8
文化消费终端生产	20625.7	20844.3	-1.0
合计	96799.0	98199.0	-1.4

（二）固定资产投资是文化产业经济增长的最大动力

2013～2018 年，我国居民人均文化娱乐支出年平均增长率为 7.5%，比同期文化产业增加值年平均名义增长率（12.1%）低 4.6 个百分点；全国一般公共预算文化与传媒支出年平均增长率则为 6.2%，也比同期文化产业增加值年均名义增长率低 5.9 个百分点。2013～2017 年，全国文化产业固

① 中国政府网，http://www.gov.cn/xinwen/2019-04/27/content_5386801.htm。

定资产投资额及实际到位资金的年平均增长率分别达到了 19.1% 和 15.1%，比同期全国文化产业增加值年均名义增长率（12.3%）分别高出 6.8 个和 2.8 个百分点（见表 9）。虽然缺乏增加值各构成部分的相应数据，但由此不难判断的是，2013 年以来固定资产投资无疑是我国文化产业经济增长的最大动力。

表 9 2013～2018 年全国文化及相关产业重要经济指标指数（以 2013 年为 100）

指标	2013 年	2014 年	2015 年	2016 年	2017 年	2018 年
固定资产投资实际到位资金	100.0	122.6	143.5	161.0	175.6	—
固定资产投资额	100.0	124.4	151.7	177.0	201.0	—
人均文化娱乐支出	100.0	116.3	131.7	138.6	147.3	143.3
全国一般公共预算文化与传媒支出	100.0	103.3	121.2	123.5	129.9	134.9
增加值	100.0	112.2	124.5	140.8	158.8	177.1

注：2018 年"固定资产投资实际到位资金"和"固定资产投资额"未见披露。

（三）居民文化娱乐消费增速相对较慢

2018 年，全国居民人均文化娱乐消费支出为 827 元，比 2013 年增长了 43.3%，年均增长 7.5%，不仅比同期文化产业增加值年平均名义增长率（12.1%）低 4.6 个百分点，而且比同期全国居民人均消费支出年平均增长率（8.5%）也低了 1 个百分点。其中，2018 年城镇和农村居民人均文化娱乐消费支出分别为 1271 元和 280 元，比 2013 年分别增长了 34.4% 和 60%，年均增长率分别为 6.1% 和 9.9%，但比同期城镇和农村居民人均消费支出年均增长率（7.1% 和 10.1%）分别低了 1 个和 0.2 个百分点（见图 2）。

（四）规模（限额）以上文化企业利润增长明显慢于文化产业的产出增长，其人均利润增长也明显慢于文化产业全员劳动生产率的提升

如前文所述，2013～2018 年我国文化产业增加值名义年均增长率高达 12.1%，不过与此同时，规模（限额）以上文化企业的利润总额、营业利

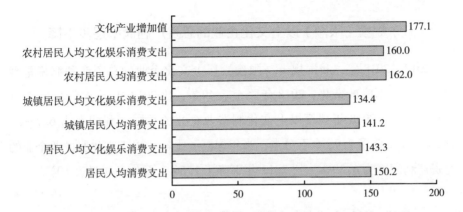

图2　2018年全国居民消费支出及文化产业增加值指数（以2013年为100）

润年均增长率分别为8.8%、9.0%，各自比增加值名义增长率低了3.3个、3.1个百分点。另外，其间规模（限额）以上文化企业人均利润总额和人均营业利润的年均增长率仅分别为5.5%和5.7%，也比同期文化产业全员劳动生产率的年均增长率（8.7%）分别低了3.2个和3.0个百分点（见图3）。由于按收入法计算，增加值等于劳动者报酬、生产税净额、固定资产折旧、营业盈余之和，因此无论是营业盈余还是人均盈余的增长，如果其显著落后于增加值或是全员劳动生产率的增长，那就需要特别加以关注。

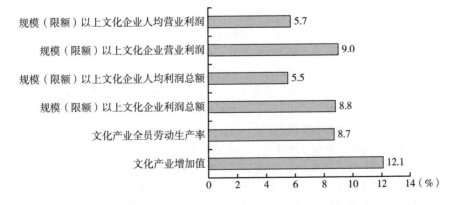

图3　2013～2018年文化产业及规模（限额）以上企业的若干指标年均增长率

（五）规模（限额）以上文化企业的总资产利润率逐步下降

2013～2018 年，我国规模（限额）以上文化企业的总资产利润率呈现波动中逐步下降的态势，2018 年降至 6.49%，比 2013 年下降了 2.26 个百分点。其中，2018 年规模以上文化制造业企业的总资产利润率为 6.73%，比 2013 年下降了 2.95 个百分点；当年规模（限额）以上文化服务业企业的总资产利润率为 6.39%，比 2013 年下降了 1.66 个百分点（见表 10）。

表 10　2013～2018 年全国规模（限额）以上文化企业的总资产利润率

单位：%

类别	2013 年	2014 年	2015 年	2016 年	2017 年	2018 年
文化企业	8.75	8.27	7.74	7.81	7.52	6.49
文化制造业企业	9.68	9.27	8.80	9.17	8.54	6.73
文化服务业企业	8.05	7.54	7.06	7.06	7.05	6.39

参考文献

国家统计局社会科技和文化产业统计司、中宣部文化体制改革和发展办公室编《中国文化及相关产业统计年鉴（2013）》，中国统计出版社，2013。

国家统计局社会科技和文化产业统计司、中宣部文化体制改革和发展办公室编《中国文化及相关产业统计年鉴（2014）》，中国统计出版社，2014。

国家统计局社会科技和文化产业统计司、中宣部文化体制改革和发展办公室编《中国文化及相关产业统计年鉴（2015）》，中国统计出版社，2015。

国家统计局社会科技和文化产业统计司、中宣部文化体制改革和发展办公室编《中国文化及相关产业统计年鉴（2016）》，中国统计出版社，2016。

国家统计局社会科技和文化产业统计司、中宣部文化体制改革和发展办公室编《中国文化及相关产业统计年鉴（2017）》，中国统计出版社，2017。

国家统计局社会科技和文化产业统计司、中宣部文化体制改革和发展办公室编《中国文化及相关产业统计年鉴（2018）》，中国统计出版社，2018。

国家统计局社会科技和文化产业统计司、中宣部文化体制改革和发展办公室编《中国文化及相关产业统计年鉴（2019）》，中国统计出版社，2019。

综 合 篇

Comprehensive Reports

B.3
中国区域文化产业发展报告

胡洪斌　何继想*

摘　要：　"十三五"以来，中国区域文化产业发展增速相对放缓，"增速换挡"进一步加速了区域文化产业的不平衡发展。新技术、新业态、新兴产业门类引发的文化产业变革转型和融合升级，推动着文化产业市场资源配置效率的空间转换，深刻影响中国区域文化产业的差异化发展格局。以统一口径数据为基础，构建不同审视视角，全面考察统一市场条件下中国区域文化产业的发展现状，"不平衡发展"和"差异化发展"是现阶段中国区域文化产业发展的基本特征。因循产业发展的内在逻辑和机制，"效率提升与创新驱动"是现阶段中国区域文化产业高质量发展的关键，"深化文化体制改革"则是现阶

---

* 胡洪斌，云南大学国家文化和旅游研究基地副主任，副教授，主要研究方向为文化产业理论与实践；何继想，云南省文化产业研究会副秘书长，主要研究方向为数理统计、产业规划。

段中国区域文化产业有序健康发展的保障。

关键词： 区域文化产业　竞争力　不平衡

"十三五"以来，在健全现代文化产业体系和市场体系，推动文化与科技融合、文化与金融合作的政策驱动下，新兴产业门类和新业态推动着中国文化产业变革、融合、转型和升级，文化产业空间布局突破行政区划的阻隔和产业门类的分割，呈现多向梯度的差异化发展格局，区域不平衡成为当下乃至未来一段时间内文化产业发展的新常态。国家区域协调发展战略的不断深入实施，势必对文化产业发展空间的优化重塑提出新要求。一方面，它将有效提升文化产业空间配置效率，在区域内部或区域之间形成协同叠加效应，从根本上实现文化产业高层次的集约化经营、科学化管理和专业化发展。另一方面，它也将平衡保护和发展的关系，因地制宜地建设差异化的文化产业体系，促进特色文化经济空间的优化升级，缩小区域之间的"缺口"，实现区域平衡发展。

一　发展现状

2018 年，中国文化产业实现增加值 38737 亿元，较 2004 年增长 10.3 倍。文化产业增加值占 GDP 比重为 4.3%，对 GDP 的贡献率达到 5.5%，在国民经济中的地位和作用日益显著。随着人口红利和政策红利的逐步消失，文化产业增长态势有所放缓，"增速换挡"引发的波动加大了区域文化产业的不平衡发展。

（一）区域文化产业发展的两极化日益突出

2014～2017 年，中国文化产业发展保持了 12.3% 的年均增速。其中，东部和西部地区均高于全国平均水平，分别达到 13.4% 和 12.8%，中部地区次之，为 11.2%，而东北地区只达到了 2.9%（见图 1）。在全国 31 个省（自治区、直辖市）中，低于全国平均水平的有 14 个地区，其中辽宁和天津出现了

一定程度的负增长。相应地，人均文化产业增加值从 1943.4 元增加到 2542.6
元，实现了 9.4% 年均增速。其中，有 15 个地区的年均增速超过全国平均水
平，并且保持了两位数的高速增长。北京（增速最高）和天津（增速最低）
之间存在着近 22 个百分点的差距。从 2014 年与 2017 年的数据对比来看，
2017 年各省（自治区、直辖市）文化产业增加值的极差为 4779.1 亿元，是
2014 年 3528.6 亿元的 1.35 倍；标准差为 1200 亿元，是 2014 年 872 亿元的
1.38 倍。其次，2014 年东部地区文化产业增加值的总和是中西部及东北地区
文化产业增加值总和的 1.74 倍，到了 2017 年进一步扩大到 1.86 倍。更甚者，
2017 年人均文化产业增加值的极差为 11834.4 元，是 2014 年 7476.7 元的 1.58
倍。人均文化产业增加值极差的年均增速高达 16.5%，远超人均文化产业增
加值的年均增长率。最后，从人均文化产业增加值的绝对值来看，2017 年东
部地区除河北（1464.5 元）和海南（1531.3 元）外，其余 8 个省份的人均文
化产业增加值均突破了 3000 元，其中北京已经达到了万元之上；然而东北、
中部和西部地区（除陕西省 2375.8 元外）均未突破 2000 元。1000 元以下的
地区还有 7 个，分别是东北地区和中部地区各 1 个，其余 5 个均为西部地区省
份（见图 2）。区域两极之间的差距呈现进一步扩大的趋势。

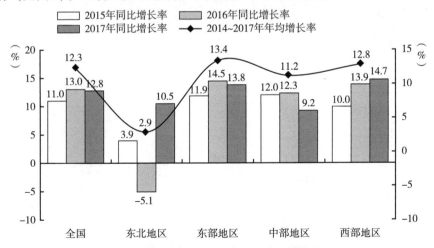

图1　2014～2017 年全国及各区域文化产业增加值增长速度

资料来源：《中国文化及相关产业统计年鉴》（2015～2018）。

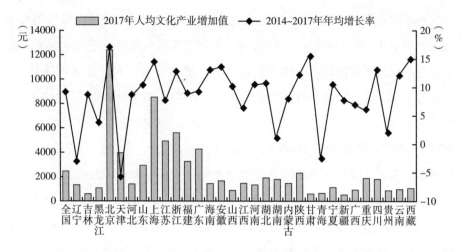

图2 2017年全国及31个省区市人均文化产业增加值及2014~2017年年均增长率

资料来源：《中国文化及相关产业统计年鉴》（2015~2018）。

此外，2017年地区文化产业增加值占全国文化产业增加值比重超过5%的省份有6个，分别是广东、江苏、浙江、山东、北京和上海。六省市文化产业增加值的总和占全国文化产业增加值的比重已经达到了56.1%，且呈逐年上升的趋势（见图3）。文化产业区域发展不平衡将在未来的一段时间内成为常态。

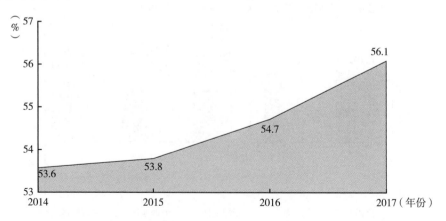

图3 2014~2017年六省市文化产业增加值占全国文化产业增加值比重

资料来源：《中国文化及相关产业统计年鉴》（2015~2018）。

（二）城乡文化消费的差距与区域文化消费的不平衡越发明显

2013 年以来，全国居民文化消费支出保持良好的增长势头。至 2017 年，全国居民人均文化消费支出年均增长率为 10.2%，高于同期居民人均可支配收入年均增长率（9.1%）和居民人均消费支出年均增长率（8.5%）。从城乡文化消费的差距来看，2013～2017 年城镇居民人均文化消费支出占城镇居民人均消费支出比重保持在 3.6%～3.9%，而农村居民人均文化消费支出占农村居民消费支出比重仅在 2.3%～2.6%。城镇居民人均文化消费支出和农村居民人均文化消费支出的差额从 2013 年的 771 元扩大到 2017 年的 1078 元，年均增幅达到 8.7%。如果把居民人均文化消费支出按人口加权比重分解为城镇居民人均文化消费支出贡献率和农村居民人均文化消费贡献率，那么在 2013～2017 年，农村居民人均文化消费的贡献率均未超过 15%，并且呈逐年下降趋势。而城乡人均文化消费贡献率差值又呈现向右喇叭开口的状态，这就一方面说明了城乡文化消费差距日益扩大的态势，另一方面也说明了我国居民人均文化消费的增长主要是由城镇居民带动的（见图 4）。

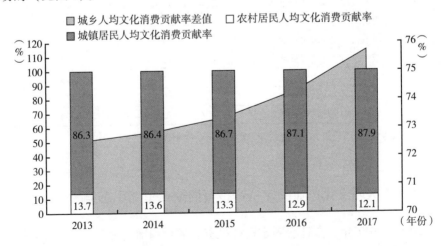

图 4 2013～2017 年中国城乡居民人均文化消费支出对人均文化消费支出的贡献率

资料来源：《中国文化及相关产业统计年鉴》（2014～2018）。

从区域文化消费来看，2013～2017年东部地区人均文化消费支出年均增速为8.0%，比全国平均水平低2.2个百分点。其他地区人均文化消费支出年均增长率均高于全国平均水平。其中，中部地区年均增长率高达14.3%，居全国第一。超过全国平均水平的省份共计17个，西部地区有8个，中部地区除河南外有5个，东部地区仅有上海、天津和山东，东北地区只有辽宁。但是，从人均文化消费的绝对值看，上海2017年就突破3000元，位居全国第一，是西藏（全国排名31位，157元）的19.2倍。中部地区城乡消费差距最小，而东部地区城乡消费差距最大，区域文化消费的不平衡较为突出（见表1和图5）。

表1　2013～2017年中国各区域城乡居民人均文化消费支出对人均文化消费支出的贡献率

单位：%，个百分点

地区	指标	2013年	2014年	2015年	2016年	2017年
东北地区	农村居民文化消费贡献率	14.6	14.3	14.5	13.9	13.1
	城镇居民文化消费贡献率	85.4	85.7	85.5	86.1	86.9
	城乡人均文化消费贡献率差值	70.8	71.6	71.0	72.2	73.8
东部地区	农村居民文化消费贡献率	10.8	10.5	10.3	10.1	9.6
	城镇居民文化消费贡献率	89.2	89.5	89.7	89.9	90.4
	城乡人均文化消费贡献率差值	78.4	79.0	79.6	79.8	80.8
中部地区	农村居民文化消费贡献率	18.6	19.2	18.9	17.8	16.3
	城镇居民文化消费贡献率	81.4	80.8	81.1	82.2	83.7
	城乡人均文化消费贡献率差值	62.8	61.6	62.2	64.4	67.4
西部地区	农村居民文化消费贡献率	15.7	14.8	14.6	13.8	13.1
	城镇居民文化消费贡献率	84.3	85.2	85.4	86.2	86.9
	城乡人均文化消费贡献率差值	68.6	70.4	70.4	72.4	73.8

资料来源：《中国文化及相关产业统计年鉴》（2014～2018）。

（三）区域文化产业固定资产投资的缺口呈缩小态势

2013～2017年，全社会固定资产投资总额年均增速为9.5%，而文化产业固定资产投资总额年均增速高达19.1%。除辽宁、山东、上海和西藏外，其余省（自治区、直辖市）文化产业固定资产投资的年均增速均高于全社

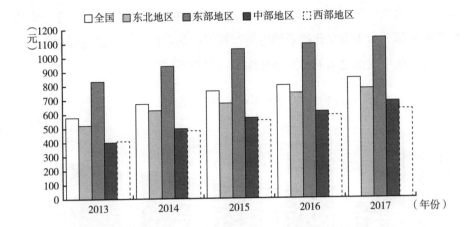

图5　2013～2017年中国各区域居民人均文化消费支出

资料来源:《中国文化及相关产业统计年鉴》(2014～2018)。

会固定资产投资的年均增速。其中,贵州和宁夏文化产业固定资产投资年均增速分别高达76.6%和59.7%,其文化产业固定资产投资的增长对其全社会固定资产投资的贡献率达到15%和20%。同期,西部地区文化产业固定资产投资年均增长32.8%,高于中部地区13.1个百分点,是东部地区2.1倍,是全国平均水平的17.2倍。东北地区受到辽宁(年均增长率为-34.1%)的下行压力,年均增长率为-2.4%。

从文化产业固定资产投资占全社会固定资产投资的比重来看,东部地区相对稳定,自2013年至2017年始终保持在5.0%~5.9%的区间内。中部地区的比重则由4.8%提升至6.3%,而西部地区由3.1%提升至6.2%。中西部地区的文化产业固定资产投资持续加温,成为资本投向的"洼地"。从"四大板块"文化产业固定资产投资的地理分布指数①来看,2013～2017年

---

① 计算公式为:文化产业固定资产投资地理分布指数=[(各地区文化产业固定资产投资总额/全国文化产业固定资产投资总额)÷(各地区年末常住人口数/年末全国人口数)]×100。指数以地区年末常住人口数占比来消除"四大区域"各自辖区省份数量不同产生的总量和占比的显著差异,进而反映文化产业固定资产投资的地理分布状态,数值越大,则表明文化产业固定资产投资的强度越大,反之越弱。

东部和东北地区呈逐年下降趋势。中部地区相对稳定，2016年地理分布指数超过东部成为中国文化产业固定资产投资的热点区域。西部地区也相对快速增长，东中西部之间的差距逐步缩小（见图6）。

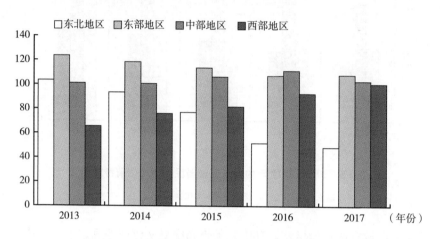

图6　2013～2017年中国文化产业固定资产投资地理分布指数

资料来源：《中国文化及相关产业统计年鉴》（2014～2018）。

（四）区域文化产业市场集中度具有持续下降的倾向

2013～2017年，我国文化产业法人单位数年均增长速度达11.1%。其中，中部地区年均增长率全国最高，达到14.5%，而东部地区全国最低，只有9.6%，低于全国平均水平1.5个百分点。全国规模以上文化产业法人单位数年均增长率为9.9%，规模以下文化产业法人单位数年均增长率10.5%，基本保持相同水平。相反，西部地区的变化较为突出，规模以上文化产业法人单位数年均增长率高达22.6%，是全国平均水平的2.3倍；而规模以下文化产业法人单位数的年均增长率仅为9.5%，为全国最低。相应的东部地区规模以上文化产业法人单位数年均增长7.0%，规模以下文化产业法人单位数年均增长率为15.9%，位居全国第一（见图7）。可以看出，西部地区和中部地区规模以下文化产业法人单位数的年均增长率均低于规模以上文化产业法人单位数的增长率，东部地区和东北地区与之相反，由此呈现东部和东北地区文化产业法人单位集中程度有所缓解的态势。①

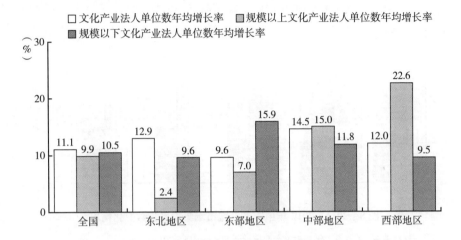

图7　2013～2017年中国文化产业法人单位数年均增长率情况

资料来源：《中国文化及相关产业统计年鉴》（2014～2018）。

此外，从区域文化产业的市场集中度来看②，2013～2017年全国集中度指数由15.2降低到13.8，年均降幅为2.4%。西部地区集中度指数降幅最大，由原来的29.3下降到17.7，中小文化企业的迅速增长快速分取了规模以上文化产业法人单位的市场份额。中部地区文化产业市场集中度指数相对较低，呈现整体降低的趋势，除2013年外，东北地区文化产业市场集中程度最高。其中，青海和新疆的市场集中度较为特殊，呈现逐年提高的态势。2015年，相较前一个年度，文化产业市场集中度指数出现下降的地区共计

---

① 2016年与2017年的地区文化产业法人单位数和地区规模以下文化产业法人单位数为测算数，根据已知的全国文化产业法人单位数，以及各地区文化产业法人单位数和规模以下文化产业法人单位占全国总数的比重和各自的增长率通过线性回归的方式进行测算。

② 以主营业务收入计算规模以上文化产业法人单位的市场份额，以规模以上文化产业法人单位数占文化产业法人单位数的比重为分母，构建文化产业市场集中度指数，反映一个单位规模以上文化产业法人单位占比所呈现的市场份额状态，体现文化产业的市场集中度态势，计算数值越大，则该地区文化产业的市场集中度越高。

11个，2016年为15个，至2017年达到22个，由此可见我国文化产业市场集中度整体趋向下降的态势（见图8）。

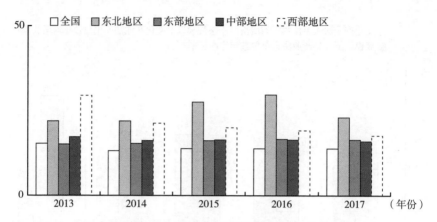

图8　2013～2017年中国各区域市场集中度指数变化情况

资料来源：《中国文化及相关产业统计年鉴》（2014～2018）。

二　发展态势

　　为了实现在统一市场条件的背景下，以统一口径的数据为基础进行分析研究，本报告梳理了《中国文化及相关产业统计年鉴（2018）》、《中国文化文物统计年鉴（2018）》和《中国统计年鉴（2018）》的相关指标，根据区域文化产业发展的内涵与外延，构建中国区域文化产业竞争力指标体系（见表2），并通过从"四大板块"向"八大经济区"① 的空间刻度细化，以期在区域文化产业竞争力评价的视域下，更好地描述区域文化产业的发展态势。

---

①　国务院发展研究中心：中国所沿袭的东、中、西区域划分方法已经不合时宜。为此，提出"十一五"期间内地划分为东部、中部、西部、东北四大板块，并可将四个板块划分为八大综合经济区的具体构想。具体是：东北地区（辽宁、吉林、黑龙江）；北部沿海（北京、天津、河北、山东）；东部沿海（上海、江苏、浙江）；南部沿海（福建、广东、海南）；黄河中游（陕西、山西、河南、内蒙古）；长江中游（湖北、湖南、江西、安徽）；大西南（云南、贵州、四川、重庆、广西）；大西北（甘肃、青海、宁夏、西藏、新疆）。

表2　中国区域文化产业竞争力指标体系

一级指标	二级指标	三级指标	四级指标	单位
文化产业竞争力	文化产业发展基础	经济发展	地区GDP占全国GDP比重	%
			GDP增速	%
			人均GDP增速	%
			第三产业增加值占GDP比重	%
		居民生活	居民消费水平	元
			居民人均消费支出	元
			城镇居民人均可支配收入	元
			农村居民人均可支配收入	元
			城镇居民人均消费支出	元
			农村居民人均消费支出	元
		基础设施	省级及以上文化遗产综合得分	分
			省级及以上自然资源综合得分	分
			公路密度	公里/万人
			铁路密度	公里/十万人
			民航旅客吞吐量	百万人次
			邮政和电信业务总量	亿元
			快递业务量	百万件
			互联网宽度接入端口	个/百人
			有电子商务交易活动的企业数比重	%
	文化产业需求能力	消费需求	居民人均文化娱乐消费支出	元
			居民人均文化娱乐消费支出占居民人均消费支出比重	%
			城镇居民人均文化娱乐消费支出增速	%
		投资需求	农村居民人均文化娱乐消费支出增速	%
			人均文化产业固定资产	元
			文化产业法人单位平均资产	万元
			文化产业固定资产投资增速	%
	文化产业发展水平	文化产业增长能力	文化产业法人单位资产合计增速	%
			文化产业固定资产投资占全社会固定资产投资比重	%
			文化产业增加值占GDP比重	%
			文化产业增加值占第三产业增加值比重	%

续表

一级指标	二级指标	三级指标	四级指标	单位
文化产业竞争力	文化产业发展水平	文化产业规模水平	文化产业增加值增长率	%
			人均文化产业增加值增长率	%
			地区文化产业法人单位数占全部文化产业法人单位数比重	%
			规模以上文化产业法人单位数占文化产业法人单位数比重	%
			年末文化产业从业人员数占全部文化产业法人单位从业人员数比重	%
			地区文化产业固定资产投资占全国文化产业固定资产投资比重	%
			地区文化产业法人单位资产合计占全部文化产业法人单位资产合计的比重	%
			地区文化产业法人单位主营业务收入占全部文化产业法人单位主营业务收入比重	%
	文化产业发展效率	文化产业生产效率	劳均文化产业增加值	万元
			劳均文化产业法人单位主营业务收入	万元
			单位固定资产平均文化产业增加值	元
			单位固定资产平均文化产业法人单位主营业务收入	元
		文化产业市场效率	地区规模以上文化产业法人单位利润总额占全国利润总额比重	%
			规模以上文化产业法人单位成本利润率	%
			文化产业法人单位营业税金及附加总计增长率	%
		文化产业创新能力	每百万人文化产业专利授权数	项/百万人
			规模以上文化制造业单位 R&D 项目的资金投入	万元
			规上制造业新产品销售收入占全部新产品销售收入比重	%

续表

一级指标	二级指标	三级指标	四级指标	单位
文化产业竞争力	文化产业发展公共支撑	公共文化服务能力	每百万人公共文化主要文化机构数	个/百万人
			每个文化机构平均从业人员数	人
			分类型文化文物所属机构总支出占总收入比重	%
		地方行政服务能力	单位公共文化体育与传媒支出的文化产业增加值	元
			公共预算文化体育与传媒支出增长率	%
			公共预算文化体育与传媒支出占财政预算支出比重	%

（一）"不平衡发展"是区域文化产业发展的基本格局

区域文化产业综合竞争力梯度分布明显，东北、东部、中部和西部四大板块对应的八大经济区域各项指标分值差距显著。从文化产业竞争力综合得分来看，东部的三大沿海地区位列前三，是全国文化产业发展的前沿地带。东部沿海地区综合得分第一，与排名第二的北部沿海和第三的南部沿海得分相差 18.75 分和 19.67 分；南部沿海的综合得分也比排名第四的长江中游地区高 20.41 分。从文化产业竞争力各项指标的得分来看，东部沿海、北部沿海和南部沿海基本位于全国前三的序列。大西北地区除文化产业发展水平和文化产业发展效率外，其余分项指标得分均为全国末位，文化产业竞争力水平整体偏弱。此外，文化产业竞争力与文化产业发展基础之间显著的正相关（权重为 21.8%），表明了区域文化产业发展中"基础强则产业强"的基本定势，这也进一步说明了文化产业发展基础的差异是导致区域文化产业"不平衡发展"长期稳态存在的关键性因素（见表 3）。

表3　中国区域文化产业竞争力得分

区域	文化产业竞争力综合得分	排序	文化产业竞争力									
			文化产业发展基础	排序	文化产业需求能力	排序	文化产业发展水平	排序	文化产业发展效率	排序	文化产业发展公共支撑	排序
东部沿海	98.17	1	98.26	1	98.70	1	98.21	1	97.82	1	98.17	1
北部沿海	79.42	2	85.79	2	94.68	2	79.38	3	63.57	3	82.63	2
南部沿海	78.50	3	80.46	3	78.71	4	83.02	2	72.84	2	78.86	3
长江中游	58.09	4	61.28	5	83.64	3	53.82	4	45.35	6	59.23	5
黄河中游	56.50	5	64.59	4	69.69	6	51.40	5	41.37	7	62.57	4
大西南	54.86	6	57.41	7	78.25	5	48.63	6	46.61	5	54.15	7
东北地区	49.52	7	59.29	6	49.83	7	41.06	8	40.86	8	55.95	6
大西北	43.11	8	41.58	8	41.74	8	42.66	7	46.88	4	41.46	8

（二）"差异化发展"是区域文化产业发展的基本形态

以上海、浙江和江苏三地为代表的东部沿海地区，无论是文化产业综合竞争力还是各项指标的得分都相对均衡，区域协调发展的能力较为突出。北部沿海和南部沿海的文化产业综合竞争力得分较东部沿海有较大差距。并且，两个地区的各分项指标得分波动较大，不仅呈现区域内部发展的"短板"现象，也在同一指标的比较中看出区际发展的差异化。黄河中游、长江中游和西南地区"差异化"更加突出。相对而言，大西北地区各项指标得分比较接近，文化产业发展效率指标的排位也反映出其差异化发展的特征。

（三）"效率提升与创新驱动"是决定区域文化产业高质量发展的关键

以投资和消费需求为主要载荷的文化产业需求能力指标权重为17.7%。文化产业需求能力因子在东部沿海（98.70分）、北部沿海（94.68分）、南部沿海（78.71分）与长江中游（83.64分）的文化产业竞争力比较中并未促使其形成显著差距。值得注意的是，以生产效率、市场效率与创新能力为代表的文化产业发展效率因子的区际差异性尤为突出。东部沿海得分97.82，遥遥领先与其他区域。得分在60以上的也就只有东部沿海、北部沿海和南部沿海三个经济区。这就表明了东部地区已经跨越了对产业规模增长的路径依赖，效率提升与创新驱动已经成为区域文化产业竞争力高质量发展的路径。对照前面发展现状部分，也就更好地说明了文化产业固定资产投资向中西部地区，尤其是长江中游和大西南地区转移的现象。各区际文化产业驱动力差异性更加明显，效率提升与创新驱动将进一步拉开区域之间的差距。

（四）"公共服务能力"是引导区域文化产业健康有序发展的保障

文化产业公共支撑因子由"公共文化服务能力"和"地方行政服务能力"两个指标构成，考察的是文化产业公共服务体系的完善程度和地方政策的执行效率，其权重达到了16.6%。随着文化产业政策从"特惠式"转向了"普惠式"，在"政策红利"对区域文化产业发展影响逐步下降的同时，公共服务能力对于文化产业竞争力的支撑作用也就凸显出来。中部地区文化产业的崛起，在文化产业固定资产投入要素的影响之外，公共服务能力（62.57分、59.23分）也是一个不可或缺的因素。地方政府高效率的公共服务能力以及精准的文化产业政策供给成为影响区域文化产业发展效率的重要因素之一。当下文化和科技、文化和金融、文化和旅游的深度融合，都不可避免地对政府的公共服务能力提出了更高要求。转变政府职能、深化文化体制改革已经成为区域文化产业竞争力发展的又一关键。

参考文献

胡洪斌：《中国区域文化产业竞争力评价研究——基于2013年截面数据的实证分析》，《文化产业研究》2016年第1期。

胡惠林、王婧：《2014：中国文化产业发展指数报告（CCIDI）》，上海人民出版社，2014。

李炎、胡洪斌：《中国区域文化产业研究》，云南人民出版社，2014。

彭翊：《中国省市文化产业发展指数报告（2017）》，中国人民大学出版社，2018。

曾涛、杨朔、占绍文：《区域文化创意产业竞争力形成机理仿真研究》，《统计与决策》2018 年第 2 期。

Rafael Boix-Domenech，Vicent Soler-Marc，"Creative Service Industries and Regional Productivity," *Papers in Regional Science* 4（2015）.

B.4
中国文化和科技融合发展报告

高宏存　王林生*

摘　要： 我国在推动文化和科技融合发展的过程中，在业态与治理领域取得了较为显著的进展，但仍存在"新治理"合力尚未形成、关键文化装备技术领域仍存在短板、优质内容产品缺乏、大数据负面影响开始凸显、互联网空间意识形态风控难度加大等问题。文化和科技融合在人机交互、产品的社交功能、短视频暴发、媒体融合、新兴业态、个性化消费、大数据介入文化生产等领域呈现新的发展趋势。根据梳理文化和科技融合存在的问题与发展趋势，本文提出应通过树立"大文化"发展观、完善产业发展体系、提升文化产品的内容品质、倡导向善的文化科技价值观、发挥互联网对舆情监测的作用等，推进文化和科技融合发展，提升文化发展质量。

关键词： 文化科技　文化产业　产业融合　文化体制改革

文化和科技融合是当代发展趋势，丰富的文化资源可以构成科技发展重要的内容支撑，科技进步也有助于推动文化形态和内容更新，有助

---

* 高宏存，博士，中共中央党校（国家行政学院）创新工程首席专家，教授，博士生导师，主要研究方向为文化政策和文化产业；王林生，博士，北京市社会科学院文化研究所副研究员，主要研究方向为文化产业和创意城市。

于传统文化资源的创造性转化和创造性发展。文化和科技融合体现为一种历史趋势和进程，强调产业之间相互影响和渗透，涉及领域广泛、影响深远。

2019年8月，财政部等六部门在《关于印发〈关于促进文化和科技深度融合的指导意见〉的通知》中指出，文化和科技融合"全面提升文化科技创新能力，转变文化发展方式，推动文化事业和文化产业更好更快发展，更好满足人民精神文化生活新期待，增强人民群众的获得感和幸福感"。从文化和科技融合的这一指向来说，文化和科技二者相互赋能，二者的融合正在改变人类社会的整个文化生态。文化生态的变革大致体现在以下三个方面。其一，在产业层面，文化和科技融合催生文化新业态，进而改变文化再生产的整体面貌。其二，在公共文化服务层面，提升并拓展公共服务的效能和领域。信息技术、数字技术、网络技术等现代科学技术和传播手段与公共文化服务相结合，打造公共文化服务体系"升级版"，如各类"文化云平台""点单式服务"等系统建设，对适应大数据时代的根本要求和提升公共文化服务效能具有积极意义。其三，在整体文化生活层面，构建新一代文化基础设施，实现文明的新跃升。文化和科技融合推动了以文化创造和展示技术为载体的新一代文化基础设施大量涌现，如大数据存储、人工智能（AI）、增强/虚拟现实技术（AR/VR）、增强型移动宽带、语音识别技术等，给传播、营销、休闲、家居、设计、生产等整体文化生活带来了革命性变化。可以说，文化和科技融合是极具全局性、战略性、前瞻性的行动，是对我国传统文化发展模式和路径的升级与超越。

推动文化和科技融合已经成为世界各国重要的发展战略，面对激烈变化的世界格局和国际竞争，党的十八大报告指出要通过促进文化和科技融合，把推动文化产业规模化、集约化、专业化发展作为文化发展的重要任务。更为重要的是，随着文化和科技融合逐渐走向深入，重塑和重组了固有文化秩序和文化生态，文化高质量发展有了更强有力的支撑，但同时也出现了一些不容忽视的新问题。

一 文化和科技融合的发展现状

文化和科技融合存在于多个领域，这既是由文化本身的深厚性所决定的，也深受科技应用广泛性的影响。文化和科技融合有助于转变文化发展方式，提升文化科技创新能力。近年来，文化和科技融合在相关领域均取得显著进展，主要集中在产业结构和治理体系等两个方面。

（一）文化产业结构发生变化

"十二五"以来，文化产业整体增速持续下降。2018 年文化企业营业收入为89257 亿元，比上年增长 8.2%，增长速度低于 2017 年的 15.2%，下降趋势明显。但在文化产业的整体构成中，与文化科技相关的产业发展迅速，尤其是数字文化产业部门呈现爆炸性增长的趋势，一些新兴行业、新产品、新消费模式不断涌现，并且构成新的文化生态。这一生态依据互联网时代文化生产、传播、消费、分配的原则和要求，向社会提供相关文化产品或服务。依据内容不同，文化产业在发展过程中，出现了一些值得关注的结构性变化，体现在以下几个方面。

1. 新行业发展迅速

互联网科技与文化在生产、传播、流通和消费等多个领域的深度融合，催生出一些新的文化行业和文化类别，如以 B 站为代表的二次元文化、以 AR/VR 为代表的虚拟文化、以网红直播为代表的粉丝文化、以短视频为代表的影音文化、以语音识别为代表的人工智能文化和以移动应用 App 为代表的传媒文化等，这些文化类别所具有的受众规模逐渐增大，文化影响力和市场影响力逐渐凸显。在所有行业中，短视频行业的发展最为引人注目。2018 年我国短视频应用的用户规模达 5.94 亿，占整体网民规模的 74.1%，引来各大互联网企业布局此领域。[①] 其他行业的影响力也日渐突出，2018 年

---

① 中国互联网络信息中心：《第 43 次中国互联网络发展状况统计报告》，2019 年 2 月发布，http：//www.cnnic.net.cn/hlwfzyj/hlwxzbg/hlwtjbg/201902/t20190228_70645.htm，最后检索时间：2020 年 5 月 2 日。

我国二次元用户规模达 3.7 亿，二次元移动游戏市场规模达 190.9 亿元①；人工智能加速推进，2018 年我国人工智能核心产业规模达到 686 亿元。② 根据工信部发布的最新统计数据，2019 年 1 ~ 8 月，我国互联网和相关服务行业收入与利润均保持两位数高速增长。全行业业务收入 7522 亿元，同比增长 20.9%，行业利润 709 亿元，同比增长 32.7%，③ 展现出强劲的发展态势。整体而言，迅速发展的新行业呈现以高端创意、跨界融合、模式创新、场景体验为核心特征的产业体系，其不仅成为经济发展新增长极，而且推动了产业结构优化升级。

快速发展的行业态势，为新业态"走出去"提供了强力支撑。2018 年，中国原创网络游戏海外销售收入为 95.9 亿美元，同比增长 15.8%。④ 腾讯、三七互娱、游族网络等游戏企业的海外布局，尤其是腾讯云在 25 个地理区域和 53 个可用区的布局，为腾讯游戏出海提供了坚实保障。腾讯游戏《绝地求生：刺激战场》的海外版 *PUBG Mobile* 在全球市场的成功，既展现出腾讯云全球化的服务能力，也为中国文化科技产品出海提供了可以借鉴的经验。

2. 新"网红"产品频出

"网红"产品既是指以时尚、流行、易操作为基础的小程序、软件等，也指因某件事或某个行为而迅速在互联网中传播且被网民关注的人或事物。前者如 2019 年以"仅需一张照片，出演天下好戏"为口号，进而引发网络换脸风潮的"ZAO"软件，后者则多与短视频的流行与普及密切相关，从类型来看可以分为网红人物、网红商品、网红地标、网红城市，其总体特征都是自身的某些特质经互联网无限放大，且在传播过程中迎合网民的消费需求，从而受到互联网世界追捧。就网红发展历程而言，当下所言及的网红是

---

① 伽马数据：《2018 年二次元游戏发展状况报告》，2019 年 2 月发布，http：//www. 199it. com/archives/817229. html，最后检索时间：2020 年 5 月 2 日。

② 钟源、班娟娟：《人工智能从"仰望星空"转向"规模化落地"》，《经济参考报》2019 年 2 月 28 日。

③ 工信部：《2019 年 1 ~ 8 月互联网和相关服务业运行情况》，http：//www. miit. gov. cn/ n1146312/n1146904/n1648355/c7455965/content. html，最后检索时间：2020 年 5 月 2 日。

④ 中国音数协游戏工委、伽马数据：《2018 年中国游戏产业报告》，2018 年 12 月发布。

"网红 3.0 版"，与文字时代的网红、图文时代的网红具有较大差异，它以网络短视频为主要传播载体，与粉丝经济存在较为紧密的联系。某种程度上，网红产品的出现推动了文化创新与变革。如 2016 年网红 papi 酱视频贴片广告拍卖成为"新媒体史上第一拍"，2018 年末"故宫口红"爆红进一步推动故宫"文化 + 时尚"的发展探索，2018 张家界玻璃栈道成为旅游者打卡之处，郑州、成都、济南、西安等因成为新晋网红城市而推动了城市形象的塑造与传播。从网红整体效应来说，网红的出现不仅使技术、人、商品、地标乃至城市受到广泛关注，而且围绕它本身形成了一种新的文化生产、传播和消费生态。

3. 文化新消费模式日趋多元

新的生产模式必然导致新的消费模式，某种程度上，消费方式的选择是由生产方式所决定的。随着新历史条件下文化新生产和传播方式的变革，适应新时代需求的文化消费模式不断涌现。电商平台消费模式、垂直传播消费模式、IP 产业和 IP 消费模式、网络直播消费模式、众筹消费模式、文惠卡消费模式等正逐渐改变了人们的日常生活方式，推动了文化消费与科技消费紧密结合、网络虚拟消费和现实空间消费紧密结合，以及小众消费与大众消费紧密结合。不断涌现出的文化新消费模式，在充分整合现有市场资源的基础上，加速了产业要素在消费终端的整合与创新，有力地促进了消费升级。

4. 媒体融合取得新成效

媒体融合旨在引导媒体积极适应新时代传播格局的变化，加速实现各类媒体资源在互联网时代的高效整合，实现媒介信息在内容生产、传播体系、公共服务、意识形态风控、平台终端等领域的互融互通。

各主要媒体纷纷打造自己的专属融媒体平台。《人民日报》的"中央厨房"致力于媒体的"打通"和"整合"，即"媒体机构和用户的融合""整合是整合内部资源、整合行业资源和产业资源"，[①] 提高媒体信息整合的数据化、智能化、个性化和移动化能力。上海报业集团在媒体融合中通过探索

---

① 陈玉林：《人民日报"中央厨房"的打造与运行》，《传媒》2017 年第 14 期。

新的产业运营和投资体系，围绕生产传播打造媒体融合的业务平台、技术平台和空间平台。"在内容生产和传播流程上，打破报媒和新媒在内容生产上分割分离的现状，改造既有新闻生产流程和发布平台，以全媒体采编平台为牵引，再造流程，探索更加符合互联网传播规律的报道模式和表达方式。"①大众报业集团提出"一二三"融合转型战略，确立了"以'互联网＋'实现全新生态系统打造为理念，内容为根本，用户为中心，技术为支撑，数据为驱动，人才为关键，资本为纽带"的发展战略，全力构建报网端微一体化融媒矩阵和立体传播格局。② 通过各大媒体的融合转型实践，信息传播去中心、网状化和互动性的特征进一步增强，文化信息在传播理念、内容、载体、形式、方法、手段等方面的创新和发展，不仅使媒体生态发生了深刻变化，而且有助于构建舆论导向的新格局。

在这一整体导向下，各省、自治区和直辖市纷纷构建自己的融媒体中心，并把融媒体建设纳入宣传思想工作格局中。"北京云""冀云"等省级融媒体已开始投入使用，这对主流媒体互联互通和资源共享，构建起可管、可控的新媒体传播矩阵具有重要意义。

（二）新治理格局初步形成

新时代为文化发展创造了新的机遇，新历史条件下催生出一批新的文化业态，而文化新业态的勃兴与不断壮大必然要求文化业界在治理方式或路径方面做出新探索。总体来看，伴随着新的要求和新的挑战，文化和科技融合领域的新治理趋势集中体现在以下三个方面。

1. 国家顶层设计推动治理模式改革

推动体制机制改革是提升文化治理能力的重要途径。为促进形成与现代文化发展相适应的体制机制，2018 年 3 月，整合原文化部和国家旅游局职

---

① 张涛甫、覃琴：《下好一盘媒体战略转型的大棋——以上海报业集团媒体融合为例》，《新闻与写作》2016 年第 3 期。
② 梁国典：《媒体融合转型的目标与路径——大众报业集团融合转型的探索与实践》，《中国记者》2018 年第 5 期。

能，新组建了文化和旅游部；7月，成立国家科技领导小组，协调与科技创新领域相关的各种职责。注重网络安全与信息化建设，把网络和信息安全纳入国家整体安全的战略高度，召开"全国网络安全和信息化工作会议"，积极推动网络强国建设。一系列改革创新，从国家顶层设计的高度推动了文化治理的时代化和现代化水平。

2. 强化文化和科技融合的监管力度

近年来，文化新业态呈现爆炸式增长态势，为规范和管理文化新业态，有关部门出台了一系列相关政策，如《国家广播电视总局关于进一步加强广播电视和网络视听文艺节目管理的通知》（广电发〔2018〕60号）、《关于进一步规范网络视听节目传播秩序的通知》（新广电办发〔2018〕21号）、《关于加强网络直播服务管理工作的通知》（2018）、"出版国产网络游戏作品审批"和"出版境外著作权人授权的电子游戏出版物审批"（2019）等。这些文件的发布与实施对完善文化业态的管理、规范文化行业发展具有积极意义。

3. 完善相关文化法律法规体系

法律法规是文化建设的重要保障，相对完善的法律法规有助于文化建设健康、有序发展。目前我国在文化领域的相关法律法规包括《中华人民共和国旅游法》《中华人民共和国文物保护法》《中华人民共和国非物质文化遗产法》《中华人民共和国公共文化服务保障法》《中华人民共和国公共图书馆法》《中华人民共和国电影产业促进法》等，法律法规建设与文化发展的实际需要之间尚存在一定差距。一要加快文化产业的法制建设。文化产业经过近40年的发展，社会效益与经济效应都取得显著进展，为进一步推动文化产业发展，把文化产业发展真正纳入法治化轨道上来，2019年7月《文化产业促进法（草案征求意见稿）》开始公开征求意见，草案聚焦"促进什么""怎么促进"两个核心问题以及促进文化产业发展的关键环节，在创作生产、文化企业、文化市场等环节予以扶持，促进文化产业发展。二是多维度推动文化科技融合发展。文化和科技融合是文化产业的重要发展趋势，为增强文化和科技的互动，国家相继出台《国务院关于推动创新创业高质量发展打造"双创"升

级版的意见》(2018)、《国务院办公厅关于印发文化体制改革中经营性文化事业单位转制为企业和进一步支持文化企业发展两个规定的通知》(2018)、《完善促进消费体制机制实施方案(2018~2020年)》(2018)、《国家文化和科技融合示范基地认定管理办法(试行)》(2018)、《关于促进文化和科技深度融合的指导意见》(2019)等一系列措施,从创新创业、体制改革、消费机制完善、基地建设等多层面推动文化科技融合发展。

二　当前文化和科技融合存在的问题

文化和科技融合正引领传统文化创造性转化与创新性发展,对丰富文化产品供给和满足居民文化需求具有积极意义。但科技对文化建设支撑作用的潜力还没有充分释放,制约二者融合发展的因素集中体现在以下五个方面。

(一)文化和科技分属不同行政管理系统,"新治理"合力尚未形成

党的十九大以来,文化体制改革取得重大突破,有力地推动了文化建设和发展。但是,从管理部门来看,文化归属宣传部门、广播电视部门、文化和旅游部门、知识产权部门、文化市场综合执法部门、网络管理部门等,条块分割、交叉管理的现象依然存在。尤其是随着文化和科技融合的趋势不断增强,以互联网为内容和载体的文化形式与互联网科技、互联网安全、互联网金融等领域的关系越来越紧密,但这些领域从属于网络安全与信息化部门、科技部门、金融部门等。从促进文化和科技融合的角度而言,统筹促进二者融合的协调机制和激励扶持政策仍有待完善,以提升文化治理的现代化水平和治理能力,形成"新治理"合力。

(二)文化产业的科技供给能力不足,所需关键文化装备技术领域仍存在短板

文化和科技融合推动了传统文化业态的创新和新文化业态的发展,但在

关键文化技术装备领域仍存在国产化率低的制约，科技对文化产业的支撑有待进一步强化。如超高清视频制播装备仍被国外企业把持，我国集成和总装的全球"5G+8K"超高清转播车所需的24类2000余台/套设备，国产化率仅为15%。文化装备技术的落后，直接导致我国文化装备制造业的整体盈利水平与美国等国家相比较低。目前，中美文化装备制造业存在3倍盈利差距，① 体现出在文化制造业全球产业链分工中，我国仍处于产业链下游，在全球产业竞争中仍扮演高端"代工"角色。

（三）文化企业供给服务体验的创意创新能力相对薄弱，优质内容产品缺乏

文化和科技融合的目的在于提供可消费、可体验的文化产品，但从整体发展来看，优质文化创意内容相对缺乏，供给结构失衡，即有供给无需求、有需求无供给的现象仍较为突出。在以IP为核心的产业链开发中，产业结构松散，彼此之间未能形成系统的宣传和联动体系；AR应用以游戏和工具类为主，缺乏沉浸式的内容创意；超高清视频内容以文化旅游、纪录片、体育赛事为主，内容匮乏，片源不足；短视频平台的内容形式同质化严重，商业价值下滑。因此，新业态虽呈现较快发展趋势，但创意创新能力缺失，尤其是深入沉浸式、体验式内容创意不足，已成为制约行业发展的关键因素。

（四）文化新业态发展的新市场秩序尚未建立，大数据负面影响开始凸显

产业发展需要良好产业秩序，然而由于产业发展速度较快，法律法规尚存在盲区，行业秩序失范现象凸显，如App强制授权和索权、AI一键脱衣、AI一键换脸、恶意刷流量、游戏外挂等时有发生，良好有序的市场机制仍未形成。与此同时，随着越来越多文化行业与互联网融合，大数据在产业发

---

① 牛瑾：《文化装备给生活添色彩》，《经济日报》2017年12月16日。

展中的负面影响开始凸显，"大数据杀熟""同业爬虫""数据泄露"等导致行业、消费者的相关权益受损。大数据负面效应彰显出人们对"技术向善"还是"科技中立"并未形成统一认识，正确的科技价值观有待于进一步引导和培育。

（五）互联网文化内容复杂多变，网络空间意识形态风控难度加大

互联网在各个领域的延伸，既增加了意识形态表现形式的丰富性和载体的多样性，也强化了意识形态表达的隐蔽性。尤其是一些新兴文化企业面对追求自由与规范秩序、发展权力与监管产业、共享数据和保护隐私的抉择时，往往采取"擦边球"的方式，歪曲、解构、弱化对主流价值观念和文化伦理的认同；或互联网平台本身对内容监管不力，低俗暴力、垃圾广告、炫富惊悚等视频内容频繁出现，抖音、快手、花椒等短视频平台一再被约谈，体现出利益与责任之间的博弈。

三 文化和科技融合发展的趋势

文化和科技融合已成为重要发展趋势，二者融合发展既革新了文化的内容与形式，推动解放了文化生产力，促进了文化的繁荣发展，同时也使得科技渗透到文化生产、产品、内容、传播、消费、应用和影响力等各个层面，成为文化发展的重要支撑和引擎。随着文化和科技融合逐步走向深入，融合发展的趋势愈加明显。

（一）文化生产领域，人机交互成为文化科技融合新的风向标

人机交互技术是计算机用户界面设计中的重要内容。从狭义上来说，人机互动主要是人与计算机之间的信息发送、传递与反馈，其核心是人机之间的信息交换；从广义上来说，人机互动是以人为中心而构建的人与计算机间和谐共处的关系。从人机交互的发展进程来说，在经历了鼠标、窗口系统、超文本、浏览器、触摸屏等技术应用型的阶段之后，人机交互已随着物联

网、5G 的推进开始进入智能时代，"多通道、多媒体的智能人机交互阶段，以虚拟显示为代表的计算机系统的拟人化和以手持电脑、智能手机为代表的计算机的微型化、随身化、嵌入化，是当前计算机的两个重要发展趋势"①。这种趋势以大数据与人工智能的融合为基础，创造了新的文化事物。

从内容类型来说，人机交互的文化生产以虚拟主播、虚拟场景为主。虚拟主播是在媒体上进行新闻播报的虚拟人物，如 2018 年南方财经推出的国内第一个人工智能虚拟主播"俎江涛"，2019 年以来，人民日报、央视等各大媒体相继推出 AI 虚拟主播"果果"、全球首个可视化虚拟主播"康晓辉"、AI 记者助理"小白"、AI 虚拟记者"通通"、AI 虚拟主播"纪小萌""邱小浩"等。B 站作为国内二次元文化集中的网站，推出虚拟次元计划，打造出"小希"这一虚拟 UP 主，同时，B 站联合 CCTV 新科动漫频道开发出虚拟主播"新科娘"。随着各类虚拟人物的相继推出，一些软件也纷纷上线。2019 年 8 月 30 日，"仅需一张照片，出演天下好戏"的"ZAO"一经上线便燃爆朋友圈，使得虚拟技术场景化应用成为业界关注的热点。尽管虚拟主播的盈利模式尚在进一步发展和探索中，但虚拟主播的大量推出对培育新业态的文化发展氛围具有积极促进作用。另一类型人机交互的文化生产是虚拟场景的创造，尤其是随着虚拟现实技术的广泛应用，大型沉浸式旅游演艺项目《乐动敦煌》、重排沉浸式舞台剧《华亭唱宋 – 侬好苏东坡》，以及"V 故宫"项目、各大城市的各类 VR 体验馆等，都是主打虚拟、交互的场景化创造，体现了文化和科技的高度融合。

（二）文化产品领域，产品本身具有的社交功能得到前所未有的释放

新媒体野蛮生长的背后得益于媒体本身具有的社交功能。由于新媒体进入门槛较低，信息的即时互动消除了传统信息交流因时间和空间所造成的隔阂，所以社交功能在多媒体网络平台所提供的文化产品中开始凸显。建立关

---

① 陈永主编《软件工程》，中国铁道出版社，2017。

系构成了多媒体网络平台最为基础性的功能，而围绕这一社交功能开设的图文分享、评论、点赞、点评、私聊、群聊、打赏、朋友圈等是这一社交展开的基本途径，而各类平台根据平台性质开创的诸如偷菜、占车位、种果树等小程序，都是实现增强产品社交黏性的重要方式。

社交正成为各类多媒体平台实现自身成长的重要抓手，且随着文化和科技在各领域的深入融合，社交功能催生出了新的文化形式，如出现在各类视频平台中的"弹幕"。目前，哔哩哔哩和 AcFun 是国内两个用户群体最大的弹幕视频网，而为了满足用户对弹幕社交的需求，优酷、爱奇艺等视频网站也设置了相应的功能链接。强化多媒体平台的社交功能能吸引人气、增加流量，社交功能中的评论也开始影响到人们日常生活和判断选择。如大众点评、美团点评成为消费者点餐的重要依据；在一些短视频平台，用户不仅在刷视频，也在刷评论，而且刷评论成为短视频平台"社交二次延伸的用户黏性策略"①。

社交已然成为当下最为重要的流量入口，也成为中国网络巨头们的竞争热点。2019 年，一系列社交软件相继推出，字节跳动推出"多闪"、罗永浩推出"聊天宝"、快播推出"马桶 MT"、搜狐推出"狐友 App"、京东测试"梨喔喔"、阿里巴巴重启"Real 如我"等。

（三）文化内容领域，以短视频为主的视听产品成为新的爆发点

以短视频、网络直播等为代表的网络视听产品，以其短、小、快的传播优势和直观感性的内容优势，满足了在快节奏和碎片化的生活状态下人们的精神文化需求和文化消费需求。中国互联网络信息中心所发布的《第 44 次互联网络发展状况统计报告》显示，截至 2019 年 6 月底，中国短视频用户规模为 6.48 亿，占网民整体的 75.8%，可谓用户规模十分庞大。2019 年 4 月，美国学者玛丽·米克尔发布的《互联网报告》敏锐地抓住这一新发展

---

① 高宏存、马亚敏：《移动短视频生产的"众神狂欢"与秩序治理》，《深圳大学学报》（人文社会科学版）2018 年第 6 期。

动向，指出中国的短视频行业正在迅速崛起，从 2017 年 4 月至 2019 年 4 月，中国短视频 App 日均使用时长从不到 1 亿小时，增长到了 6 亿小时，① 可以说以短视频为核心的视听产品正成为中国文化和科技融合发展的风口，短视频正成为文化发展新的爆发点。

作为一种新的发展业态，短视频所创造的文化价值、美学价值和产业价值，通过以粉丝为核心的社群对以主播为核心社群的价值认同而生成。尽管这场视觉的文化盛宴才刚刚拉开序幕，但以 BAT 为代表的互联网巨鳄纷纷布局，各短视频平台之间已形成激烈竞争的态势。围绕短视频所开展的开屏广告、信息流广告、电商进驻、广告植入等成为短视频获得经济效益的途径。同时，短视频与城市形象推广传播、非遗产品展示等内容的结合，彰显出短视频良好的社会效益。不可否认，短视频仍存在定位不清、内容肤浅以及常游走在底线、红线的边缘等问题，而这也恰恰成为短视频未来健康有序发展所必须解决的问题。随着 5G 时代到来和 5G 技术广泛推广，短视频依旧是抓流量的利器，而视频将成为重要的信息传输方式，短视频应用场景也会逐渐打破娱乐、电商、广告本身的限制，向资讯、教育、体育、音乐、影视等更为广阔的领域渗透，并最终形成规模和内容更为庞大的文化矩阵。

（四）文化传播领域，媒体融合推动全生态的传播与营销方式的变革

文化和科技的融合在文化传播领域集中体现为传统媒体与新媒体的融合发展，人工智能、大数据、区块链等现代互联网科技与媒体的深度融合，推动了媒体全生态传播方式和营销方式的变革。未来媒体融合的趋势是紧紧围绕人工智能技术、移动互联技术、云存储技术、深度学习技术、沉浸技术、超级计算技术、传感网技术、脑科学技术、大数据技术、区块链技术等新兴技术，以"全媒体"构建为目标，通过前端去中心、后端集中化，构筑起一个以"全程""全息""全员""全效"为媒体特征的全媒体生态。这一

---

① 《互联网报告》，https：//www.bondcap.com/report/itr19/。

全新媒体生态，打破了时空、职业、媒体类别之间的限制与隔阂，改变了媒体接受者在信息传播中的位置，实现人文与科技、信息发送与信息反馈、版权保护与资源共享、媒体监管与媒体融合之间的高效结合。

不断变化的媒体环境和塑造的全新媒体生态，也在促进传统传播与营销方式的变革。未来信息的传播与媒体营销会建立在大数据基础上，通过大数据采集和分析，精准化、快速化地向用户进行信息投放，以实现对用户的个性化营销。为实现精准化营销，媒体需要在传播方式上切实从"媒体导向"向"受众导向"转变。新媒体环境中，传统"以品牌为中心"的传播方式已不是营销重点，营销更为注重用户，即哪类人是信息传播的真正接受者，哪类人就是媒体融合背景下媒体营销的核心。

（五）文化消费领域，体验化、智能化和个性化消费会成为主流

更好地满足文化消费是推动文化和科技融合的最终目的。随着文化和科技融合走向深入，越来越多的文化产品和服务对以大数据为支撑的智能化体验有着越来越高的要求，这种需求构成了产业升级换代的发展方向。尤其是近年来，一些新兴文化业态依靠大数据智能技术迅速发展起来，如可穿戴设备、AR/VR产品等，从表现内容与展现形式层面为文化消费提供更为优越的体验感。某种程度上，智能化是优越体验感的重要体现，也是大数据主要应用方向。从2017年国务院印发《新一代人工智能发展规划》（国发〔2017〕35号），到2019年8月科技部印发《国家新一代人工智能创新发展试验区建设工作指引》，预示着发展人工智能已从国家战略进入具体实施，未来打造具有国际影响力的生态圈和产业链是产业发展的重要任务。

创造更具体验化和智能化文化产品的同时，还应注重消费升级对消费需求带来的变化，即现有的规模化、大批量、单一化的文化生产模式已经不能满足现代生活个性化、时尚化、品质化消费需求。此外，消费群体的代际转换，即一个以"90后""00后"为主要构成的消费群体正在崛起，这个群体比以往年龄段消费群体更为注重充满个性、品质与情怀的文化消费品。因此，把握这些具有个性化的消费信息，需要依托来自各移动终端的数据，并

以此发现和预测消费者需求，为消费者提供更为个性化、定制化的文化消费产品。近年来，华为、阿里巴巴、腾讯等在贵阳、乌兰察布等建设大数据综合服务平台，就是在基础设施层面进行布局。

（六）文化应用领域，大数据功能效应介入文化生产

互联网时代的文化生产与消费，产生了海量数据。然而这些数据不再是单纯交易的痕迹，作为重要的商业资源，它构成了现代市场进行生产和资源配置的重要依据，是现代国家竞争力和产业竞争力的战略制高点。所以，实现文化高质量发展，需要把大数据视为重要的产业资本和经济投入，在文化产业创新和文化产业与其他产业融合发展过程中，通过在文化市场体系建构中引入大数据这一变量，进而撬动和更新文化市场体系的组织机制。

以往对大数据的应用，我们往往强调大数据在消费端的影响力，即通过为消费者画像的方式，把相关信息反馈至生产端，由此再决定为消费者提供或推送相关文化消费内容，如故宫、国博根据消费者喜好对相关文创产品进行开发。2019 年电视剧《长安十二时辰》的走红，不仅体现出"优酷大数据选角"这一电视剧运作方式的成功，更彰显出大数据在生产端具有良好预测能力，为大数据支撑文化产业高质量发展树立了典范。

（七）文化影响力领域，以文化科技融合为支撑的新业态对行业驱动作用明显

文化和科技融合为文化产业的转型升级发挥了积极作用，一批传统文化产业在科技助力下升级换代，产业发展思路都得到不同程度提升，如传统文博行业、音视频行业借助大数据或有针对性地进行 IP 开发，研发各类衍生产品，或更新传播内容与形式，积极适应现代碎片化的生活方式，均取得良好社会效益和经济效益。BAT 等互联网巨头积极进入文博、音视频等多个领域，促进了互联网科技与传统文化业态的优势互补与跨界融合，对传统文博行业更好地发挥文化功能具有积极推动价值。

文化和科技融合不仅革新了传统文化业态的内容和形式，而且催生一批

新的文化业态，这些新业态快速抢占了文化市场。根据工信部发布的最新数据，2019 年 1~8 月，网络音乐、网络视频、网络游戏、新闻信息、网络阅读等业态信息服务收入规模达 4958 亿元，同比增长 24.3%，占互联网业务全行业收入的 65.9%，成为发展最快的行业类别。① 新业态发展中，一些企业迅速成长为业界"独角兽"。2018 年 3 月，科技部公布的 164 家独角兽榜单企业中，隶属于文化类的共 14 家，其领域涉及视频、游戏、音乐等板块，总估值达 287.6 亿美元。② 同时，一些具有较大市场影响力的文化企业纷纷上市，如 2018 年 3 月 B 站在纳斯达克上市，2018 年 5 月虎牙在纽交所上市，2019 年 7 月斗鱼在纳斯达克上市等。这些独角兽企业本身是文化科技融合发展的产物，不仅其存在本身成为衡量地区文化创新和创意能力的重要尺度，而且其所涉及的经济行业也代表着新的经济增长点和新经济的发展方向。

四　深化文化和科技融合发展的对策思考

文化和科技融合为文化发展带来了广泛机遇，随着融合程度进一步加深，文化发展的整个生态会进行重构，新技术会逐步渗透在文化发展产业链各个环节。基于以上梳理出的相关问题与趋势，推动文化和科技融合发展，应着力于如下方面进行探索。

（一）确立"大文化"发展观，创新文化科技管理体制

我国文化产业正处在迈向高质量发展的新阶段，为实现这一目标，更好地发挥科技对文化的支撑作用，应打破"小文化"的认知方式和管理方式，树立"大文化"发展观，协调统筹各方面管理力量，形成文化治理的新合力。一方面，需要建立文化部门内部的协作机制，打破部门之间的壁垒和垂直管理模式，节约管理资源，避免重复浪费，提升管理效力。另一方面，需

---

① 工信部：《2019 年 1~8 月互联网和相关服务业运行情况》，http：//www.miit.gov.cn/n1146312/n1146904/n1648355/c7455965/content.html，最后检索时间：2020 年 5 月 2 日。

② 卢扬、王嘉敏：《解构文化娱乐产业的创业巨头》，《北京商报》2018 年 3 月 26 日。

要协调文化和科技部门之间的互动协作机制。尤其是随着数字文化产业的发展，文化业态与科技动态互动日益频繁，客观上要求打破文化和科技相隔阂的管理模式，以符合现代文化产业发展潮流的管理模式。且越来越多的文化业态的发展、生产、传播和消费都依托于电信网络平台，加强文化内容与电信载体联动将有助于文化新业态的成长。

（二）完善产业发展体系，加强文化科技装备研发

我国在互联网信息技术领域已成为仅次于美国的第二强国，在互联网新兴技术如人工智能、大数据、5G、物联网、云计算等领域已超越美国，但在基础软件和芯片领域仍受制于人。"中兴事件"和"华为事件"给予我们的启示是，核心技术受制于人不仅会带来产业供应链风险，同样会产生安全风险。因此，应完善产业发展体系，加强语音视听、内容识别、深度学习、人机交互、可视化呈现等关键领域文化科技装备研发，推进类人视觉、听觉、语言、思维等智能技术在文化领域的创新应用。

（三）以创意化提升文化产品的内容品质，提升文化供给效能

当代文化产业的首要特征是高度依赖文化创意，是以创意为王的产业形态。数字时代需要创意内容的支撑，而且数字时代创意内容间的竞争将更加激烈。这一方面需要打造和挖掘经典文化IP，强化以IP为核心的衍生品之间的联动与协作。制定相关扶持政策，积极发展5G、AR和超高清视频产业，引领未来产业发展。充分利用各类创新创意大赛，探索AR、超高清视频对传统文化内容和形式的升级改造。充分利用各大数据平台，加强针对年轻群体的数据分析与共享，提供具有针对性的文化消费产品，实现供需精准高效对接，提升文化供给效能。

（四）平衡好发展与管理的关系，把向善的价值观融入数字科技

随着5G技术的大规模商用，传统文化产业和互联网正在融合成一个命运共同体，持续的创新能力和正确的价值观是这个共同体的两大基石。推动

持续创新，就是要保证创新企业的发展始终运行在合规、合法的范畴内，不越监管底线、不踩规章红线、不碰违法违规高压线，规范自身发展秩序，把向善的价值观视为企业、行业发展的第一道防火墙。抵制和摒弃任何鼓吹"科技中立""科技无罪"的论调，最大可能地降低大数据、人工智能所带来的负面影响。

（五）加强软硬件自主研发，发挥现代互联网科技在文化意识形态舆情监测方面的作用

互联网已经从信息源变成了思想源，成为思想文化信息的聚集地和散播地。加强网络信息领域自主创新，扶持和推动具有我国自主知识产权的网络硬件技术和软件设备的研发，提升高端文化装备国产化占有率，是实现我国网络意识形态安全的关键。同时，在积极推动媒体融合背景下，应充分利用大数据、区块链等技术，及时关注跟踪网站、微信、微博、博客、论坛等各个网络平台数据的网络舆情，从数以亿计的舆情数据中找准管理重点，加强对重大事件的分析、处理和引导，合理配置资源，提高网络舆情整体掌控能力。

参考文献

黄昌勇、李万、王学勇等：《文化科技导论》，上海人民出版社，2017。

〔英〕基思·威利茨：《数字经济大趋势——正在到来的商业机遇》，徐俊杰、裴文斌译，人民邮电出版社，2013。

联合国数字合作高级别小组：《数字相互依存的时代——联合国数字合作高级别小组报告》，https：//www.zhizhi88.com/articles/268.html，最后检索时间：2019年9月。

孙德林、吕品、罗家鑫、孙雅芩、李丽珍：《互联网＋文化产业跨界融合多样化研究》，经济管理出版社，2017。

腾讯研究院：《产业互联网：构建智能＋时代数字生态新图景》，http：//www.199it.com/archives/852892.html，最后检索时间：2019年3月。

B.5
中国文化产业投资发展报告

刘德良*

摘 要： 随着我国经济进入新常态，居民收入水平不断增长，文化消费需求、支出日益增加。文化消费的繁荣发展，对于推动文化产业发展、促进文化产业投资等具有积极作用。本篇报告以文化产业投资发展为研究对象，在具体分析了固定资产投资、投资资金来源、重点文化行业投资、文化项目投资、文化产业海外投资等情况的基础上，预测未来我国文化产业创投市场将迎来政策窗口期、文化债券投资有望继续增长、影视行业资本市场趋于冷静、移动业态或将成投资风口等趋势，并针对当前文化产业发展趋势及存在问题，提出设立政府性文化产业投资基金、鼓励互联网文娱平台金融化、鼓励科技类文化企业科创板上市等促进文化产业投资发展的建议。

关键词： 文化产业　投资　财政投入　海外投资

　　我国文化产业蓬勃发展，已经成为经济增长的新动能，文化产业结构不断优化，新兴业态不断涌现，催生了一系列产业投资新风口。同时，随着文化产业对经济发展重要性的日益凸显，国家相关部门也颁布实施了一系列政策，鼓励社会资本积极参与文化产业投资，激发市场活力。文化产业投资的政策环境和社会条件已发生了深刻变化。一方面，经济的快速增长、政策红

---

* 刘德良，新元智库和新元资本创办人，主要研究方向为文化金融与文化科技融合。

利的不断释放为文化产业投资进一步发展创造了良好的基础条件；另一方面，文化产业的蓬勃发展与资金供给的矛盾依旧存在。

一 固定资产投资分析

（一）文化及相关产业固定资产投资概况

1. 文化及相关产业固定资产投资规模逐年提高

《文化及相关产业统计年鉴》数据显示，从 2010 年到 2017 年，文化及相关产业的固定资产投资规模从 9089 亿元增加至 38280 亿元，年均复合增长率达 22.8%（见图 1）。国家统计局数据显示，2017 年文化及相关产业固定资产投资规模占全社会固定资产投资规模的比重为 6.1%，比 2010 年提高了 2.8 个百分点。

图 1 2010～2017 年文化及相关产业固定资产投资规模及同比增长率

资料来源：历年《文化及相关产业统计资料》。

2. 四大子行业固定资产投资占比超80%

《文化及相关产业分类（2012）》之下的文化休闲娱乐服务、文化用品的生产、文化产品生产的辅助生产、文化艺术服务四大子行业于 2015～

2017年固定资产投资规模超万亿元，合计占文化及相关产业固定资产投资的82.6%（见图2）。

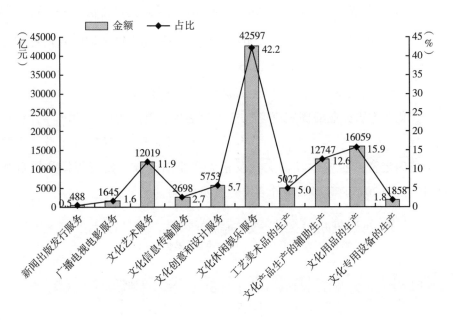

图2　2015～2017年文化及相关产业固定资产投资规模*

* 因数据四舍五入的原因，本文中可能存在总计（或差值）与各项求和（或相减）不等的情况。

资料来源：《文化及相关产业统计年鉴》。

（二）文化及相关产业固定资产投资行业分布分析

1. 文化休闲娱乐服务业固定资产投资规模不断上升

《文化及相关产业统计年鉴》数据显示，自2015年以来，文化休闲娱乐服务业固定资产投资规模不断上升。其中，2017年投资17467亿元，同比增长21.8%，占文化及相关产业固定资产投资的比重为45.6%，比2015年提高8.3个百分点。

2. 文化用品的生产业固定资产投资规模持续增长

2015年以来，文化用品的生产业固定资产投资规模持续增长。2017年投资规模同比增长8.2%，为5813亿元。与之相反，其占文化及相关产业固定资产投资规

模的比重呈现下降状态，从 2015 年的 16.9% 下降到了 2017 年的 15.2%。

3. 文化产品生产的辅助生产业年固定资产投资规模超4000亿元

2017 年，文化产品生产的辅助生产业固定资产投资 4449 亿元，同比增长 6.2%。2015 年至 2017 年，文化产品生产的辅助生产业固定资产投资占全行业的比重从 14.2% 下降至 11.6%，减少 2.6 个百分点。

4. 文化艺术服务业固定资产投资规模年均复合增长8.8%

文化艺术服务业的固定资产投资规模逐年上升，2015～2017 年，投资资金从 3679 亿元增至 4355 亿元，年均复合增长 8.8%。2017 年文化艺术服务业的固定资产投资规模占文化及相关产业固定资产投资规模的比重为 11.4%，较 2015 年下降 1.4 个百分点（见图 3）。

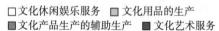

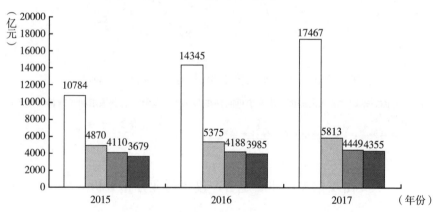

图 3 2015～2017 年四类文化子行业固定资产投资规模

资料来源：《文化及相关产业统计年鉴》。

二 文化产业投资资金来源分析

（一）公共财政文化投入状况分析

中华人民共和国财政部网站数据显示，2014～2017 年，中央公共财政文化投入 1013.86 亿元，占国家总投入的 8.23%，年均投入 253.47 亿元；地方投入金额 11309.27 亿元，占国家总投入的 91.77%，年均投入 2827.32 亿元（见图 4）。

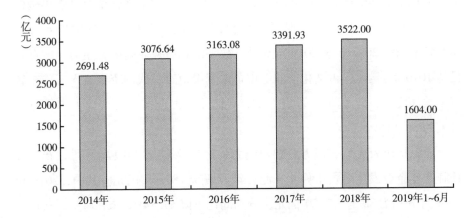

图 4 2014 年至 2019 年 6 月全国公共财政文化投入情况

资料来源：中华人民共和国财政部网站。

（二）文化产业资金来源渠道分析

银行信贷融资：贷款余额平均增长 16.67%。中国银行业协会发布的《银行业支持文化产业发展报告（2018）》显示，2013 年以来，我国 21 家主要银行文化产业贷款余额平均增长 16.67%。截至 2017 年末，21 家主要银行文化产业贷款余额 7260.12 亿元。其中，19 家银行创新了服务模式，表现亮眼的模式有知识产权质押贷、文化贷、艺术品质押贷、商标权质押贷等。

上市融资：再融资规模反弹。新元文智－文化产业投融资大数据系统（文融通）数据显示，2017 年至 2019 年 6 月，我国共有 75 家文化企业成功 IPO，首发募集资金规模达 805.00 亿元。其中，互联网文化娱乐平台吸金能力最强，募资 270.05 亿元，占文化企业上市首发融资总规模的 33.55%。2019 年 1～6 月有 14 家文企上市，首发募集资金 101.91 亿元，同比减少

48.54%。

2017年至2019年6月，上市文化企业共发生301起再融资事件，涉及资金4213.68亿元。分年度来看，2018年80起事件涉及资金1192.78亿元，分别同比下降54.55%、41.49%；2019年1~6月上市文化企业虽然再融资活跃度同比下降18.18%，但融资规模同比增长37.66%，分别达45起、982.43亿元。2017年至2019年6月，数字内容服务业是吸金主力，融资规模达1076.18亿元，占文化产业上市再融资渠道近三成的资金流入。广东省资本关注度高，57起事件募资1521.44亿元，占全国文化产业上市再融资规模的36.11%。

新三板融资：广告服务业融资能力强。2017年至2019年6月，新三板挂牌文化企业发生融资事件434起，涉及资金187.69亿元。其中，2019年1~6月分别为30起、7.20亿元，分别同比下降57.14%、64.14%。从行业分布来看，2017年至2019年6月，广告服务类新三板企业融资44.76亿元，占挂牌文化企业融资总规模的23.84%。北京市新三板文化企业融资活跃度、募资规模均居首位，分别为125起、60.88亿元，分别占我国新三板文化企业融资案例总数、融资规模的28.80%、32.44%。

私募股权融资：互联网信息服务业为募资主力。2017年至2019年6月，文化企业共发生私募股权融资事件1659起，募集资金2046.34亿元。其中，2019年1~6月发生事件250起，募资195.33亿元，分别同比下降43.82%、41.70%。2017年至2019年6月，互联网信息服务业表现突出，发生354起融资案例，融资规模为747.08亿元，分别占私募股权融资案例总数、融资规模的21.34%、36.51%。北京市文化产业私募股权融资共发生案例678起，募资966.17亿元，分别占全国文化产业私募股权融资案例总数及规模的40.87%、47.21%，遥遥领先于其他地区。

债券融资：规模实现增长。2017年至2019年6月，文化企业发生债券融资事件356起，涉及资金4094.87亿元。2019年1~6月，融资活跃度、融资规模呈现增长趋势，分别增至82起、1131.45亿元，分别同比增长7.89%、19.40%。2017年至2019年6月，数字内容服务业通过债券渠道募集资金809.89亿元，融资规模遥遥领先。广东省共发生64起融资案例，占全国文化产业债券融资案例总数的17.98%；涉及资金1752.25亿元，占全国文化产业债券融资总规模的42.79%，融资活跃度和融资规模均居全国首位。

信托融资：2017年至2019年6月，文化企业发生信托融资事件169起，涉及资金372.50亿元。其中，2019年1～6月，信托融资活跃度、融资规模呈现增长态势，分别增至52起、122.24亿元，分别同比增长1.48倍、1.64倍。2017年至2019年6月，景区游览服务业信托融资规模高达159.61亿元，占文化产业信托融资总规模的42.85%。江苏省以36起事件吸纳资金85.81亿元，分别占全国文化产业信托融资案例总数及总规模的21.30%、23.04%，均遥遥领先其他地区。

众筹融资：信息服务终端制造及销售业融资规模领先。2017年至2019年6月，文化企业发生众筹融资事件4270起，涉及资金13.34亿元。融资规模持续下滑，2018年、2019年1～6月分别同比下降11.46%、55.71%，分别为5.64亿元、1.33亿元。2017年至2019年6月，信息服务终端制造及销售领域通过众筹渠道募集的资金最多，517起融资事件涉及资金达3.15亿元，占众筹渠道融资总规模的23.61%。从地区分布看，广东省以3.98亿元的融资规模居全国首位，占众筹渠道融资总规模的29.84%（见表1）。

表1　2017年至2019年6月文化产业资本市场融资情况

渠道	2017年		2018年		2019年1～6月	
	金额(亿元)	案例(起)	金额(亿元)	案例(起)	金额(亿元)	案例(起)
上市首发融资	316.49	40	386.59	21	101.91	14
上市再融资	2038.47	176	1192.78	80	982.43	45
新三板融资	144.71	291	35.78	113	7.20	30
私募股权融资	698.82	620	1152.19	789	195.33	250
债券融资	1434.63	130	1528.79	144	1131.45	82
信托融资	89.63	39	160.63	78	122.24	52
众筹融资	6.37	1881	5.64	1754	1.33	635

资料来源：新元文智－文化产业投融资大数据系统（文融通）。

三　文化重点行业投资分析

（一）内容创作生产业投资状况分析

1. 内容创作生产领域流入资金2226.37亿元

据新元文智－文化产业投融资大数据系统（文融通）统计，2017年至2019年6月内容创作生产领域通过私募股权渠道、新三板渠道、上市渠道（首次募资、再融资）、信托渠道、债券渠道、众筹渠道流入资金2226.37亿元。债券渠道融资能力最强，虽然只有74起事件，占内容创作生产业融资案例总数的2.88%；但融资规模达1120.79亿元，占内容创作生产业融资总规模的50.34%。

2. 新三板挂牌企业投资活跃

内容创作生产类上市企业进行的股权投资形式主要有股权投资、并购、投资基金、新设子公司4类。据新元文智－文化产业投融资大数据系统（文融通）统计，2017年至2019年6月，内容创作生产类上市企业进行了387起上述方式的投资，投资规模为1375.06亿元。其中，2019年上半年发生投资案例43起，同比下降52.75%；投资规模为107.95亿元，同比下降47.73%。2017年至2019年6月，用于并购的投资资金最高，23.51%的并购投资事件占56.87%的资金。

相比内容创作生产领域的上市企业，新三板挂牌企业扩张更加积极活跃，2017年至2019年6月发生投资事件603起，是上市企业的1.56倍；涉及资金57.82亿元，为上市企业的0.04倍。其中，2019年上半年发生投资事件62起，同比下降48.33%；投资规模为4.57亿元，同比下降60.12%。2017年至2019年6月，挂牌企业投资集中在新设子公司，发生事件367起，占内容创作生产类新三板企业股权投资案例总数的60.86%；涉及资金21.69亿元，占内容创作生产类新三板企业股权投资规模的37.51%，均在投资方式中居首位（见表2）。

表2　2017年至2019年6月上市及新三板内容创作生产企业投资金额分布

单位：亿元

方式	上市企业				新三板挂牌企业			
	2017年	2018年	2019年 1~6月	合计	2017年	2018年	2019年 1~6月	合计
新设子公司	83.88	23.93	42.76	150.57	12.11	7.12	2.46	21.69
股权投资	146.81	124.74	12.02	283.57	5.95	1.82	1.00	8.77
并购	443.96	290.91	47.08	781.95	10.20	6.81	0.56	17.57
投资基金	73.50	79.38	6.09	158.97	9.14	0.10	0.55	9.79
合计	748.15	518.96	107.95	1375.06	37.40	15.85	4.57	57.82

资料来源：新元文智－文化产业投融资大数据系统（文融通）。

（二）创意设计服务业投资状况分析

1. 创意设计服务领域流入资金816.66亿元

据新元文智－文化产业投融资大数据系统（文融通）统计，2017年至2019年6月，私募股权渠道、新三板渠道、上市渠道（首次募资、再融资）、信托渠道、债券渠道、众筹渠道等资本渠道为创意设计服务领域提供资金816.66亿元。其中，私募股权渠道发生274起融资事件，占创意设计服务业融资案例总数的19.68%，募资活跃度仅次于众筹渠道；但募资规模在各渠道中最高，为235.13亿元，占创意设计服务领域融资总规模的28.79%。

2. 上市企业并购投入60.15%投资资金

据新元文智－文化产业投融资大数据系统（文融通）统计，2017年至2019年6月，创意设计服务类上市企业进行并购、股权投资、投资基金、新设子公司投资事件共计254起，投资规模为479.39亿元。2019年上半年，投资事件数同比下降31.03%，投资金额同比下降55.44%。2017年至2019年6月，并购投资规模最高，为288.33亿元，占创意设计服务类上市企业投资的60.15%。

2017年至2019年6月，创意设计服务类新三板挂牌企业发生投资事件768起，投资规模为43.31亿元。其中，2019年上半年，投资事件数同比下

降39.33%，投资规模同比下降33.12%。进行新设子公司事件最多，投入资金也最高，2017年至2019年6月，投资事件数、投入资金规模分别占创意设计服务类新三板挂牌企业投资案例总数、总规模的59.77%、55.83%（见表3）。

表3 2017年至2019年6月上市及新三板创意设计服务企业投资金额分布

单位：亿元

方式	上市企业				新三板挂牌企业			
	2017年	2018年	2019年 1~6月	合计	2017年	2018年	2019年 1~6月	合计
新设子公司	20.15	13.97	6.49	40.61	11.64	8.45	4.09	24.18
股权投资	70.70	8.99	3.86	83.55	5.09	2.05	0.41	7.55
并购	181.46	93.77	13.10	288.33	3.80	5.17	1.32	10.29
投资基金	32.60	24.25	10.05	66.90	1.03	0.12	0.14	1.29
合计	304.91	140.98	33.50	479.39	21.56	15.79	5.96	43.31

资料来源：新元文智－文化产业投融资大数据系统（文融通）。

（三）文化传播渠道领域投资状况分析

1. 文化传播渠道领域流入资金1766.42亿元

据新元文智－文化产业投融资大数据系统（文融通）统计，2017年至2019年6月，私募股权渠道、新三板渠道、上市渠道（首次募资、再融资）、信托渠道、债券渠道、众筹渠道等资本渠道为文化传播渠道领域提供资金1766.42亿元。上市再融资渠道流入资金最高，为618.96亿元，占比35.04%。

2. 上市企业、新三板挂牌企业投资事件数量相近

上市文化传播渠道企业主要进行并购、股权投资、投资基金、新设子公司4种类型的股权形式投资。据新元文智－文化产业投融资大数据系统（文融通）统计，2017年至2019年6月，上市文化传播渠道企业进行4类股权投资150起，涉及资金928.51亿元。其中，2019年上半年，发生投资

案例 21 起, 同比下降 25.00%; 投资规模 233.57 亿元, 同比增长 43.72%。并购是 2017 年至 2019 年 6 月上市文化传播渠道企业最主要的投资方式, 发生了 67 起案例, 占比 44.67%; 投资规模达 770.27 亿元, 占比 82.96%。

2017 年至 2019 年 6 月, 文化传播渠道类新三板挂牌企业进行并购、股权投资、投资基金、新设子公司投资共计 171 起, 投资资金规模 10.31 亿元。其中, 2019 年上半年, 投资案例数 21 起, 同比下降 34.38%; 投资资金规模 1.68 亿元, 同比下降 3.57%。选择新设子公司的倾向性高于其他 3 类投资方式。2017 年至 2019 年 6 月, 进行新设子公司投资 120 起, 占比 70.18%; 投资规模 6.76 亿元, 占比 65.57% (见表 4)。

表4 2017 年至 2019 年 6 月上市及新三板文化传播渠道企业投资金额分布

单位: 亿元

方式	上市企业				新三板挂牌企业			
	2017 年	2018 年	2019 年 1~6 月	合计	2017 年	2018 年	2019 年 1~6 月	合计
新设子公司	9.76	6.61	0.50	16.87	3.58	2.05	1.13	6.76
股权投资	28.69	58.07	30.73	117.49	0.58	0.18	0.12	0.88
并购	188.87	382.96	198.44	770.27	2.20	0.04	0.43	2.67
投资基金	2.36	17.62	3.90	23.88	0.00	0.00	0.00	0.00
合计	229.68	465.26	233.57	928.51	6.36	2.27	1.68	10.31

资料来源: 新元文智 – 文化产业投融资大数据系统 (文融通)。

四 文化项目投资分析

文化产业 PPP (Public-Private-Partnership) 项目, 指以政府与社会资本合作的方式, 实现全域性文化、旅游、城建、体育、农业、商业等复合文化产业开发运营的创新模式。自文化 PPP 概念 2014 年被首次提出以来, 文化 PPP 模式在我国已发展了 5 年时间, 从最初的理论探索, 到 2015 年的模式推广, 文化产业 PPP 项目正在经历一个快速发展的阶段。

（一）文化产业 PPP 项目投资现状

文化产业 PPP 项目投资额保持较快增长，但比重依旧较小。财政部 PPP 中心数据显示，截至 2019 年 Q2，全国政府和社会资本合作（PPP）综合信息平台项目管理库中累计文化 PPP 项目数量达 192 个，仅占各行业项目总数的 2.10%，与市政工程（39.8%）、交通运输（14.1%）等行业差距较大。累计项目投资额 1811 亿元（占各行业累计项目投资总额的 1.30%），同比增长 12.69%，较 2018 年底的同比增速（10.44%）有所提高（见图 5）。

（二）文化产业 PPP 项目落地情况

文化产业 PPP 项目落地情况良好，累计落地数量及投资额双增长。财政部 PPP 中心数据显示，2017 年以来，文化产业累计落地 PPP 项目数量及投资额保持持续增长态势，截至 2018 年 Q2、2018 年 Q4、2019 年 Q2 的管理库累计落地文化项目数量分别环比增长了 26.98%、12.50%、17.78%，累计落地文化项目投资额分别环比增长了 15.36%、9.60%、16.59%。其中，截至 2019 年 Q2，管理库累计落地文化项目 106 个，累计落地文化项目投资 998 亿元，分别同比增长 32.50% 及 27.78%（见图 5）。截至 2019 年 6 月末，我国 PPP 行业累计落地示范项目 912 个，投资 2.0 万亿元，落地率

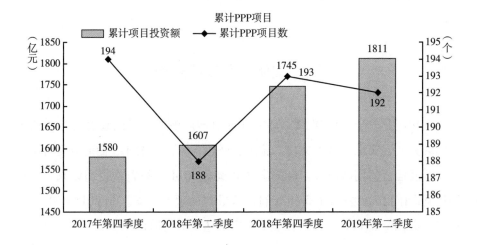

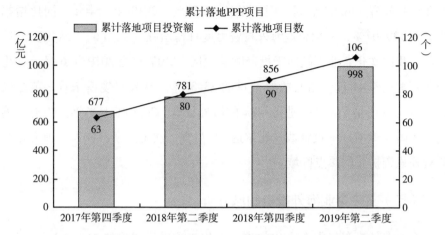

图 5　2017 年第四季度至 2019 年第二季度我国文化产业 PPP 项目数量及投资额

资料来源：财政部 PPP 中心。

92.9%，环比上升 0.3 个百分点。其中，文化类示范项目累计落地 31 个，占比 3.4%，投资额 396 亿元，占比 1.90%。纵向来看，2018 年以来，我国文化产业示范项目累计落地数量增速逐渐下降，同比增速由 2018 年末的 63.16% 下降为 2019 年 6 月末的 3.33%。

五　文化产业海外投资分析

在多国经济增速回落、减税计划推出、欧美投资保护主义加强等因素的影响下，我国文化企业海外投资环境充满不确定性。但随着文化企业实力的不断增强及政策红利的不断释放，我国文化企业海外投资仍拥有较大潜力。2019 年上半年，我国文化企业投资增速再创新高，同比增幅扩大至 139.07%，海外投资力度日益增强。

（一）文化企业海外投资现状①

投资规模扩张，文化企业海外投资力度日益提高。2018 年，我国文化

---

①　本部分分析企业主要指新三板及上市文化企业。

企业海外投资 236.87 亿元，同比增长 95.26%；2019 年上半年，同比增幅扩大至 139.07%，文化企业海外投资力度日益增强（见图 6）。从投资区域来看，我国文化企业更倾向于投资欧美地区。2017 年至 2019 年 6 月，文化企业对美投资 41 起，占总投资数量的 33.33%。从投资规模来看，英国以 294.68 亿元吸纳了文化企业近 60% 的海外投资。2019 年上半年，欧美（英国、德国、美国）的投资数量比重达 72.73%，欧美国家已成为我国文化企业对外投资扩张的热点区域。

（二）文化企业海外投资领域分析

企业海外投资集中在文化领域，文化传播渠道成投资重点。2019 年上半年，我国文化企业海外投资主要集中在文化领域，投资规模占比达 90% 以上。具体来看，文化传播渠道领域投资规模为 91.78 亿元，占投资总额的 68%，资本关注度最高。2019 年上半年，在文化企业投资的文化对象中，互联网文化娱乐平台，动漫、游戏数字内容服务，互联网搜索服务，多媒体、游戏动漫和数字出版软件开发，互联网广告服务等互联网文化业态最受企业关注，投资规模分别达 91.78 亿元、23.12 亿元、2.34 亿元、0.20 亿元、0.11 亿元，合计投资比重达 90% 以上。

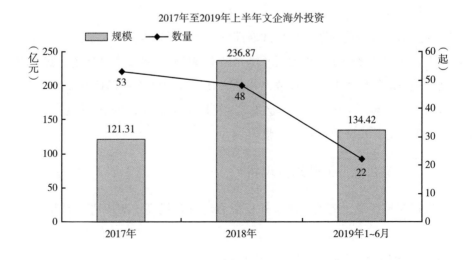

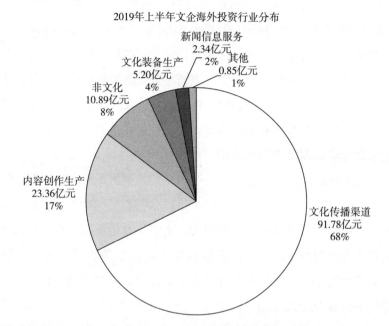

图6　2017 年至 2019 年 6 月我国文企海外投资及 2019 年上半年
文企海外投资行业分布情况

资料来源：新元文智－文化产业投融资大数据系统（文融通）。

六　文化产业投资趋势与建议

（一）文化产业投资趋势

1. 文化产业私募股权市场资本退潮明显，创投市场将迎来政策窗口期

我国文化产业私募股权投资市场机遇与挑战并存。一方面，伴随着资管新规不断发酵，金融业去通道、去杠杆、去资金池、破刚兑等不断推进，原本由银行渠道流入私募股权市场的资金流被截断，一级市场主要资金源的减少令文化产业私募股权投资越发谨慎。另一方面，《国务院关于推动创新创业高质量发展打造"双创"升级版的意见》（国发〔2018〕32 号）、《关于

创业投资企业个人合伙人所得税政策问题的通知》（财税〔2019〕8号）、《保险资金投资股权管理办法（征求意见稿）》等利好政策不断出台，先后提出了鼓励有条件的地方出台促进天使投资发展的政策措施：培育和壮大天使投资人群体、降低创投企业税负、取消险资开展股权投资的行业范围限制等意见，不仅有利于培育更多创投主体，还将为文化产业创投市场带来巨量资金。预计，随着政策红利不断释放，文化产业私募股权市场尤其是创投市场将迎来政策窗口期及发展机遇期。

2. 文化产业债券投资有望继续增长，文化科技类优质民企债券备受关注

2019年上半年，宏观经济呈现短期的"弱企稳"现象，在全球降息潮的影响下，国内货币政策操作空间很大，下半年有望重回宽松，进而增加市场流动性。在此背景下，文化产业债券投资向好态势相对明显，据新元文智－文化产业投融资大数据系统（文融通）统计，2019年1~6月，文化产业债券投资规模同比增长了19.40%，预计下半年有望继续实现增长。并且，随着沪深交易所先后推出民营企业纾困专项债券，重点支持优质民营科技上市公司发展；由国家发展改革委提出的"要扩大优质民营企业债券发行规模，推动债券品种创新，鼓励银行向民营企业发放3年期以上的中长期贷款"等利好信号不断释放，民营企业债券尤其是文化科技类优质民营企业债券将获得更多资本关注。

3. 境外上市文企遭遇破发潮，资本市场对文化企业信心不足

2018年以来，由于境外上市时间成本低、上市条件更为灵活，国内上市监管日益趋严等原因，境外上市异常活跃。据新元文智－文化产业投融资大数据系统（文融通）统计，2018年至2019年6月，我国境外上市的文化企业20家，占上市文化企业总数的57.14%，境外上市达到一个小高峰。但受市场资金面趋紧、明星新股的投资关注度过于集中、文化企业估值被市场过分炒高、估值盈利不匹配等因素影响，哔哩哔哩、爱奇艺、映客等文化企业在境外上市后纷纷遭遇破发，企业表现并不乐观。

4. 影视行业资本市场趋于冷静，优质内容或受更多资本青睐

过去几年，我国影视产业乱象频出，诸如投资方盲目投资十投九赔、电

影因资金链断裂中途夭折等事件层出不穷，加上影视公司业绩巨亏、影视股集体商誉爆雷、税收风暴等一系列问题的出现，导致许多投机性资本及各类行业热钱先后退出影视领域。据新元文智－文化产业投融资大数据系统（文融通）统计，2019 年上半年，广播影视节目制作业融资规模同比下降了57.94%，行业遭遇资本寒流。未来，随着行业监管日益趋严，影视产业资本市场将趋于冷静，盲目追逐大制作、大 IP 的现象将逐步减少，优质内容或受到更多资本青睐，影视行业资本泡沫将被逐渐挤出。

5. 数字文化创意产业备受资本青睐，移动业态或将成投资风口

伴随着日益增长的文化需求，《"十三五"国家战略性新兴产业发展规划》（国发〔2016〕67 号）、《文化部关于推动数字文化产业创新发展的指导意见》（文产发〔2017〕8 号）、《文化部"十三五"时期文化科技创新规划》等一系列政策相继出台，不仅将数字创意产业列为"十三五"时期国家战略性新兴产业，更在多方面支持数字文化创意产业的发展。腾讯研究院发布的《数字中国指数报告（2019）》指出："2018 年，中国已拥有 6.75亿网络新闻用户，6.12 亿网络视频用户，5.76 亿网络音乐用户及 4.32 亿网络文学用户等，在整体网民中占比均过半。"这表明，数字文化创意已经成为大众文化消费的主流形态。据新元文智－文化产业投融资大数据系统（文融通）统计，2019 年上半年，数字内容服务业吸纳的投资额占整个文化产业投资规模的 1/4 以上，并且较上年同期增长了 25.68%，可见，随着产业的快速发展，越来越多的资本将目光转向了数字文化创意产业。未来，随着 5G 技术的普及，万物互联的时代即将开启，以手游、移动自媒体、短视频等为代表的移动数字文化创意产业或将成为投资风口。

（二）文化产业投资建议

1. 设立政府性文化产业投资基金，提高 PE 市场资本流动性

面对我国文化产业私募股权市场资本退潮问题，建议成立政府性文化产业投资基金，以买方身份参与私募股权二级市场交易，重点扶持符合当前国家战略、政策导向的，发展潜力较大的文化项目，进而培育优质文化企业，

拓宽文化产业私募股权投资退出渠道,吸引更多社会资本进入文化产业投资市场。

2. 鼓励互联网文娱平台金融化,完善供应链金融服务

文化企业普遍存在规模较小、无形资产较多、有形资产较少、投资风险较高等特点,导致许多投资方不愿意对文化企业尤其是中小微型企业提供资金支持。因此,建议相关部门鼓励具备一定规模优势及行业领导能力的互联网文化龙头企业依托自身互联网文娱平台的数据优势、风险把控优势等,积极推动互联网文娱平台金融化,围绕企业所在产业链上下游的融资需求开展预付账款融资、应收账款融资、供应商无抵押贷款、优先回款结算等产业链金融业务,以缓解产业链上下游中小微文化企业的资金周转难题。

3. 鼓励科技类文化企业到科创板上市,拓宽国内文企上市渠道

建议进一步加强证监会、上交所与各省市相关部门之间的沟通合作,支持科技类文化企业到科创板上市,对成功在科创板上市的科技类文化企业给予一定的现金奖励或补贴。同时加大科创板对科技类文化企业的支持力度,在股权结构、盈利状况等方面对科技型文化企业实行差异化管理,拓宽国内文化企业上市渠道。

参考文献

北京新元文智信息技术有限公司:《2019 年中国文化产业融资分析报告》,2020。
施元雪:《文化产业融资建议》,《中国国情国力》2019 年第 7 期。
《文化产业财政投入与社会融资态势分析》,http://dy.163.com/v2/article/detail/F3EODECD0534B7B6.html,最后检索时间:2020 年 5 月 10 日。

B.6
中国文化金融发展状况
分析及对策建议

金　巍[*]

摘　要： 我国的文化金融发展正处成长期的中期阶段。本文总结了近
　　　　　年来我国文化金融发展的主要进步，同时分析了我国文化金
　　　　　融发展的基本形态，包括处于成长期的主要特征和主要问题。
　　　　　在此基础上，本文在文化金融政策、文化金融服务体系和文
　　　　　化金融的功能定位等方面提出了相关对策建议。

关键词： 文化金融　文化产业　成长期

　　文化金融是基于文化生产而形成的金融服务与资本市场体系。在狭义
上，我们所说的文化生产指文化产业这部分的文化生产，因而文化金融实际
上就是文化产业金融，是服务于文化产业的特殊的金融活动。我国的文化金
融发展是与我国的文化产业发展紧密相连的，没有文化产业基础，就没有文
化金融。同时，文化金融在我国的文化产业发展中起到了重要的推动作用。
目前我国文化金融发展仍处于成长期，在取得较大的进步的同时，一些问题
也显现出来。

---

　*　金巍，国家金融与发展实验室文化金融研究中心副主任，中国文化金融50人论坛秘书长，主
　　要研究方向为文化经济、产业金融、文化金融、金融科技等。

一 文化金融发展已经取得较大的进步①

（一）文化金融市场规模增长速度较快

虽然还很难准确全面掌握文化金融市场规模的相关数据，但一些资料已经表明了这样的事实：我国的文化金融市场规模一直处于较快的增长之中。

在文化信贷市场方面，2011 年末的文化产业贷款余额不足千亿元，2018 年较之翻了三番。中国银行业协会于 2018 年 8 月发布的《银行业支持文化产业发展报告（2018）》显示：截至 2017 年末，我国 21 家主要银行（含政策性银行）文化产业贷款余额达 7260.12 亿元，并保持增长的态势；自 2013 年以来，21 家主要银行文化产业贷款余额平均增长率达到 16.67%，高于同期人民币贷款余额增长率 2.98 个百分点②（见图 1）。

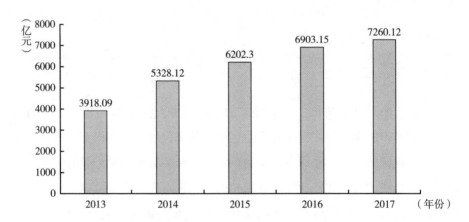

图 1　2013～2017 年 21 家主要银行文化产业贷款余额

---

① 本文截稿时间为 2019 年 10 月，所以文化金融发展的数据多截至 2018 年，部分讯息和资料在后期修订中更新至 2019 年底。

② 中国银行业协会网站，《银行业支持文化产业发展报告（2018）》发布会在京召开，https：//www. china－cba. net/Index/show/catid/14/id/19375. html，最后检索时间：2020 年 5 月 4 日。

在债券市场，我国文化企业已经开始能够利用企业债、公司债、直接债务融资工具以及资产证券化工具等进行直接融资。根据 Wind 数据，2012～2018 年，文化产业债券发行规模呈逐年上升趋势。2012 年文化产业债券融资规模只有 39.5 亿元，到了 2018 年，文化产业债券融资规模达到 465.96 亿元，增长 11 倍左右，年均增长率为 50.87%。企业发债的案例数也逐年增加，2015 年之前年发债数量不足十只，而 2016 年企业共发行债券 25 只，2017 年发行 37 只，2018 年达到 78 只（见图 2）。经过多年发展，发行债券产品类型呈现多样化趋势，但在整体债券市场中的比重仍然很低。

图 2　2012～2018 年文化产业债券发行规模

资料来源：Wind 数据库。

2017 年 8 月国家发展改革委印发了《社会领域产业专项债券发行指引》，推出了"文化产业专项债券"，主要用于新闻出版发行、广播电视电影、文化艺术服务、文化创意和设计服务等文化产品生产项目，以及直接为文化产品生产服务的文化产业园区等项目。"文化产业专项债券"推出后受到业界较大的关注，但实际效果仍待进一步观察。

在股权资本市场，2015～2016 年，我国每年流入文化产业的资金达到数千亿，曾被认为是一种投资"过热"。根据新元文智－文化产业投融资大数据系统的数据，2017 年，我国文化产业通过私募股权融资、首次公开募

股、上市再融资、信托、新三板融资、众筹渠道流入资金量为 3851.09 亿元，但 2018 年我国文化产业总流入资金 2074.88 亿元，与 2017 年相比有较大下降①。根据清科私募通的数据，2014 年的文化产业私募股权融资达到 1711.37 亿元，是 2013 年的 4 倍左右。2015 年在 2014 年的基础上又翻了一番，达到 3448.97 亿元（见图 3）。

2016 年之后，在金融监管趋严背景下，文化产业私募股权投资市场受到了较大影响。近三年，除了 2016 年文化企业融资金额略有上升外，文化企业私募基金融资次数以及金额都在持续下降。2015 年文化企业融资次数达 6678 次，为近年的最高值，2018 年为 2673 次，降幅达 60%。文化企业私募基金融资额度降幅略小，近三年文化企业私募基金融资金额分别为 4032.06 亿元、4058.39 亿元、3782.95 亿元（见图 3）。

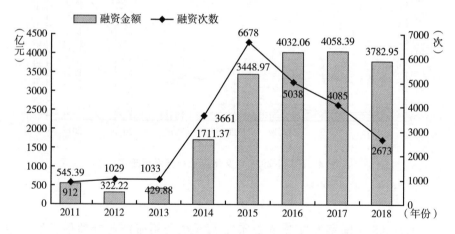

图 3　2011～2018 年私募股权基金投资文化企业的次数及金额

资料来源：清科私募通。

（二）文化金融产品日渐丰富，能够利用多层次资本市场

文化金融服务呈现专业化，主要体现在机构或组织的专门化、人员的专

---

① 资金流入量下降的变化有一部分是使用新的文化产业统计标准而造成的。

业化和产品的专属化。金融机构参与文化金融的数量和密度明显增加，成立了一些专门的文化金融机构。

银行尝试着推出了文化信贷创新产品，其中有很多是专属产品。根据中国银行业协会发布的《银行业支持文化产业发展报告（2018）》，在调查的111家银行中，有45家银行针对文化产业成立了创新信贷产品，占比40.54%，发行创新产品较多的有中国银行、北京银行、杭州银行、华夏银行等；在信托和资管领域也有一些专门的产品推出；融资租赁和融资担保行业出现了以版权等无形资产为基础的产品创新。自从2010年中国保监会印发的《关于保险业支持文化产业发展有关工作的通知》（保监发〔2010〕109号）中推出了11种文化产业专属险种以来，还有更多专属保险产品的创新，但各类文化保险产品的市场渗透率较低，总的市场规模（按保费收入）仍然不高。

2013年10月，杭州银行设立了全国首家文创金融专营机构，此后光大银行、包商银行、青岛银行、北京银行、华夏银行、浦发银行、西安银行、江苏银行等纷纷进行组织创新，设立文创支行、专营支行以及文化金融事业部等。在融资租赁、融资担保等方面也有专门的文化金融机构成立。政府投资成立的文化产业投资控股集团成为重要的投资力量和运营平台，如北京文投集团、陕西文投、南京文投、重庆文投等。

在文化金融相关基础设施方面有少量的亮点。2016年3月，中国资产评估协会发布了《文化企业无形资产评估指导意见》，为文化产业无形资本评估、流转提供了很有价值的参照系。文化产业信用管理体系建设工作有所推进，信用促进行业组织开始出现，如2016年8月10日全国首个文化企业信用促进会在北京朝阳国家文化产业创新实验区成立。

文化金融成长期适逢我国金融业飞速发展的时期，这为文化产业的资本市场发展提供了极好的契机，文化产业的资本投入和多层次资本市场利用程度都空前提高。至2018年，我国共有200多家文化企业在深交所和上交所上市，市值约占总市值的3%。在新三板挂牌总体数量中，文化类企业约占13%。2017年起新三板的挂牌企业增加速度开始放缓。自2016年开始，一

些区域性股权市场开始为文化创意企业提供专门服务，设置了"文化创意专板"。

（三）文化金融政策体系初步形成

文化金融并非我国独有，但在我国的发展具有极其鲜明的特色，这些特色主要可以概括为：政策推动与市场创新联动，整体规划与分业实践共举。文化金融既是市场内在的逻辑使然，也有很深的整体构建的政策痕迹。

2010年以后，中央政府和地方政府出台了一系列文化金融专门政策，在政策结合、部门协调、服务平台配套等方面对文化金融给予支持，初步构建了一个文化金融政策体系。这个体系的主要部分包括：中央政府文化改革总体政策中的相关内容；中央及地方政府出台的文化金融专门政策，这是构成我国文化金融政策体系的主干部分；国家级文化金融政策在部门和地方政府的实施政策；文化主管部门和地方政府的文化改革政策和产业政策中的相关内容等。

2010年印发的《关于金融支持文化产业振兴和发展繁荣的指导意见》和2014年印发的《关于深入推进文化金融合作的意见》是两个最具代表性的全国性文化金融政策，正是这两个文件构成了我国文化金融专门政策的主要内容。近两年来，文化金融专门政策较少，主要有北京银监局、北京市文资办2018年2月印发的《关于促进首都文化金融发展的意见》，中国人民银行西安分行与陕西省委宣传部于2018年2月出台的《关于金融支持陕西文化产业进一步加快发展的指导意见》等。

文化金融发展中，相应配套服务和保障方面也有很大进步。中央政府积极推行财税政策、金融政策和产业政策相结合，主要包括中央文化企业国资预算资金和文化产业专项资金支持，文化产业税收扶持优惠政策和优化国有文化企业资产管理制度等。各级地方政府在财税上也有相应的配合政策出台。各地文化产业主管部门与金融机构纷纷签署文化金融合作战略性协议。文化和旅游部及其地方主管部门纷纷设立与文化产业投融资项目相关的互联网服务平台。南京、广州、深圳、陕西等地成立了具有公共服务性质的文化金融服务中心。

文化金融政策还体现在文化发展、文化改革或文化产业发展的总体政策中。从历年政策中的文化金融相关内容看，文化金融已经从仅仅作为文化产业发展的一个保障措施，开始有所变化，正在成为文化产业要素市场和现代文化市场体系的重要组成部分。

二　当前文化金融发展的基本形态

（一）文化金融发展成长期的主要特征

文化金融不仅是单纯的金融对文化产业的支持，也表现为文化和金融的合作与融合，这使得文化金融成为基于文化生产的金融服务业态，是一种产业形态。我国的文化金融发展正处于成长期的中期阶段，这是基于将文化金融作为一种产业业态而做出的判断。根据文化金融市场的相关数据[①]，可以将我国文化金融发展历程划分为兴起阶段（2009 年之前）、成长阶段、繁荣阶段及衰退阶段。

2003 年，我国开始正式启动文化体制改革，文化产业发展也是从这时开始真正发展起来的。2003～2009 年，可看作文化金融发展的兴起阶段，这阶段世界进行了文化产业投融资的初步探索。这一时期，主要是文化主管部门在推动，政府投资和社会资本投资开始增多，由于激发了市场活力，社会资本投资文化产业较为活跃。2009 年，我国发布《文化产业振兴规划》，这是我国第一个国家级文化产业发展规划。这个规划在"金融支持文化产业发展"方面做了较为全面的要求，奠定了文化金融内容框架的基础。

---

① 总体描述文化金融业态的情况仍然是比较困难的，我们目前甚至还无法形成一些准确反映文化金融市场状况的主要指标。很多部门发布的与文化产业相关的数据都比较零散，而且统计口径不一，有些是"文化产业"，有些是"文化传媒产业"，有些是"文化和娱乐产业"等，还有些把文化和体育或旅游等放在一起统计。更细致的层面上，由于金融门类众多，我们对文化金融产品的种类、数量、市场占有率、市场渗透率等还都没有相对准确的数据，因此只能从一些已经公布的资料中提炼一些信息，对文化金融发展的情况进行判断。

2016 年以来，我国文化金融发展进入成长期的中期阶段，呈现了结构性波动现象，而且股权投资等领域的下降极为明显，但总体上仍未改变成长期的基本形态。这一阶段在制度供给、创新环境、发展目标、产业重心和价值环节等五个方面呈现了新特征①。这些特征主要表现为不同形势的叠加，呈现了需要平衡的态势，其中包含了这个时期的一些趋势，以及存在的问题。

1. 进入制度供给顶层设计和加强基层执行绩效并重的时期

2009 年以来我国出台了系列相关政策，文化金融政策开始体系化。政策层面上的成果正在"中间开花、两侧结果"。在顶层设计方面，2019 年相关部门发布《文化产业促进法（草案征求意见稿）》和《文化产业促进法（草案送审稿）》，为未来出台新的文化金融政策奠定了法律基础。《文化产业促进法》在"金融财税扶持"中对文化金融相关问题做了法律规定，包括金融服务体系、间接融资、直接融资、保险服务、消费金融、用汇保障、财政扶持、文化资本投资、税收扶持等九个方面，这将从法律层面给予文化金融发展充分的保障。

但文化金融发展制度建设中的基层执行绩效有待加强。在文化金融发展过程中，各地方执行力度有较大的差别，大多数地方并没有实施层面的具体办法。

2. 进入创新发展和规范发展并重的时期

文化金融起步较晚，作为一种产业金融业态还不成熟，但在初期有些不错的创新。不论是在银行信贷、债券和保险等传统金融领域，还是在新金融领域，这些创新都显现了一定的活力。

2016 年以来，随着我国金融改革的深入，文化金融创新"遭遇"金融严监管，发展进程也受到了很大影响。金融监管部门开始出台一系列政策，文化金融领域也积极贯彻国家政策，在防风险方面做了很多工作。与文化领域相关的交易所、海外投资、互联网金融，与文化领域相关的资产管理领域

---

① 金巍：《我国文化金融呈现"五个并重"新特征》，《当代金融家》2018 年第 4 期，第 114～117 页。

以及证券市场高杠杆、过度投机等是治理的重点。两年以来，监管部门对上市公司的影视、游戏等投资以及对院线、景区的资产证券化领域进行了较为严格的监管。2017 年 7 月召开的全国金融工作会议提出了金融工作三项任务，即服务实体经济、防控金融风险和深化金融改革，这些构成了文化金融的宏观金融环境的总基调。在新的金融环境下，规范性得到加强，但一些创新活动开始停滞，金融机构重新评估创新活动的风险，对规范发展的诉求开始高于对创新发展的要求。

3. 进入规模增长与高质量发展并重时期

在总体金融市场的角度上与其他产业投融资与金融进行横向比较的话，文化金融市场规模仍然是非常小的。文化信贷、文化债券、文化担保、文化信托、文化保险等市场规模都很小，在服务实体经济的资金规模中文化金融所占比例都不超过 1%，而 2018 年我国文化产业增加值已占到 GDP 的 4.30%。所以，文化金融市场的规模与文化产业在国民经济体系中的地位仍然不匹配。在我国文化产业成为国民经济支柱性产业的过程中，文化金融还未充分发挥其应有的作用，还有很大的增长空间。当前，中国经济由高速增长阶段转向高质量发展阶段，文化金融发展也无法避免"高质量发展"这个主题，所以这个时期，需要规模增长与高质量发展并重。既要保持规模增长，又要保证高质量发展，是这个阶段的重要特征之一。

4. 进入内容产业与融合性产业并重时期

内容产业主要包括电影电视、新闻出版、文学艺术、演艺、游戏动漫等，内容产业集中体现文化属性和文化价值，是文化产业的核心。内容产业最容易形成版权、文化数据等文化资产，而文化资产又是文化金融的核心，所以内容产业是金融机构和资本首先关注的业态。我国文化金融发展十年来，在内容产业和文化资产方面进行了很多创新，但仍发展得不够充分。同时，由于内容产业在监管方面更加严格，投资已形成较大市场风险，所以很多致力于投资文化产业的资本机构在内容产业和其他业态之间需要寻找平衡。随着文化科技的发展，随着文化和旅游的融合发展，资本就不可避免地要重视一些融合性产业的投资方向。

5. 进入文化产品供给与文化消费并重时期

在文化金融发展初期，人们更多关注文化产品的供给端，即如何服务于文化产品的生产，如何服务于文化生产企业，这也是金融介入文化最便捷的路径。从文化经济政策及文化金融政策上看，它们关注的主要领域也是文化产品生产和文化贸易，对围绕于生产、流通、传播等环节进行文化金融产品和服务创新着墨较多，但在文化生产的两端，也就是对创作和消费的关注还较为薄弱。2017 年以来，在社会主要矛盾变化的大背景下，文化产业发展要同满足人民日益增长的美好生活需要结合起来，文化消费的重要性在新时期就显得更加明显。

我国政府一直大力推动文化消费，国家相关部门开展的文化消费试点城市创建工作目的就是要扩大文化产品和服务有效供给、推进惠民便民措施、提高文化消费便捷度、促进文旅体商融合发展等。我国政府鼓励开发文化消费信贷产品，但深度仍显不足。

（二）当前文化金融发展的主要问题

1. 文化金融专业化程度较低，文化与金融融合发展程度不足

文化金融服务具有较高的专业性要求，但我国文化金融服务的专业化程度仍较低，主要表现在四个方面。一是文化金融产品还不够多，市场渗透率低。大多数的文化金融产品设计开发后，只有少量的案例，具有一定的示范作用，但应用较少。二是文化金融专营机构仍然较少。除了银行系统以外，其他类型的金融机构极少有专门的专营机构或专业部门成立。三是专业人才队伍尚未建立。文化金融是交叉性领域，目前的人才队伍缺乏这方面的复合型人才。四是文化金融服务未形成相对独立的服务标准体系和管理体系。

2. 资本供给总体不足，中小企业融资难仍旧是主要问题

当前我国文化产业处于快速发展阶段，对资金的需求量也逐年增加。然而从当前文化金融发展的实际情况来看，金融体系所提供的资金虽然增速快，但是总量小，资金供给远远小于资金需求。资金供给不足带来的直接影响是文化企业融资难。

资本供给不仅总体不足，同时也结构性不足或不均衡，导致特定领域的融资难问题尤其突出。首先，与大中型文化企业相比，中小型文化企业融资难问题更为突出。当前我国文化金融产品的创新和金融服务，更多地是针对大中型文化企业，中小型文化企业很难达到银行贷款的要求，在上市、发债方面更难。其次，与国有文化企业相比，民营文化企业更难获得资金。这其中民营文化企业本身是存在问题的，如财务制度和管理制度不健全，风险管理不到位，但对民营企业的"歧视"现象也是比较严重的。最后，在上市文化公司中，文化类上市公司在后续融资方面更为困难。2018年我国上市文化企业再融资金额呈现下降趋势，同期下降41.48%，再融资受到很多的限制，很难获得后续的资金流入。

3. 文化金融领域基础机制不完善，还不能解决信用、风险、资产估值等基础性问题

文化金融发展到今天，相关基础设施方面的短板效应已经显现出来。在现有文化金融体系中，最为薄弱的就是基础设施，包括文化资产评估体系、文化产业信用管理体系、文化金融市场信息系统、文化数据资产系统等。其中构建无形资产管理体系①和文化产业信用管理体系是文化金融领域最具基础设施意义的工作。尽管2016年我国出台了《文化企业无形资产评估指导意见》，对文化产业无形资本评估、流转提供了很有价值的参照系，但由于目前政策内容还显得零散，实践中可操作性不强。

文化产权交易所在经过交易所清理整顿②之后开始转型，着力于文化企业产权交易的基础服务，在构建文化产业要素市场方面探索新的道路。但大多数文交所未能找到发展方向。

---

① 无形资产管理应包括无形资产的形成、确权、评估、保护、运营等系列内容，其中无形资产评估是无形资产管理最重要的内容。

② 2011年起，政府开始启动各类交易所清理整顿工作，文化产权交易所也在清理整顿之列。《国务院关于清理整顿各类交易场所 切实防范金融风险的决定》（国发〔2011〕38号）规定：除依法设立的证券交易所或国务院批准的从事金融产品交易的交易场所外，任何交易场所均不得将任何权益拆分为均等份额公开发行，不得采取集中竞价、做市商等集中交易方式进行交易。

4. 关于文化金融发展在认识上仍存在一些重大误区

政府决策部门和实践领域对文化金融仍存在一些认识上的误区，这些误区与我国当前所处的历史时期、经济发展阶段以及国家战略等是不相符的，而且实际已经成为文化金融融合发展的阻力。这些误区主要包括如下方面。

第一，对文化产业的实体经济性质认识不足，影响金融服务文化产业决策和行动。将文化产业作为"虚拟经济"的误区是将物质生产部门作为实体经济，而将生产精神产品的文化生产部门等作为虚拟经济。将文化产业与实体经济对立起来既不符合经济理论和经济发展形势，也不符合新时代对文化生产的要求定位。从金融方面来看，如果把文化产业排除在实体经济之外，则会产生极大的危害。当前我国金融工作的重要任务之一正是"服务实体经济"，如果政府决策部门以文化产业是虚拟经济之名加以排斥，而金融监管和金融机构在"金融服务实体经济"的名义下排斥服务文化产业，则会导致文化产业资本严重短缺，投资环境迅速恶化。

第二，对文化产业的新经济性质认识不足，影响推动形成完善的文化金融服务体系。当前金融体系是在上百年工业化进程中形成的，这个体系反映了工业时代对金融服务的需求，对后工业化时期的知识经济、数字经济、文化经济的发展的关注度都是不够的，而且存在较大的缺陷。在传统金融体系架构下，很多金融机构并不认为文化产业需要更特别的服务，哪怕政府出台了文化金融专门政策要求进行产品创新和服务创新。更深一层次，人们并未意识到文化金融服务需要一个体系化构建。在传统的金融体系架构下，文化金融只是一个普通的服务领域，不需要特别的改进。如果需要进行产品和服务特色创新，那么就可能进行成本考虑而放弃文化金融服务，文化金融服务就成为一纸空谈。

第三，对文化产业风险认识"过敏"，严格的金融监管对文化金融创新形成一定压力。不可否认的是，由于信息不对称、文化企业金融能力不足、文化资本市场成熟度较低等原因，文化金融领域的确属于风险易发区，必须在金融监管的总框架下进行监管。而且，因为文化领域公众人物较多，出现风险后社会影响较大。但这并不意味着文化金融领域是需要有别于其他领域的特别监管。实际上，与当前发生金融风险的各"重灾区"比较起来，无论从频次、损失程度还是社会影响面看，文化金融领域已发风险都是比较小的，对文化产业投融资的"特别关照"可能形成一种"产业歧视"。而且金融市场风险的根源往往并不在文化企业和投资者，而在于金融体系和金融制度本身。所以，应多从自身找原因，而不是采取"简单粗暴"的压制手段。

三 推动文化金融持续发展的对策建议

（一）推出积极的文化金融政策

我国的文化产业发展正处于一个关键时期，不仅要面对经济形势持续下行压力，还需面对许多重大变局，其如何走向实际上存在着较大的不确定性。在未来文化产业发展的大棋盘上，资本的作用不容忽视，文化金融的政策导向至关重要。文化产业相关的主管部门和金融监管机构应加强沟通，就文化金融融合发展的作用和重大意义达成共识，推出积极的具有创新导向的文化金融政策。

第一，利用制定《文化产业促进法》的契机，加强文化金融法规与政策专门研究，在我国文化大繁荣大发展中发挥金融的应有作用。应进一步推动部门和地方在文化金融政策方面的体系化建设，补充体系中所缺失的部分，例如证券、基金等领域的文化金融政策。应关注文化金融政策的制定、执行、评估等关键过程，尤其应推动文化金融政策执行的组织管理，包括学习宣讲、制订行动计划、组织保障、物质保障、具体实施、协调、监控等内容，纠正执行偏差，提高政策效率。加强文化金融公共服务，推动在大中城市普遍建立文化金融公共服务机构。

第二，鼓励文化金融创新，推动建立文化金融服务标准和业务管理体系。目前我国文化金融产品创新仍处于初级阶段，数量少，市场渗透率低，在管理和标准上也较为初级。在新的时期，应积极推动金融机构深度开发产品，创新服务机制。积极培育文化金融类复合型人才，为文化金融创新活动

提供人才保障。同时，应结合国家战略积极创新文化金融产品。如结合国家知识产权战略背景，鼓励文化企业知识产权证券化创新，尤其是鼓励版权证券化产品的创新。

第三，积极鼓励金融科技在文化金融活动中的应用。金融科技正在改变整个金融体系。2019年9月，中国人民银行正式发布《金融科技（FinTech）发展规划（2019～2021年）》。大数据、云计算、区块链、人工智能等技术在改变金融体系的同时，也正在改变文化金融活动。作为金融市场体系的一部分，文化金融势必也受到互联网技术、金融科技的影响。金融科技的发展正在促进文化金融的进化和文化金融服务的提升，正在推动出现新型文化企业征信平台、新型的文化资源和无形资产评估与管理平台，新的价值评估体系将完成构建。在新的时代，应积极鼓励和支持建设具有底层技术、关键技术、共性技术的文化金融服务平台。

（二）积极推动专业基础设施建设，构建有特色的文化金融服务体系

现代经济发展已经进入新经济时代，要求传统的金融体系做出改变以适应发展。在统一的金融基础设施方面，还要尤其关注与服务新兴产业相关的基础设施部分。文化产业无形资产评估与管理体系和文化产业信用管理体系是文化金融体系的两大支柱，应重点研究，出台专门政策鼓励创新和实践。

第一，积极构建文化资产评估及无形资产评估体系。文化资产包括版权（著作权）等无形资产、非物质文化遗产等传统文化资产、具有文化价值的实物资产、文化数据资产和文化数字资产等。文化资产是文化金融的核心，脱离了文化资产，文化金融发展将没有立足之地。我国文化金融发展十几年来，在这个方面还存在极大的不足。在实践中，文化企业的无形资产评估还未能形成更具体的执行标准和体系。

第二，积极构建文化产业信用管理体系。在金融服务活动中，尤其是债权类金融服务活动中，如果没有资产作为担保，那么就需要企业信用作为保障。所以，文化产业信用管理体系的建设就显得尤为重要。文化产业信用管

理体系包括公共服务性质的文化企业信用信息基础数据库、金融机构的文化企业信用管理和文化消费信用管理体系、社会信用机构的文化企业信用服务体系等。应尽快将文化产业信用体系建设作为国家社会信用体系建设的重要内容来抓，制定相关政策推动这一工作。应充分调动和发挥市场机构和社会组织的力量参与文化产业信用管理体系建设。另外，要及时抓住和利用现代金融科技发展的时机，打造全新的文化产业信用管理体系。

第三，积极推动建设文化金融市场信息系统。我国还没有能够完整反映文化金融市场方面的统计和信息系统，这导致了政府及市场主体还无法完全了解文化金融发展的情况。建立统一的文化金融市场专项统计制度，需要金融监管部门各系统相互配合，并由专门机构统筹进行专项统计。应在国家统计局《文化及相关产业分类2018》标准的基础上，统一统计口径；在一般统计基础上，结合文化产业特点分类统计；整理统计文化产业专门服务、专属产品类别，涵盖影视、演艺、传媒等行业的文化金融市场类别等。另外，专项统计需要依靠现代大数据技术，由研究机构建设国家文化金融市场信息系统，其中包括政府数据分析系统、大数据分析系统、文化金融指数系统等。

第四，积极推动文化数据资产系统建设。文化数字资产首先是文化企业生产过程中形成的数据资产，其次是与文化企业直接相关的数字化无形资产和网络虚拟资产。另外，在数字平台上通过分布式技术和区块链技术产生的货币性资产或其他类金融资产被认为是数字资产的主要类型，也是需要重点关注的领域。在数字经济背景下，文化企业的资产形态将发生结构上的重大变化，文化数据资产以及文化数字资产将成为最重要的资产。文化数据资产系统构建不仅是建设文化金融的基础设施的要求，也是保护国家文化资产和文化安全的需要。政策在这个方面应多予以关注，鼓励相关理论研究，鼓励探索相应的建设路径。

第五，积极推动以文化产权交易所为主体的要素市场体系建设。文化产权交易所是我国文化产业发展的特色之一，在文化发展中起到了一定的积极作用，但也由于监管不力而出现了一些问题。在经过治理整顿之后，目前剩

余的合规文化产权交易所正在探索新的发展道路。从广义上看，文化产权交易所作为交易机制和平台，也是一种重要的文化金融基础设施，需要在文化产业要素市场建设层面加以重视。

（三）发挥文化金融定位"进化"价值，发挥文化金融在区域经济发展中的积极作用

在文化经济政策中，文化金融以金融手段扶持、支持和服务文化产业，与财政、税收等共同构成保障措施的基本内容，这已经成为文化金融的一种基本定位。在各类文化发展政策或文化经济政策中，将文化金融作为保障措施已经成为"标准配置"。但在新的经济发展中，将文化金融仅仅作为文化发展的一种保障措施已经远远不够了。文化金融作为一种"业态"，是早有专门政策肯定的，但在文化发展政策中还需要得到进一步明确。在上海、北京等文化金融发展较快的地区的文化发展政策当中，已经开始将文化金融作为高精尖产业或现代文化市场体系的一部分来看待，这证明了文化金融定位的"进化"，这使文化金融更具现代经济意义的价值。更为重要的是，在新的经济发展趋势和战略形势下，文化金融正在成为经济模块，在一些区域经济和城市经济建设布局中的地位开始显现出来。

第一，结合国家制定的中心城市与城市群的发展战略，明确文化金融的新定位。中央财经委员会第五次会议①指出："中心城市和城市群正在成为承载发展要素的主要空间形式"，要"增强中心城市和城市群等经济发展优势区域的经济和人口承载能力"。在当代城市经济发展中，文化、科技、金融已经形成了"三元动力结构"，是每个中心城市经济发展必不可少的驱动力，而文化金融连接了金融产业和文化产业两个要素性产业，在融合发展中以资本和文化双重推动力对区域经济或城市经济产生推动作用。

第二，加快推动文化与金融合作示范区在中心城市的布局，尽快在全国

---

① 2019年8月26日下午中央财经委员会召开第五次会议，中共中央总书记、国家主席、中央军委主席、中央财经委员会主任习近平主持召开了会议，研究推动形成优势互补高质量发展的区域经济布局问题、提升产业基础能力和产业链水平问题。

形成文化与金融融合发展的示范效应。我国推出建设"国家文化与金融合作示范区"任务以来，仅有浙江省宁波市和北京市东城区取得启动创建资格，还未形成较好的示范作用。应尽快开展在其他文化金融发展较为成熟的地区启动创建工作，在此基础上推动文化金融中心城市的建设，以适应现代经济发展和国家战略布局的需要。

另外，应积极推动文化金融与城市经济发展关系的研究，结合区域经济、产业经济研究，探索和明晰文化与金融融合发展在城市经济建设中的作用及其机制，使文化金融发展具有更宽阔的视野。

参考文献

杨涛、金巍主编《中国文化金融发展报告（2018）》，社会科学文献出版社，2018。

杨涛、金巍主编《中国文化金融发展报告（2019）》，社会科学文献出版社，2019。

B.7
中国文化消费报告[*]

高学武　雷宏霞[**]

摘　要： 随着大众消费水平的提高与消费观念的转变，人们对美好
生活的需要已经向高层次的精神文明迈进，文化消费正成
为促进市场结构调整、推动经济社会发展和提升国民生活
品质的重要力量。在此背景下，本报告首先从文化消费支
出的总量变化、城乡差异、群体特征等角度入手，通过对
文化消费发展现状的梳理，明确目前文化消费特点及问
题。其次，报告将影响文化消费的主要因素作为一个独立
部分进行详细阐述，从人均可支配收入、产业链的重构、
科技进步以及国家相关政策角度切入，将文化消费研究引
向深入。最后，报告基于历年数据对文化消费未来发展趋
势进行了预测，并根据目前存在的问题提出了相应的政策
建议。

关键词： 文化消费　公共文化服务　文化科技　生产链　市场定价

2014年，获得财政部"国家文化产业发展专项资金"支持的《中国文

---

* 本文数据根据《中国住户调查年鉴2018》《中国统计摘要2019》以及国家统计局公开数据整
理所得。

** 高学武，东北财经大学经济与社会发展研究院副研究员，主要研究方向为文化经济与政策、
东北经济与政策；雷宏霞，东北财经大学经济与社会发展研究院学生，主要研究方向为财政
学（公共政策）。

化产业发展报告（2014）》对结构编排做出调整，提出了"文化产业年度宏观形势分析框架"，并运用该框架对国家统计局提供的数据进行了分析。相对应，新增"重大专题"栏目，力图从"文化投资""文化消费""文化贸易"等方面对文化产业发展形势做出专门分析，文化消费作为重要组成部分开启系统性研究。受制于统计数据的不完善，当时对文化消费从内容和现金支出角度进行了简单的界定，并基于《中国住户调查年鉴》等资料对文化消费进行了规模、增速、结构、趋势等方面的估算、分析和预测，为文化消费年度报告搭建了基本的分析框架。历经五年，本次报告既是上次报告的延续，也在其基础上做出了进一步的调整和完善。第一，本次报告将研究视野扩大到公共文化参与领域①。政府以公共文化服务供给的形式不断增加投入，支持文化事业发展，为文化产业和文化消费的发展奠定了坚实的基础。报告将关注如何通过加强公共文化参与正向促进居民文化消费，二者如何形成良性互动局面。第二，从研究意义来讲，报告将文化消费外延扩展至文化需求，增加文化消费报告的前瞻性和对策性，为产业发展方向和供给侧改革提供借鉴。② 第三，本次报告将影响文化消费的主要因素分析作为一个独立部分，将文化消费研究引向深入。

一 文化消费现状和主要特点

根据国家统计局发布的《中国统计摘要2019》的相关数据测算：2017年，我国居民文化消费支出总量进一步提高，达到11810亿元，比2016年的11061亿元增长了6.77%。其中，农村居民文化消费总支出达到1504亿元，城镇居民文化消费总支出达到10890亿元，较上年分别增长了1.35%

---

① 除了居民在文化消费方面的货币支出外，相当一部分消费是免费获得，如电视、广播、图书馆、大型博物馆等，这些公共文化设施也转化为一部分非货币形式的文化消费，通常称为公共文化参与。

② 经济学理论表明，消费与投资对应，是基于凯恩斯宏观理论框架下的基本概念，主要用于从宏观视角描述最终需求类别。

与 8. 24%。①

进一步对相关数据整理研究发现，文化消费也表现出一些特点。

（一）居民文化消费支出持续增长，但增长速度有所下降

如图 1，过去几年里，我国居民文化消费支出总量持续增长，现已由 2013 的 7847 亿元增长到 2017 年的 11810 亿元，年均增长率为 10.76%。如图 2 所示，我国文化消费总支出年增长率在 2014～2016 年内持续下降，2016 年达到近年最低值 3. 78%。2017 年文化消费总支出增长率有所回升，达到 5. 06%。总体而言，我国居民文化消费总支出增速放缓。城镇居民文化消费总支出增长率与全国文化消费总支出增长率趋向基本一致，农村文化消费总支出增长率却一直呈现下降趋势，2017 年增长率为 - 0. 27%。

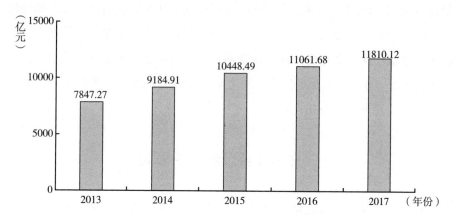

图 1　2013～2017 年居民文化消费总支出

从人均文化消费支出情况来看，2013～2017 年，我国居民人均文化消费支出稳步上升，已由 2013 年的 576.7 元增长到 2017 年的 849. 6 元（见图 3）。2017 年，人均消费支出增速小幅回升（见图 4）。

---

① 由于城乡文化消费支出总量由人口总量与城乡人均文化消费支出推算而来，故两数据加总与全国文化消费支出总量不相符属于正常现象。

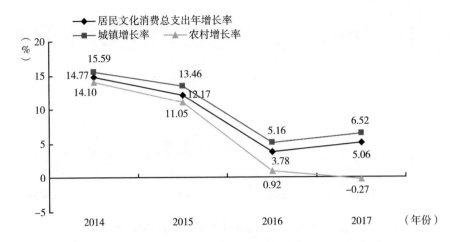

图2 2014~2017年居民文化消费总支出年增长率（剔除价格影响）

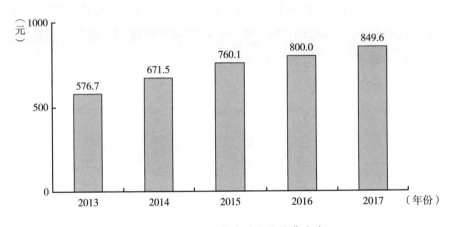

图3 2013~2017年人均文化消费支出

（二）文化消费支出占消费总支出的比重总体上保持稳定

考察文化消费在整个居民消费中所处的位置有助于把握当前文化消费的特点。2013~2017年，文化消费占消费总支出的比重在前两年持续上升，2015年达到了近年最高值4.84%，随后表现出轻微的下降趋势。总体而言，文化消费占消费总支出的比重基本稳定，五年间增长了0.28个百分点，比

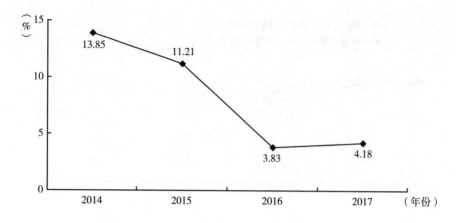

图4　2014～2017年人均文化消费支出增长率

重基本保持在4.6%左右（见图5）。就增长率而言，2014～2015年，人均文化消费增速远高于消费总支出增速，但2016年，人均文化消费增速下降，低于同期消费总支出增速；2017年，二者增速差距缩小，但人均文化消费增速仍低于消费总支出增速（见图6）。

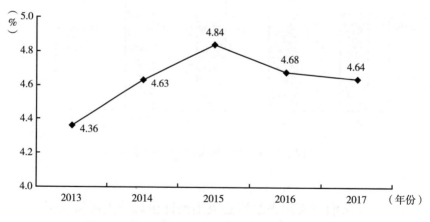

图5　2013～2017年文化消费占消费总支出的比重

（三）公共文化服务惠及更多民众，居民的文化参与程度有所上升

文化消费包括个人文化消费与政府文化消费两部分，政府通过财政

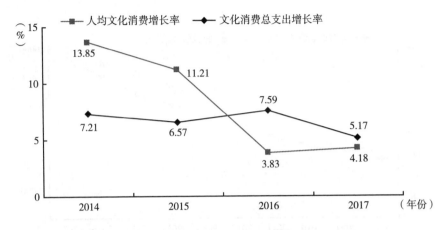

图6　2014～2017年人均文化消费与消费总支出的增长率

力量，在各地区建立博物馆、图书馆等大型文化基础设施，满足人们的基本文化需求，因此政府的财政投入是居民文化消费的另一种形式。近年来，我国加大了在文化方面的财政支出力度，多层次、多维度的公共文化服务体系惠及越来越多的民众。如图7所示，近十年来，我国免费博物馆的参观人次、图书馆的流通人次、图书借阅次数一直在稳步上升。2017年，博物馆参观人次达到7.78亿人次，图书馆流通人次达7.45亿人次，越来越多的人将休闲时间花费到文化享受上，公共文化服务体系也能物尽其用。

（a）博物馆参观人次

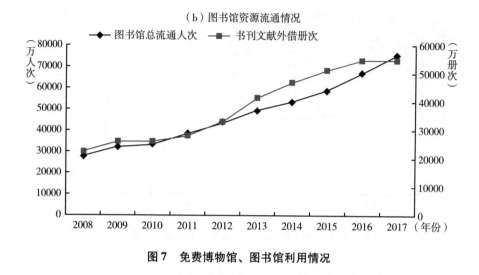

图7　免费博物馆、图书馆利用情况

（四）农村文化消费支出增速缓慢，城乡居民文化消费差距进一步拉大

如图8所示，2013年城乡居民人均文化消费差额为770.9元，到2017年，二者差额已达1077.7元。从城乡居民人均文化消费支出的增长率来看，2014～2016年，城乡增长率持续下降。但在2016年后，城镇人均文化消费增长率有所回升，2017年达到4.04%。而农村人均文化消费增长率在2016年后继续下降，2017年增长率仅为1.64%，这表明，城乡居民文化消费支出差距进一步扩大（见图9）。

边际消费倾向是考察一定时期内消费者消费意愿变化的重要指标，通常用于描述收入变化导致消费者对某类产品消费额的变化幅度大小。我们将文教娱乐消费划分为教育和文化两类①，以便更准确地观测居民的文化消费意愿。如图10所示，从排名来看，2017年农村居民文化消费支出倾向位列第八，仅高于其他用品与服务支出倾向，衣食住行等消费依旧是农村居民消费

---

① 按照国家统计局分类标准，居民消费分为食品、衣着、居住、交通通行、文教娱乐消费等八大类。

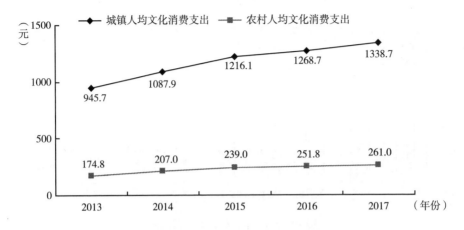

图8 2013~2017年城乡居民人均文化消费支出

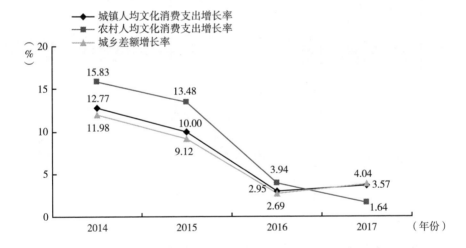

图9 2014~2017年城乡居民人均文化消费支出增长率（剔除价格影响后）

的重中之重，人们的文化消费意愿亟待增强，当然，这与我国农村医疗保险、养老保险等社会基本保障体系尚未健全有很大的关系。从城镇居民边际消费倾向来看，文化消费位列第七，高于衣着消费倾向（见图11）。从数值来看，2017年农村居民文化消费的边际倾向仅为0.02，而城镇居民文化消费倾向为0.04，城镇居民消费结构比农村居民更加均衡。

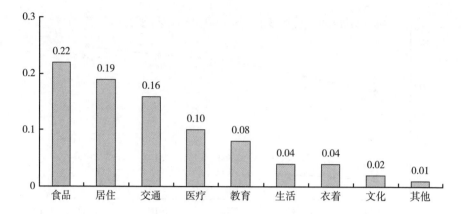

图10　2017年农村边际消费倾向

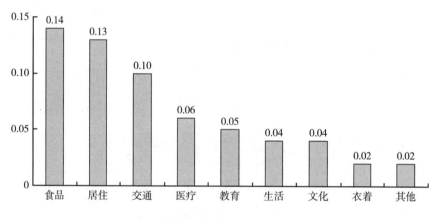

图11　2017年城镇边际消费倾向

（五）文化消费表现出明显的群体性特征

消费者在性别、年龄、职业、受教育程度等方面的显著差异将直接影响到居民的文化消费选择。近年来，文化消费的群体特征愈加明显。

第一，"90后"异军突起，成为文化消费的一大主力。首先，消费存在着明显的代际效应。与经历饥荒的"60后"不同，"90后"无须为温饱奔波，也不同于变革期的"70后""80后"，"90后"成长于经济繁荣时代，他们冲动消费又敢于尝试。特别是近年来"90后"在职场的不断成长为其进行文化消费奠定了坚实的物质基础。

其次,在"90后"成长的过程中,文化消费一直都是一项不可或缺的活动。网络游戏、网络小说、网络音乐在他们的生活中成为"标配"。同时,他们对新生事物表现出的强大的学习、接受能力,在文化消费与科技深度融合的今天尤为重要,这一群体已然成为新生事物的第一批消费者与传播者。CNNIC发布的第43次《中国互联网络发展状况统计报告》显示,截至2018年底,我国网民规模为8.29亿,其中20~29岁年龄段的网民占比最高,达到26.8%。

最后,"90后"受教育程度普遍较高,文化消费的品位普遍较高。如阅读名著,欣赏音乐剧等都要求消费者具有一定的知识储备,否则文化体验会大打折扣。而我国于1986年4月颁布了《中华人民共和国义务教育法》,这为"90后"普遍较高的受教育程度奠定了政策基础。图12为2007~2017年普通本科、专科招生人数,也是第一批"90后"与最后一批"90后"进入大学的时间,由图12可知,接受普通高等教育的"90后"人数在逐年增加。

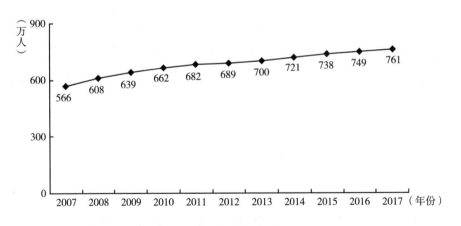

图12 2007~2017年普通本专科生招生人数

第二,少儿群体将成为未来文化消费持续增长的有力保障。随着我国居民收入的不断提高与家庭教育观念的转变,家长不仅要求孩子学习语数外等

基础文化知识，音乐、美术、舞蹈等艺术能力的培养也成为少儿教育中不可或缺的内容。前瞻产业研究院公开资料数据显示，我国少儿艺术培训市场庞大，截至 2018 年底，我国已有少儿艺术培训机构 7500 家，少儿艺术培训市场规模达到 713 亿元，巨额数字背后隐喻的是青少年文化消费能力的提升（见图 13）。

图 13　2010～2018 年少儿艺术培训机构数量与市场规模

首先，这些接受艺术培训的少年，他们在艺术能力塑造、成型的过程中，势必要进行大量的文化消费行为，他们已然是目前文化消费市场的重要组成部分。其次，随着艺术教育的深入，这些少年具备了文化消费的基础知识，前期的艺术投资使他们拥有了发现美、欣赏美的能力，跨越了"消费门槛"的制约。在不久的将来，这些投资将转化为消费行为出现在文化市场领域，并将形成一个良性循环，促使我国文化消费快速发展。

二　影响文化消费的主要因素变化和效应

（一）人均可支配收入的增加提高了居民的文化消费能力

现代消费理论源于凯恩斯的绝对收入假说，他首次将收入变量引入研究框架分析消费行为。他认为，消费随着收入的增加而增加，收入是人们消费的基础与前提。此外，根据马斯洛需求层次理论，随着收入的增加，人们越来越追求更高层次的消费，而文化消费就是一种较高层次的消费。例如，随着收入的增加，越来越多的人选择读书、看电影、追赶互联网时代潮流等文化享受。2013～2017 年，我国居民人均可支配收入持续增长的同时人均文化消费支出也在稳步上升，二者呈现明显的正相关关系（见图 14）。

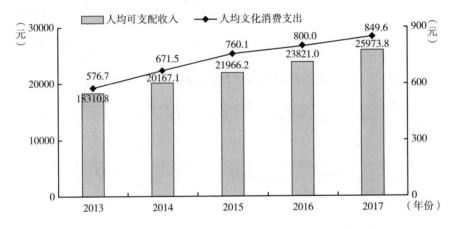

图 14　2013～2017 年居民人均文化消费支出与人均可支配收入

从人均可支配收入增速与人均文化消费支出增速上来看，如图 15 所示，2014～2015 年，人均文化消费支出增速连续两年高于人均可支配收入增速，但近两年来，人均文化消费支出增速回落，低于同期人均可支配收入增速。图 16 显示，2016 年我国人均消费支出增速高于人均可支配收入增速，达到7.59%，成为近年最高，然而同期文化消费支出的增速却仅为 3.83%，为近年最低，这意味着文化消费支出增速缓慢并非由于人们降低消费，而是人们选择在文化与娱乐之外的项目上进行更多的消费。2017 年，我国人均消费支出增速有所下降，但仍高于同期人均文化消费的增速。总的来说，我国居民的文化消费潜力并未得到充分释放。

为进一步考察文化消费支出随收入增长的变化情况，本文利用居民人均可支配收入的时间序列（2013～2018 年）与人均文化消费支出的时间序列

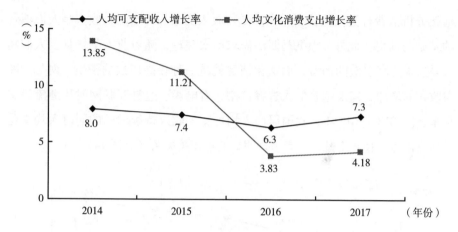

图15 2014～2017年人均文化消费支出增速与人均可支配收入增速

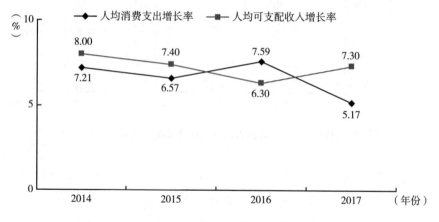

图16 2014～2017年人均消费支出增速与人均可支配收入增速

（2013～2017年）对之后的人均可支配收入与人均文化消费支出进行预测分析。经测算，到2020年，我国居民人均可支配收入将进一步提高，达到31932元左右。与此同时，我国居民的人均文化消费支出将随着收入的增长而增长，到2020年，人均文化消费支出将达到1077元左右，占居民可支配收入的3.4%。

（二）产品生产链的重构改变了居民的文化消费行为

著名管理学大师普拉哈拉德和拉马斯瓦米在其著作《消费者王朝：与

顾客共创价值》中提出：传统的以企业为中心的价值创造体系正在失效，以消费者和企业共同创造价值为中心的新型价值创造体系将成为企业的竞争优势①。近几年来，消费者参与式生产在文化产品与服务的供给中屡见不鲜，这种生产方式正在消解生产者与消费者的区别，也模糊了生产与消费的边界。

以网络文学为例，阅读网络小说目前已成为人们进行文化消费的一项重要活动，第43次《中国互联网络发展状况统计报告》显示：截至2018年底，网文用户规模达4.32亿，占全部网民的52.1%。移动网民经常使用的各类App中，网络文学类使用时长占比为7.8%，位居第六。中国网络文学在短短20年的发展历程中，经历了由免费到付费的改变，实现了由小众文化迈向大众视野的突破，也实现了生产方式的转变。读者不再是传统意义上信息、文化的被动接受者，而变成信息和文化的生产者、评论者与传播者。他们与作家直接对话，为作品后续走向提出建议；他们参与到作品筛选机制中，每个人的点击、收藏量都与作品未来的曝光度直接相关；他们甚至影响作家与平台的收入分配（见图17、图18）。随着知识的普及，消费者越来越具备文化产品生产与评测的专业知识，这为他们转变身份、成为文化产品的生产者提供了可能。国内网文头部企业阅文集团在其2018年度财务报告中提到：截至2018年底，阅文集团共有770万位作家，庞大的作家群体背后映射出来的正是消费者参与式生产方式的兴起与发展。②

当然，这种生产方式不是网络文学的专有物，它在整个文化体系中广泛存在。近两年内大火的短视频也是如此，每个人都可以是生产者，同时每个人又都是消费者。

伴随着新型生产模式诞生的还有文化消费者的激增。究其根源，主要是

---

① 〔美〕C. K. 普拉哈拉德、〔美〕文卡特·拉马斯瓦米：《消费者王朝：与顾客共创价值》，王永贵译，机械工业出版社，2005，第27页。

② 《阅文发布2018年财报：营收同比增23%至50.4亿元、版权运营收入破10亿》，https：//baijiahao. baidu. com/s？id = 1628335545820306554&wfr = spider&for = pc，最后检索时间：2020年5月3日。

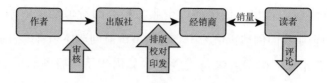

图17 传统图书出版流程

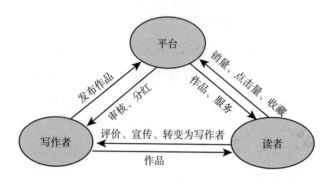

图18 网络文学出版流程

新型生产模式改变了增强用户黏着度的方式，提高了消费者的支付意愿，他们在直接或间接参与生产的过程中获得了文化参与的满足感。此外，参与式生产降低了文化产品的供需成本。首先是生产成本的降低，无论是消费者作为生产者直接参与到文化产品的生产中，还是企业通过大数据及时把握消费者需求，量身打造适合消费者的产品，都能够起到降低成本的作用。其次是文化产品流通成本的降低，消费者作为传播者本身就是促进流通成本降低的一种方式。

但是，消费者参与到文化产品生产的各个环节——担任生产者、评价者、传播者等不同角色——也带来了各式各样的问题。首先，消费者涌入生产端，导致文化产品与服务平均质量下降。其次，大量消费者没有经过专业的技能培训，对行业规范与准则缺乏具体的认知，往往会制造出大量重复、低质的文化产品，出现无效供给和非法供给问题。例如网络文学的低俗化、短视频的同质化等。再次，由于产品数量与种类的激增，现有的文化产品筛选机制运行失效，无法为社会提供高质量的产品与服务。最后，企业裹挟意见领袖暗中操纵，数据造假，扰乱文化市场公共秩序，增加了社会监管成本。

消费者参与式生产在文化各行业的发展情况也不尽相同。网络文学经过20多年的发展已具备了较为完整的盈利模式、创作者激励模式。但短视频行业因技术限制，发展时间短，目前还未形成健全的配套机制，这意味着平台无法为源源不断的优质原创作品提供保障，但优质原创作品又是一个平台甚至一个行业的根基。因此顺应时代要求，根据新型生产模式建立相应的配套机制，处理好创作者与作品、生产者与消费者之间的关系至关重要，这也是文化企业未来发展的重要任务。

（三）新兴科技对文化消费品类、价格影响显著

科学技术，它既是文化的重要组成部分，又在不断通过自身力量充盈着文化体系，它既是文化传播的载体，也是文化消费的重要内容，它的出现扩张了文化消费的可选空间。近年来，互联网技术的高速发展为众多新型文化产品的诞生奠定了基础，VR眼镜、网络直播等风靡一时。同时，科技进步打破了文化消费的空间限制，人们不仅可以选择在邻近地区进行文化消费，跨省跨国也不再遥不可及，全球文化消费市场更加扁平化。科技还丰富了文化消费的方式，新数字技术的应用与发展使得"足不出户"获取高质量文化体验成为可能，人们的文化消费呈现明显的个性化、多元化、便捷化倾向。

另外，技术的进步提高了文化产品的生产效率。短期内，居民的消费需求不会产生较大的变动，而技术进步带来的文化产品与服务供给量的增加则会导致该类产品的市场价格下降，在这种情况下，不仅现有消费者会增加文化产品的消费，潜在消费者也会开始进入市场。

从电影行业来看，随着电影数字技术的发展，我国电影供给量整体呈现上升趋势。2013~2018年，电影供给量增加了258部。与此同时，我国电影平均票价呈现下降趋势，由2013年的35.5元下降为2018年的32.9元；我国观影人次稳步上升，由2013年的6.1亿人次增加到2018年的17.17亿人次，越来越多的人选择走进电影院进行文化消费，人们的付费意愿显著增强（见图19）。

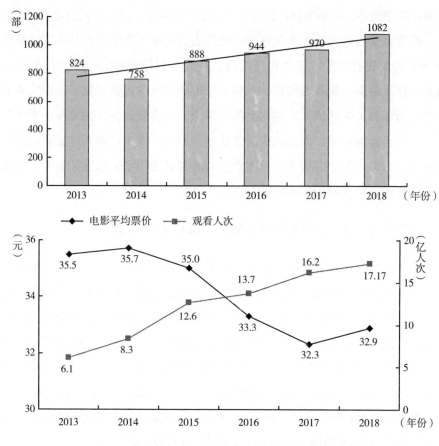

图19　2013~2018年中国电影产量、平均票价与观看人次

（四）相关政策的完善营造了更好的文化消费环境

政策是影响文化消费的重要外部力量，近年来，各级政府一直在致力于完善国内的文化消费环境。2016年4月，为深入贯彻党的十八届五中全会关于扩大和引导文化消费的精神，文化部、财政部联合印发《关于开展引导城乡居民扩大文化消费试点工作的通知》，决定在全国范围内开展扩大文化消费试点工作，这一举措标志着文化消费与文化产业、文化事业并驾齐驱，成为文化领域快速崛起的"第三大板块"。经过几年的发展，各试点城市不仅形成了各地独具特色的文化消费体系，也为其他地区文化消费工作的开展提供了更加切实可行的借鉴方案。2017 年，党的十九大提出要"完善文化管理体制""完善文化经济政策"，对我国深化文化消费领域的体制机制改革具有重要的指导意义。2018 年 9 月 24 日，国务院办公厅印发了《完善促进消费体制机制实施方案（2018 ~ 2020 年)》，对促进文化消费提出了一系列举措。这些政策与规划为文化消费的发展带来了明确的指导与重大的机遇。在细分领域，中央与地方各级政府为营造健康有序的文化消费环境出台了一系列政策，如《微博客信息服务管理规定》《国家新闻出版广电总局办公厅关于进一步规范网络视听节目传播秩序的通知》，用来规范市场行为，加强对文化行业的监督与管理，为人们享受健康、美好的文化产品与服务扫清了障碍。

三　展望与相关政策建议

（一）居民文化消费发展趋势预测

为进一步考察我国文化消费的增长潜力，本文利用城镇、农村居民文化消费的时间序列数据（2013 ~ 2017 年）进行预测分析。经测算，到"十三五"末，即 2020 年，文化消费支出将进一步提高，达到 16000 亿元。其中，城镇文化消费支出将达到 14009 亿元，比 2017 年增长 28.6%。2020 年农村文化消费支出将达 1869 亿元，比 2017 年增长 24.2%。

从人均文化消费支出情况来看，2020 年全国人均文化消费支出将达到1068.7 元。城镇居民人均文化消费支出将达到 1654.8 元，年均增长 7.9%。农村居民人均文化消费支出将达到 335.3 元，年均增长 9.5%。农村人均文化消费支出的年均增长率高于城镇居民，这说明农村居民的文化消费需求正以较快的速度释放，居民的文化消费意愿在进一步增强。

（二）政策建议

1. 谨慎使用政策手段降低价格，充分发挥市场在文化产品定价中的作用

为提高居民的文化参与度，丰富人们的日常生活，促进文化消费的快速

发展，许多地区采取财政补贴的形式来降低文化产品与服务的价格。但文化产品不同于衣食住行等物质产品，采用政策手段降低价格会给市场带来诸多不利影响：首先，财政补贴是一项短期行为，无法长效持久地实施，而促进居民文化消费是一项长期任务；其次，文化消费并非只受到价格这一因素的影响，它与其他生活必需品的区别还在于：人们的文化消费行为很大程度上受个人偏好的影响，爱好是人们进行文化消费时无法忽视的力量，这一力量有时甚至会超越价格，在文化消费过程中起决定作用；再次，产品端直接进行价格补贴对于文化消费品位培养效果有限，政策的投入产出比较低；最后，随着科技的进步，可供人们消费的文化产品与服务种类繁多，对某些行业或品类的补贴会造成错误的市场信号，引发竞争加剧或产能过剩，影响市场秩序。

2. 加强公共文化服务的培育功能，逐步提高居民文化消费品位

首先，公共文化服务是人们日常生活不可或缺的一环，它是人们进行文化消费的基础与前提。在我国文化产业基础薄弱时，公共文化服务的存在丰富了居民的文化生活，也为人们后续进行文化消费打下了坚实的基础。我国一直都十分重视公共文化服务体系的建立健全，致力于推进基本公共文化服务标准化、均等化。但随着人们生活质量的提高，居民的文化消费水平也在不断升级。然而，现有的公共文化服务在满足人们文化消费新需求中发挥的作用逐渐减弱，"免费"对公众的吸引力大不如前。因此，政府与有关部门需进一步明确公共文化服务的定位，以现实需求为基本立足点，把握地区差异，紧跟时代潮流，通过创新公共文化服务供给的内容、风格、方法，促使公共文化服务体系优化升级。其次，要充分利用公共文化服务平台，积极引导大众在文化参与过程中实现自我教育与自我完善，逐步提高居民文化消费品位。

3. 增强对传统文化的保护与开发力度，改变传统文化消费群体断层问题

目前，众多中国优秀传统艺术都面临着消费市场小、受众老龄化、消费群体断层等诸多问题。解决这些问题，第一，要通过创新传统文化传播方式、利用现代化技术使传统艺术突破原有的群体界限，提高社会大众对传统艺术的基础认知，扩大传统文化的潜在消费群体。第二，要将数字科技与传

统文化深度融合，以传统文化为内核，数字科技为载体，面向年轻人，打造他们喜闻乐见的文化产品。第三，在看到科技为传统文化带来新机遇的同时，更要认识到现代科技对传统文化造成的不利影响，如异质文化的大幅度引进，挤占了传统文化的生存空间等，加大对传统文化的保护力度，避免因过度追求经济利益造成传统文化核心精神的虚化。

4. 健全文化消费政策法规，加强市场监管，积极营造良好的文化消费环境

任何行业的发展都离不开法律的支持与规范，尤其是文化消费的持续健康发展必须健全相应的法律法规。随着文化消费方式、产权等方面的新变化，现有的法律法规出现滞后、细则缺失等问题，有必要提升立法效率和完善动态调整机制。文化市场的迅速发展同样也离不开政策的扶持与引导，如不同时期对不同类型的文化市场经营者在市场准入、税收、税率等方面实施区别对待政策，调动文化从业者的生产积极性，为消费者提供更加多样化的文化产品。此外，相关部门还需加大对文化市场的监管力度，保障文化产品与服务的质量水平；增强信息透明度，降低文化产品消费的交易成本；规范市场主体行为，完善反垄断、反不正当竞争的相关法律法规。总的来讲，通过相关政策体系的建设完善，将为文化消费营造一个良好的市场环境。

参考文献

李晨阳：《文化消费问题研究：一个文献综述》，《现代经济信息》2018 年第 18 期。

李喜云、徐丽：《现代信息技术对中国传统文化产业的双重影响及应对之策》，《云南社会科学》2019 年第 3 期。

刘白：《深挖老年文化消费市场这座富矿》，《湘潭日报》2019 年 7 月 1 日。

苏林森、程思琪：《居民收入对文化消费的影响——基于中国综合社会调查数据的分析》，《城市问题》2018 年第 12 期。

孙耘昇、宣燊、庄媛富、何颖：《新生代文化消费群分析——以 2017 年电影视阈中"90 后"群体为例》，《中国市场》2019 年第 2 期。

田洋：《互联网时代消费者在生产过程中的参与》，《信息系统工程》2018 年第 1 期。

王雅文：《我国文化消费存在的问题及对策研究》，《品牌研究》2018年第3期。

吴静寅：《文化消费的影响因素及其促进机制》，《山东社会科学》2019年第6期。

张宏伟：《参与式生产：文化产品生产的转向与变革》，《新闻与传播研究》2015年第11期。

B.8
中国公共文化服务体系发展报告

毛少莹 任 珺*

摘 要: 本文全面总结我国提出公共文化服务体系建设,尤其是
《公共文化服务保障法》出台施行以来,我国公共文化服
务体系建设在制度安排与法治化水平提升、基本公共文化
服务供给、免费开放、总分馆制、标准化、均等化以及社
会化,文化扶贫、基层文化中心建设、文化科技融合等多
方面取得的新进展、新成就。并就深化文化体制改革,推
进法人治理结构建设,进一步推动公共文化服务均等化、
社会化及服务效能提升等面临的问题,以及对互联网2.0
背景下文化生态的革命性改变带来的机遇与挑战进行了简
要的分析与展望。

关键词: 公共文化 公共文化服务体系 互联网2.0

作为一个具有中国特色的概念,"公共文化服务体系"首次出现在党
的十六届五中全会报告后,就以其丰富的理论内涵和重要的现实意义受
到广泛关注并获得了国家政策的大力支持。从那时起到《中华人民共和
国公共文化服务保障法》(以下简称《保障法》)通过施行至今,公共文

---

* 毛少莹,深圳市特区文化研究中心学术总监,研究员,主要研究方向为文化政策、文化管理、
文化产业;任珺,博士,深圳市社会科学院文化研究所研究员,主要研究方向为文化政策、
文化研究。

化服务体系走过"理论构建""制度安排"到"实践推进"的完整发展过程，取得了令人瞩目的成就，但也存在不少前进中的问题，更面临新时代新科技带来的新挑战。① 本文根据 2019 年 5 月 30 日文化和旅游部发布的《2018 年文化和旅游发展统计公报》（以下简称《公报》)② 及各地实践情况，对我国公共文化服务体系发展情况进行总结梳理与分析展望。

一　建设进展与成就

（一）《公共文化服务保障法》出台，文化法治化水平大幅提升

随着公共文化服务体系战略意义的日益凸显，国家对这一领域的政策支持力度不断加大。2007 年 6 月，中央两办出台《关于加强公共文化服务体系建设的若干意见》。③ 2015 年，中央两办印发《关于加快构建现代公共文化服务体系的意见》，提出"现代公共文化服务体系"的发展目标，同时颁布有史以来第一个《国家基本公共文化服务指导标准（2015～2020 年)》。2016 年 12 月《中华人民共和国公共文化服务保障法》获得通过并于 2017 年 3 月 1 日起施行；2017 年 11 月《中华人民共和国公共图书馆法》获得

---

① 考虑到研究内容的丰富性及本书的分工，本报告仅聚焦于"狭义"的公共文化服务体系，即"三馆一站"——图书馆、文化馆、群艺馆、基层文化站及相关公共服务，少量内容涉及博物馆，但不包括广播电视、新闻出版、高雅艺术（表演艺术和视觉艺术）、文化遗产保护、对外文化交流、文化产业、旅游和体育类的公共服务。关于公共文化服务体系提出过程，关于广义与狭义的公共文化服务，参见毛少莹等著《公共文化服务概论》，第一章"引论"，北京师范大学出版社，2014（下同）。

② 资料来源：https：//news. cncn. net/c_ 826536，最后检索时间：2019 年 8 月 5 日。以下数据未加特别注明的，均来源于《2018 年文化和旅游发展统计公报》。

③ 要求"按照结构合理、发展平衡、网络健全、运行有效、惠及全民的原则，以政府为主导，以公益性文化单位为骨干，鼓励全社会积极参与，努力建设公共文化产品供给、设施网络、资金人才技术保障、组织支撑和运行评估为基本框架的覆盖全社会的公共文化服务体系，切实保障人民群众看电视、听广播、读书看报、进行公共文化欣赏、参与大众文化活动等基本文化权益"。

通过并于 2018 年 1 月 1 日起施行。与此同时，针对公共文化服务机构免费开放，标准化、均等化，建立事业单位法人治理结构；基层文化中心建设、农民工公共服务、乡村文化振兴等，国家也先后出台了大量专项政策。可以说，10 余年来，涉及公共文化服务体系的政策层级之高、数目之多，频率之密集、范围之广都是前所未有的，形成了我国文化政策史上的一个高潮。这一高潮，尤其是《保障法》的出台，是我国公共文化服务领域历史性的突破，标志着我国公共文化服务法治化水平大幅提高，也标志着我国公共文化服务体系建设"制度设计"基本完成，并进入一个全新的发展阶段。

（二）基本公共文化服务稳步发展，覆盖城乡的公共文化服务体系基本建成

1. 公共图书馆

2018 年末全国共有公共图书馆 3176 个，比上年末增加 10 个；图书总藏量 103716 万册，比上年末增长 7.0%；全国人均图书藏量 0.74 册，比上年末增加 0.04 册；总流通人次 82032 万人次，同比增长 5.92%（见图 1、图 2）。此外，我国古籍保护工程也获得了深入推进，全球汉籍合璧工程、《中华医藏》《中华续道藏》均确认立项并启动实施。

2. 群众文化机构（文化馆、群众艺术馆、乡镇综合文化站）

2018 年末全国共有群众文化机构 44464 个，比上年末减少 57 个。其中乡镇综合文化站 33858 个，比上年末减少 139 个。全年全国群众文化机构共组织开展各类文化活动 219.48 万场次，比上年增长 10.9%；年末全国共有馆办文艺团体 7990 个，演出 16.30 万场次；群众业余文艺团体 42.61 万个。

3. 博物馆

2018 年末全国共有博物馆 4918 个，博物馆文物藏品 3754.25 万件/（套），占全部文物藏品总量的 75.7%；全年全国各类文物机构共举办陈列展览 27919 个，比上年增加 1874 个。其中，博物馆接待观众 104436 万人

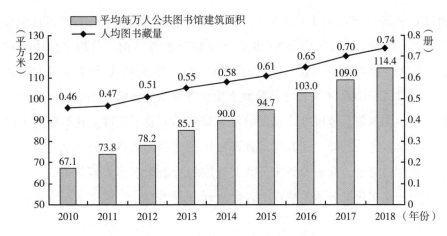

图1 2010～2018年全国公共图书馆人均资源情况*

* 全文图表均来源于《2018年文化和旅游发展统计公报》，后面不再一一标注。

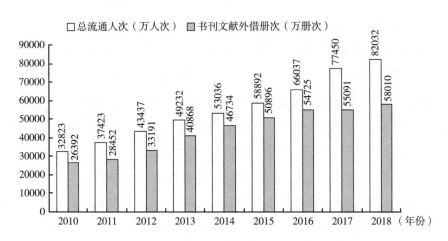

图2 2010～2018年全国公共图书馆总流通人次及书刊外借册次

次，比上年增长7.5%，占文物机构接待观众总数的85.3%。①

从以上数据可见，我国基本实现了"县有公共图书馆、文化馆，乡有

---

① 年末全国共有各类文物机构10160个，比上年末增加229个。其中，文物保护管理机构3550个，占34.9%；博物馆4918个，占48.4%。参见《2018年文化和旅游发展统计公报》。

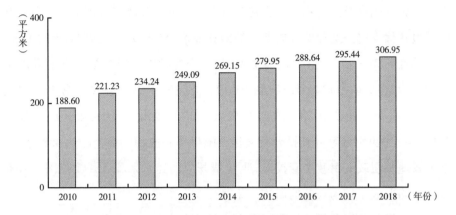

图3　2010～2018年全国平均每万人群众文化设施建筑面积

图4　2010～2018年全国文物机构接待观众人次及未成年人观众人次

综合文化站"的建设目标（有些条件好的县还有博物馆、大剧院等），"三馆一站"公共文化服务设施全部免费开放，覆盖城乡、服务全民的公共文化设施体系基本建成，总体运行平稳。

（三）"免费开放"兜底线，"标准化"促"均等化"，人民群众基本文化权益得到较好保障

为确保基本公共文化服务"兜底线"，我国继续实施公共文化设施〔美

术馆、公共图书馆、博物馆、文化馆（站）〕免费开放。① 2018 年，中央财政通过转移支付下达免费开放专项补助资金 51. 85 亿元，较 2011 年的 18 亿元大约增长 2 倍，② 支持了包括全国 1854 个博物馆、纪念馆和全国爱国主义教育示范基地，1123 个市级和 5941 个县级美术馆、公共图书馆和文化馆，41493 个乡镇文化站、城市社区（街道）文化中心免费开放。截至 2018 年，中央财政累计安排公共文化设施免费开放相关资金已达 458 亿元，加上各地基层政府财政配套投入，③ 免费开放的经费来源、开放范围、服务内容等均形成了较为规范的做法，免费开放工作顺利进行。

为确保文化服务供给，我国还实施了基本公共文化服务标准化工作。考虑到文化服务的特殊性，这一工作以试点探索、全面推开的方式进行。④ 如被文化部确定为全国"基本公共文化服务标准化试点省"的浙江省就于 2014 年开始试点标准化，并在 2015 年率先于全国公布了《浙江省基本公共文化服务标准（2015 ~ 2020 年）》。目前全省已发布实施 189 项标准，全面推行了基本公共文化服务的标准化。2015 年我国颁布了有史以来第一个《国家基本公共文化服务指导标准（2015 ~ 2020 年）》，此后，各省（区、市）也根据国家标准并结合地方实际，先后出台了地方标准。公共文化服务标准涉及设施建设运营、服务内容、职责经费、机构或团队建设、绩效评

---

① 我国公共文化设施的免费开放工作始于 2008 年中宣部、财政部、文化部、国家文物局《关于全国博物馆、纪念馆免费开放的通知》的推行。此后，不断得到推进。2011 年，文化部、财政部联合下发《关于推进全国美术馆公共图书馆文化馆（站）免费开放工作的意见》；2015 年中办、国办印发《关于加快构建现代公共文化服务体系的意见》；2015 年，中科协、中宣部、财政部：《关于全国科技馆免费开放的通知》等；2016 年《公共文化服务保障法》等，都不断将公益性文化设施基本公共文化服务的免费开放确定为基本政策，并给予了资金保障。

② 2011 年数据参见钟华《美术馆、公共图书馆、文化馆（站）免费开放工作概述》，载于群等主编《中国公共文化服务发展报告（2012）》，社会科学文献出版社，2012，第 220 页。

③ 如 2016 年、2017 年，广东省级财政就分别下达了"三馆一站"免费开放专项资金 8366 万元、8499 万元。

④ 文化部为此于 2014 年专门颁布了《公共文化服务标准化试点工作方案》，http：//www.ndcnc. gov. cn/shifanqu/sheji/201803/t20180309_ 1378012. htm，最后检索时间：2019 年 11 月 4 日。

估等方面的内容。从目前各地的情况看，"标准化"使得基本公共文化服务有了可量化、可分解、可考核的"硬杠杠"，成为公共文化服务体系建设的重要抓手。此外，国家还相继出台《公共图书馆建设标准》《文化馆建设标准》《乡镇综合文化站建设标准》《公共美术馆建设标准》等，提高了公共文化设施建设的标准化水平。

我国幅员辽阔，地域及城乡之间发展差异大，基本公共服务不均等问题突出。推进基本公共服务均等化是维护社会公平、缓解社会矛盾、保障不同地域、不同阶层人民群众文化权益的紧迫任务。十八届三中全会、国务院《"十三五"推进基本公共服务均等化规划》《保障法》等都将公共文化服务均等化作为重要内容。标准化工作的推进，客观上促进了基本公共文化服务的均等化。此外，《"十三五"时期文化扶贫工作实施方案》《中共中央、国务院关于实施乡村振兴战略的意见》等，都将文化扶贫等作为重要的内容，安排专项资金，推动欠发达地区及乡村文化振兴。[1] 实践证明，"标准化"虽有一定局限性，要实现真正的"均等化"也还有很大难度，但总的来说，免费开放、标准化、文化扶贫等，使得公共文化服务"保基本，广覆盖"，体现了我国社会主义制度的优越性。

（四）若干专项工作取得新进展

1. 国家公共文化服务示范区（项目）创建

由文化部、财政部共同于 2011 年联合开展的"国家公共文化服务示范区（项目）"创建工作，旨在推动解决公共文化服务体系建设面临的突出矛盾和问题，为国家和各地制定相关政策提供依据和经验。示范区（项目）两年申报一次，至今已历时 8 年进行了共四批评选。截至 2018 年，前三批示范区（项目）已经顺利完成创建工作。2019 年第四批共 27 个示范区，45个示范项目正在创建之中。整体看，示范区（项目）创建工作大大促进了

---

① 资料来源：http://finance.china.com.cn/news/20181204/4827808.shtml，最后检索时间：2019 年 11 月 20 日。

各创建地区公共文化服务理论研究，优化了制度安排，发挥了特色经验、创新模式的示范带动作用，取得了较好的效果。

2.图书馆、文化馆的"总分馆制"建设

2015年《关于加快构建现代公共文化服务体系的意见》及此后《关于推进县级文化馆图书馆总分馆制建设的指导意见》等都提出了加快图书馆、文化馆总分馆制的要求。为落实中央要求，近年来各省市将图书馆、文化馆总分馆制建设作为重要工作加以积极推进。总分馆制的目的，在于构建"总馆"与"分馆"服务网络和平台，实现"人员互通、资源共享、服务联动、效能提升"。由于图书馆服务相对单纯、清晰、规范，国内外可供借鉴的经验也较多，其总分馆制建设速度较快，形成了较为成熟规范的运作模式。目前，全国很多省市都搭建了市、区图书馆各项业务的统一服务平台，形成了以市图书馆为龙头、区图书馆为骨干、街道图书馆为节点、社区图书馆为基层网点的四级图书馆网络，建立了图书馆总分馆制。文化馆的总分馆制建设则由于业务内容复杂，面临较多困难。2017年前后，青岛、成都、上海、东莞等发达地区开始探索推进文化馆总分馆制建设。大体做法是，以数字化建设为抓手，推动形成一定区域的文化联盟，实现文化资源（人力资源、设施设备等）、文化产品与服务、文化品牌等的共享。如东莞的文化馆总分馆制探索就走在了全国前列。①目前，全国各地文化馆总分馆制形成了较多的创新模式，如"平台联盟式""业务派驻式""委托管理式""品牌连锁式""共享文化馆"等不同的管理模式，很大程度上改变了传统的"设施孤岛"，实现了馆际联通、共建共享。东莞等地的实践经验表明，因地制宜建立好资金、资源配置、供需对接等机制，文化馆总分馆制也可以如同图书馆总分馆制一样，促进资源共享、提升服务效能。

---

① 立足东莞街镇相对分散、"市直管（街）镇"的情况，东莞市出台了《东莞市文化馆总分馆制建设实施方案》，明确由市一级财政直接对开展文化馆总分馆制建设的街镇（园区）分馆给予一次性经费补助，并带动了街镇（园区）一级的投入，补助经费分75万元、50万元、25万元、10万元四个档次，由总馆按程序统筹做好资金的申请、监管和使用。http：//culture. sun0769. com/dg/public/201902/t20190222_ 8042015. shtml，最后检索时间：2019年12月12日。

3. 基层综合文化服务中心建设

基层综合文化服务对于统筹资源、提升基层服务效能，打通公共文化服务的"最后一公里"，凝聚人心、促进和谐都有十分重要的作用。针对村（社区）一级文化设施薄弱问题突出的现实，2013 年十八届三中全会明确提出"建设基层综合性文化服务中心"的改革任务。2015 年国务院办公厅发布《关于推进基层综合性文化服务中心建设的指导意见》对基层综合性文化服务中心建设做出战略部署。《保障法》也对基层综合性文化服务中心建设提出若干要求。为贯彻落实上述要求，各地基层文化中心建设获得快速推进，并呈现鲜明的地域特色。安徽作为国家基层综合性文化服务中心试点省份，到 2017 年，已经建成标准化的"农民文化乐园"1500 多个。① 浙江全面推进"农村文化礼堂建设"，全省已建成农村文化礼堂近 8000 个，城市文化公园 294 个、社区文化家园 192 个、企业文化俱乐部 163 个。② 上海城市社区文化活动中心建设经验也十分丰富。2012 年上海即开始推动社区文化中心建设，2016 年又颁布了《关于本市贯彻〈推进基层综合性文化服务中心建设指导意见〉的实施意见》完善相关制度安排。至今，上海不但建成了覆盖全市所有街道（乡镇）的，融科、教、文、体、信息服务于一体的社区文化活动中心 200 多家，更通过全市统筹协调，引入社会化、专业化管理，建立供需对接，内容配送平台等，打破了条块分割、各自为政的公共文化建设模式，初步实现了政府引导下的服务主体多元化、服务水平专业化、服务手段科技化、服务标识统一化、服务模式现代化，实现上海 15 分钟公共文化服务圈的建设目标。③ 城乡基层综合文化服务中心建设实践表明，我国推动公共文化服务重心下移、资源下移初见成效。

---

① 这一乐园按照"一场"（综合文体广场）、"两堂"（讲堂、礼堂）、"三室"（文化活动室、图书阅览室、文化信息资源共享工程室）、"四墙"（村史村情、乡风民俗、崇德尚贤、美好家园）功能定位要求建设，实现了功能定位、建设形式、服务内容、运行管理、资金投入等五个方面的标准化。

② 《浙江文化礼堂》，https://baike.baidu.com/item/%E6%B5%99%E6%B1%9F%E5%86%9C%E6%9D%91%E6%96%87%E5%8C%96%E7%A4%BC%E5%A0%82/17419322？fr=aladdin，最后检索时间：2019 年 10 月 3 日。

③ 陈起众：《推动公共文化服务体系建设创新实践的上海经验》，载荣跃明主编《上海公共文化服务发展报告（2018）》，上海社会科学院出版社，2018，第 1～16 页。

（五）公共文化服务社会化快速发展

推动公共文化服务社会化也是近年我国公共文化服务体系建设的一大亮点，出现了很多富有创新性的做法。做法之一是加大政府购买力度，提高政府购买的公开性、公正性及规范性。如上海市推出的《上海市文化广播影视管理局向社会力量购买服务管理办法》，明确公布了购买公共文化服务的不同类别、项目清单，建立了项目申报、评审、监管、审计等规范化的购买流程，每年进行公开招标，公布中标公告，接受社会监督。[①] 截至 2018 年，全国大多数城市均先后出台了政府购买公共文化的相关办法，政府购买服务呈现明显上升态势。如仅 2018 年，北京市、区文化部门用于政府购买公共文化服务的财政支出就达到了 5.2 亿元，比 2017 年增长 67.8%。[②] 政府购买还催生了大量社会办文化组织。

公共文化服务社会化的另一做法是以 PPP 模式（即政府和社会伙伴合作模式）吸引社会资本兴建公共文化设施、承接大型设施管理运营。这方面的例子已经很多，如深圳当代艺术馆和城市规划馆的建设，[③] 深圳南山文体中心运营权外包等，[④] 上海龙美术馆、震旦博物馆、喜马拉雅美术馆的建设，等等。[⑤] PPP 模式改变了政府大包大揽进行文化建设的传统模式，灵活

① 郑崇选：《公共文化服务社会化的探索与实践》，载徐清泉主编《上海公共文化服务发展报告（2016）》，上海社会科学院出版社，2016，第 24 页。
② 陈镭：《2018 北京公共文化服务体系发展报告》，载李建盛主编《北京蓝皮书：北京文化发展报告（2018～2019）》，社会科学文献出版社，2019，第 143 页。
③ 由深圳市政府出地，中海集团中标投资 14 亿元兴建，拟双方组成联合理事会进行管理运营。
④ 南山文体中心位于深圳市南山区中部，由南山区政府财政投资兴建，中心总建筑面积 7.88 万平方米，工程造价 10 亿元，由剧场、体育馆、游泳馆三个部分组成，是重要的区级文化体育公共设施。建好后由于缺少管理机构、编制，于 2013 年进行了运营权的招标。上市公司"佳兆业集团控股有限公司"下属"文体集团"协同其联合单位联合参与投标，以 1 元钱的报价成为南山招标历史上最低报价，但因综合评价高而中标的承包商，获得南山文体中心运营权。考虑到南山文体中心的公益性，政府每年还补贴若干运营管理费。当然，相应提出若干保证其公益性的运营指标。
⑤ 郑崇选：《公共文化服务社会化的探索与实践》，载徐清泉主编《上海公共文化服务发展报告（2016）》，上海社会科学院出版社，2016，第 24 页。

多样的政府与社会合作，为未来公共文化服务的发展提供了巨大的创新空间。公共文化服务的社会化还包括社会力量捐赠财产或设立基金用于公共文化服务。随着《公益捐赠法》和《保障法》的贯彻执行，全国开始涌现出社会资本出资设立的公共文化服务类基金，如"上海真爱梦想公益基金""上海喜马拉雅文化艺术基金会""北京民生文化艺术基金会""深圳雅昌艺术基金会"等，我国多元化、多层次的公共文化服务投入体系正在逐步形成。公共文化服务的社会化也包括形式多样的文化志愿者的大量涌现，典型的例子如获得国家文化创新工程奖的深圳市宝安区的"文化春雨行动"。[①]文化志愿者有效地弥补了服务人员不足的问题。

（六）文化科技融合，公共文化服务全环节数字化进展加快

公共文化服务全环节数字化进展十分迅速。除传统的数字图书馆、数字博物馆建设在全面铺开外，数字文化馆建设、边疆万里数字文化长廊、以"云、网、端一体化"为整合思路的国家级以及各省市的"公共文化云平台"、网站、微信公众号、文化网络电视、"农文网培学校"等建设日趋完善。立体化的文化信息传播与服务供给、"入户""入手"的移动端服务预约、共享直播、资源点播、大数据应用等功能日益成为现代公共文化服务体系的重要组成部分。

二　存在的问题及面临的挑战

（一）投入增长乏力，资源集中，均等化程度不高

根据《公报》数据，2018 年全国文化事业费 928.33 亿元，比上年增加 72.53 亿元，增长 8.5%。全国人均文化事业费为 66.53 元（比上年增加

---

① 资料来源：http：//www.sohu.com/a/159831152_ 487465，最后检索时间：2019 年 11 月 30 日。

4.96 元，增长 8.1%）（见图 5）。文化事业费虽有所增长，但占财政总支出
的比重仍为 0.42%，与 2017 年持平（见图 6）。

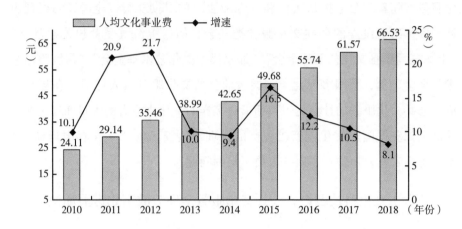

图 5　2010～2018 年全国人均文化事业费及增速情况

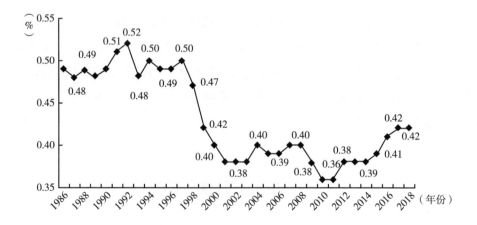

图 6　1986～2018 年文化事业费占财政总支出的比重

从图 6 可见，我国文化事业费占财政总支出的比重近 10 年变化不大
（0.4% 左右），与 20 年前（0.5% 左右）相比甚至有所下降。此外，县及县
以下文化单位文化事业费占比 54.2%，比重比上年仅提高了 0.7 个百分点；
中部地区文化单位文化事业费占比仅为 25.1%，比重比上年仅提高了 0.2

个百分点；西部地区文化单位文化事业费占比仅为 26.2%，比重比上年还下降了 0.8 个百分点。总体看，公共文化经费投入增长乏力，资源下移及区域不均衡情况改善不明显。公共文化投入是公共文化服务体系建设的重要保障，随着全球经济增长趋缓，我国经济进入新常态，确保公共文化必要投入充足、均衡，推动城乡之间，东、中、西部之间公共文化服务均等化发展，还有很长的路要走。

（二）体制改革有待深化，法人治理结构建设有待突破

文化事业单位法人治理结构改革已经持续多年。[①] 2015 年《关于加快现代公共文化服务体系建设的意见》以及《保障法》都再次提出建立和完善事业单位法人治理结构。中宣部、文化部等七部门更联合制定了《关于深入推进公共文化机构法人治理结构改革的实施方案》，要求到 2020 年底，全国市（地）级以上规模较大、面向社会提供公益服务的公共图书馆、博物馆、文化馆、科技馆、美术馆等公共文化机构，要基本建立以理事会为主要形式的法人治理结构。贯彻落实上述政策要求，截至 2018 年底，全国大多数国有文化事业单位均先后吸纳社会人士参与，成立了理事会。

从制度设计的初衷来说，法人治理结构旨在改变传统的文化"管制"做法，改变文化权力的单一结构和自上而下的单向运作模式，在推动政府职能实现"管办分离"的同时，建立由政府、专业人士、社会各界代表等人士共同参与的"参政、议政"的对话、互动、协商、博弈平台，达到"善治"目的。然而，由于改革不配套，从全国的情况看，多数文化事业单位的理事会制度仍不免流于形式——主要表现为人、财、物等仍按传统制度安排管理，没有实质性变化。事业单位的人事任免、资源配置、收入分配等重

---

① 关于事业单位法人治理结构问题的提出，最早可以追溯至 1998 年颁布的《事业单位登记管理暂行条例》。2007 年左右，上海、广东、重庆、山西等地已经开始了事业单位法人治理结构的探索。2011 年 7 月，国务院办公厅下发《关于印发分类推进事业单位改革配套文件的通知》（国办发〔2011〕37 号）就包括《关于建立和完善事业单位法人治理结构的意见》，对事业单位建立法人治理结构提出了明确要求。

大决策，也仍是原来的领导说了算。换言之，理事会事实上只能发挥类似"咨询委员会"的咨询功能，即便参与决策也难免只是走过场。换言之，现有的理事会尚未具备法人治理结构的实质。如果说文化权利是公共文化服务的出发点和落脚点，那么法人治理结构就是公共文化服务的关键性制度安排。① 未来如何配套推进人、财、物等方方面面管理体制的深层次改革，切实让理事会制度既有形式，也有实质，真正实现公共事务的"共同协商、共同治理"；实现事业法人的自我管理、自我发展和自我约束；提升文化治理现代化水平，仍任重道远。

（三）供需对接不够，服务效能有待提高

供需对接水平不高一直是公共文化服务体系建设面临的困境，很多"文化菜单"提供的是老百姓根本没兴趣的项目，不少文化场馆门可罗雀，导致公共资源大量浪费。如何突破文化需求测评的困难，推进供给侧改革，提升服务效能，是我国公共文化服务建设面临的一大难题。为促进供需对接、效能提升，近年来各地开展了不少关于绩效评估的尝试，以期"以评促建"。如浙江就率先全国，从 2009 年就开始对全省 90 个县市开展公共文化服务情况评价工作，并将评价结果进行全省排名比较。这一做法较好地推动了全省公共文化服务的效能提升。② 上海有关部门也多次委托第三方对全市"社区文化活动中心"开展了绩效评价工作，评价结果为政府提供资助、进行奖惩等提供了依据。其他多个省市如北京、广东、山西、湖南、四川等地也积极开展公共文化服务绩效评估工作。不过，由于文化服务绩效的"模糊性""滞后性"等，目前这些评估更接近传统意义上的"评优""等级评估""行业评估"，还未能形成十分成熟科学的评估指标、方法和制度。此外，如何运用大数据等新手段，真正把握百姓需求、科学测评服务绩效，以切实实现公共文化服务供需对接水平及服务效能的全面提升，还需探索突破。

① 毛少莹：《公共文化政策的理论与实践》，深圳海天出版社，2008，第80页。
② 浙江省直管县的行政管理体制，公共文化评价也由省文化厅直接牵头，对全省 90 个县进行统一评价和排名，既有综合排名，也有单项指标排名。

（四）公共文化服务社会化亟待制度创新

随着《全国地市级公共文化设施建设规划》等的颁布，[①] 近年来我国各地掀起了公共文化设施建设新高潮。但是由于事业单位改革，编制"只出不进"，公共文化设施运营权外包成为一大趋势。基本做法是政府将新建好的设施全部或部分委托社会组织或企业进行运营管理。有的企业拿到了很多大型文体设施的运营权，如佳兆业文体集团运营的大型文体设施就有深圳大运中心、深圳南山文体中心、深圳盐田区游泳馆、佛山高明体育中心、惠州仲恺体育馆、广西贵港市体育中心、江苏南通海安体育中心、武汉五环体育中心、上海复旦大学枫林校区游泳馆、深圳观湖文化艺术中心剧院、深圳观澜体育公园、浙江湖州织里中心、佛山市飞鸿馆、广西柳州市柳东体育中心等。类似例子还很多。公共文化设施建设投入大，运营管理专业化强，社会影响面广，运营商如何筛选、应具备什么样的资质，政府如何监管以确保公共文化设施的公益性、确保国有文化资产的保值增值等，都亟须"制度设计"。而在更为复杂的大型PPP建设项目中，暴露出的问题更多。总之，在坚持公共文化服务适度社会化大方向的同时，如何确保政府、企业、社会各司其职，确保公共文化服务的公益目的，还需要制度创新。

（五）互联网2.0营造新文化生态提出新挑战

随着智能手机、移动互联网的普及，以及大数据、云计算、物联网、5G技术等日益广泛的运用，互联网正迎来新一轮革命，被称为互联网2.0（Web2.0）。"Web2.0可以说是信息技术发展引发网络革命所带来的面向未来、以人为本的创新2.0模式在互联网领域的典型体现，是由专业人员织网到所有用户参与织网的创新民主化进程的生动注释"。[②] 据专业研究，

---

① 该文件明确中央财政对地市级公共文化设施新建或改扩建提供一定数额的定额补助，地方"三馆"（图书馆、文化馆、博物馆）建设获得中央财政的大力支持。

② 资料来源：https：//baike. baidu. com/item/web2. 0/97695？fromtitle＝％E4％BA％92％E8％81％94％E7％BD％912. 0&fromid＝8890191&fr＝aladdin，最后检索时间：2019年11月30日。

Web2.0 模式下的互联网应用以去中心化、开放、共享为显著特征，表现为用户分享、信息聚合、以兴趣为聚合点的社群，开放的平台，活跃的用户等。[1] 我国互联网发展速度惊人，截至 2019 年 6 月，中国网民规模达 8.54 亿，互联网普及率为 61.2%，[2] 互联网全面渗入社会生活的方方面面，其爆炸式增长带来令人眼花缭乱的信息以及服务内容、方式等的革命性改变，影响着我们的生活方式和社会结构，也改变着公共文化服务体系发展的整体生态。传统的以"体制内"的"三馆一站"为核心阵地的公共文化服务体系，正在迎来一个全民参与、全社会共建共享的新时代。"线上线下"，体制内外，文化事业与文化产业的界限正在融合、消失。无疑，这是一种全面的、深刻的、革命性的变化。如何面对这种革命性、颠覆性的变化，在互联网形成的新文化生态下，推动公共文化服务高质量发展，公平性、公正性、便捷性、均等性真正实现，需更加积极主动地研究和应对。

参考文献

文化和旅游部、财政部：第一至第四批"国家公共文化服务体系示范区创建工作"相关资料。

陈威主编《公共文化服务体系研究》，深圳报业集团出版社，2006。

毛少莹著《公共文化政策的理论与实践》，深圳海天出版社，2008。

毛少莹等著《公共文化服务概论》，北京师范大学出版社，2014。

于群主编《中国公共文化服务发展报告（2012）》，社会科学文献出版社，2012。

徐清泉主编《上海公共文化服务发展报告（2016）》，上海社会科学院出版社，2016。

荣跃明主编《上海公共文化服务发展报告（2018）》，上海社会科学院出版社，2018。

李建盛主编《北京文化发展报告（2018～2019）》，社会科学文献出版社，2019。

---

[1] 资料来源：https：//baike. baidu. com/item/web2.0/97695？fromtitle = % E4% BA% 92% E8% 81%94% E7% BD% 912.0&fromid = 8890191&fr = aladdin，最后检索时间：2019 年 11 月 30 日。

[2] 资料来源：http：//baijiahao. baidu. com/s？id = 1643402131605336971&wfr = spider&for = pc，最后检索时间：2019 年 11 月 30 日。

B.9
中国文化企业的发展[*]

史东辉[**]

摘　要： 2013年以来，中国文化企业经济持续高速增长，其中文化服务业企业、非国有控股文化企业、规模（限额）以下文化企业的产出增长速度相对更快，新闻信息服务、内容创作生产、创意设计服务、文化传播渠道、文化投资运营、文化娱乐休闲服务等核心文化企业的支柱地位也趋于稳固。在各地区增长格局未有显著变化的同时，粤、苏、京、沪、浙等地文化企业的市场优势则有所增强。不过，就已经披露的2013～2018年的数据来看，盈利状况未获改善可以说是这期间中国文化企业成长所需要高度关注的首要问题。

关键词： 文化企业　经济增长　结构变迁

　　本报告所言的中国文化企业，是指根据国家统计局颁布的《文化及相关产业分类（2018）》[①]，属于"文化及相关产业"的企业法人单位。按照

---

* 本文所引用的数据均来自历年《中国文化及相关产业统计年鉴》。

** 史东辉，上海大学经济学院教授，博士生导师，主要研究方向为产业经济学及产业政策。

① 与《文化及相关产业分类（2012）》相比，该《分类》所包括的文化及相关产业有所增减，以至本文关于2013年以来中国文化企业的研究存在着统计口径不一的缺陷，其中2013～2016年数据系按《文化及相关产业分类（2012）》计算，而2017～2018年数据系按《文化与相关产业分类（2018）》计算。尽管如此，由于两个分类标准在界定文化及相关产业范围方面实际差异较小，笔者认为统计口径的差异并不足以对本文的相应结论造成实质性的影响。

国家统计局的日常统计口径，中国文化企业又可分为规模（限额）以上和以下两大部分，其中前者包括：①规模以上文化制造业企业，指年主营业务收入在2000万元及以上的工业企业法人；②限额以上文化批零业企业，指年主营业务收入在2000万元及以上的批发企业法人和年主营业务收入在500万元及以上的零售业企业法人；③规模以上文化服务业企业，指从业人员在50人及以上或年主营业务收入在1000万元及以上的服务业企业法人①。

一　2013年以来中国文化企业的经济增长

（一）2013年以来中国文化企业持续快速增长

2013年以来，中国文化企业经济持续高速增长。其中，2018年全国文化企业营业收入达到130185.7亿元，比2013年增加了50.1%，年平均增长率达8.5%；年末从业人员近1912万人，比2013年增加了23.5%，年平均增长率为4.3%。

在全部文化企业中，2018年规模（限额）以上文化企业数量达59908家，年末从业人员845.4万人，实现营业收入89257亿元，取得营业利润和利润总额6895.5亿元和7207.2亿元。2013~2018年，规模（限额）以上文化企业数量、年末从业人员、营业收入、营业利润、利润总额5项指标的年平均增长率分别达到了7.7%、2.3%、6.9%、9.0%、8.8%。另据统计，2018年末规模（限额）以下文化企业从业人员数量达1060万人，比2013年增加了33.4%，年平均增长5.9%；其实现营业收入33386.6亿元，比2013年增加了69.1%，年平均增长11.1%（见图1）。

---

① 在2018年之前，国家统计局界定的规模以上文化服务业企业指的是从业人员在50人及以上或年主营业务收入在500万元及以上的服务业企业法人，故2018年其各项经济指标与之前年份的相应比较结果会有所低估，下同。

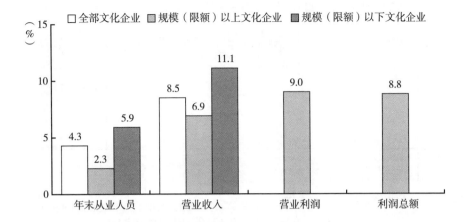

图1　2013～2018 年全国文化企业若干经济指标的年平均增长率

（二）文化服务业企业的产出和就业增长明显快于文化制造业企业

按照 2012 年和 2018 年的《文化及相关产业分类》，本文把其中属于制造业部门的文化及相关产业称为文化制造业，把属于第三次产业的文化及相关产业称为文化服务业。① 据统计，2013～2018 年，我国文化服务业企业年末从业人员数和营业收入分别增长了 68.3% 和 108.5%，年平均增长率分别为 11.0% 和 15.8%，比其间文化制造业企业相应指标的年平均增长率分别高出 14.8 和 14.5 个百分点。另外，2018 年我国规模（限额）以上文化服务业企业的年末从业人员数、营业收入、利润总额分别比 2013 年增长了 60.8%、112.3%、129.6%，年平均增长率分别达到了 10.0%、16.3%、18.1%，比其间规模以上文化制造业企业相应指标的年平均增长率分别高出 12.4、14.9、17.7 个百分点（见图 2）。

---

① 本文的这一分类与国家统计局有所不同。按照后者的统计口径，文化及相关产业中属于第三次产业的部分又被分为文化批零业和文化服务业。

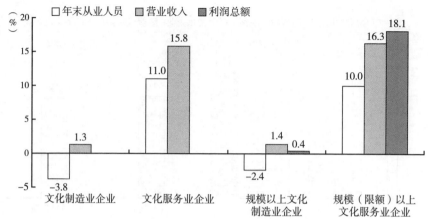

图2　2013～2018年文化企业产出和就业年均增长率

（三）2013年以来各地区文化企业大多快速增长，但增长率差异较大

如表1所示，2013～2018年，全国除河北、天津、广西、吉林、黑龙江、辽宁、青海、内蒙古之外，其余23个省级行政区的文化企业实现了营业收入的增长，其中有13个的年平均增长率高于全国文化企业平均水平。不过，各地区增长率的差距却显得较大。据计算，这期间31个省级行政区增长率的算术平均值为8.2%，最高值为50.3%，最低值为－10.8%，标准差为11.7%，标准差系数达到了1.43。

另外，2013～2018年末，全国除上海、天津、黑龙江、辽宁、吉林以外，其余26个省级行政区文化企业的从业人员数量都有所增加，其中年均增长率高于全国文化企业平均水平的有17个。各地区年末从业人员数量增长率的差距也显得相对较大。这期间31个省级行政区增长率的平均值为6.1%，最大值为25.5%，最小值为－10.6%，标准差为7.2%，标准差系数亦达1.18。

表1　2013～2018年全国31个省区市文化企业年平均增长率

单位：%

地区	年末从业人员	营业收入	地区	年末从业人员	营业收入	地区	年末从业人员	营业收入
西藏	25.5	50.3	贵州	19.4	21.0	海南	10.2	15.4
新疆	8.7	28.8	湖北	17.5	19.9	云南	11.9	15.1

续表

地区	年末从业人员	营业收入	地区	年末从业人员	营业收入	地区	年末从业人员	营业收入
北京	6.0	14.9	上海	-0.5	6.4	天津	-10.6	-1.2
四川	12.0	14.3	江苏	4.2	6.1	广西	1.1	-1.4
陕西	12.0	14.1	河南	11.1	5.0	吉林	-0.6	-1.5
福建	7.7	12.5	山西	5.9	4.0	黑龙江	-1.0	-2.2
浙江	1.4	12.0	甘肃	3.3	3.8	辽宁	-4.4	-7.1
安徽	7.2	10.3	江西	2.3	3.5	青海	6.2	-8.8
宁夏	6.7	9.8	湖南	0.8	2.9	内蒙古	1.4	-10.8
重庆	14.4	8.2	山东	2.4	1.1			
广东	0.6	7.4	河北	5.8	-1.1			

二 2013年以来中国文化企业的结构变迁及特征

（一）规模（限额）以上企业在全部文化企业经济指标中的占比呈下降之势

由规模（限额）以下企业的增长相对较快所致，规模（限额）以上企业在全国文化企业主要经济指标中所占比重自然相应下降。其中，2018 年规模（限额）以上文化企业在全国文化企业年末从业人员数量、资产总计、营业收入中所占比重分别为 44.6%、59.3%、74.4%，比 2013 年分别降低了 4.1、1.0、2.0 个百分点（见表 2）。

表2 2013 年和 2018 年全国文化企业经济指标中规模（限额）

以上（以下）企业所占比重

单位：%

企业类别	年末从业人员		资产总计		营业收入	
	2018 年	2013 年	2018 年	2013 年	2018 年	2013 年
规模（限额）以上	44.6	48.7	59.3	60.3	74.4	76.4
规模（限额）以下	55.4	51.3	40.7	39.7	25.6	23.6
合计	100	100	100	100	100	100

（二）文化服务业作为我国文化产业首要成分的地位不断巩固

如表3所示，2013年以来文化服务业在全国文化企业主要经济指标中所占比重不仅逐年上升，而且大多占据绝对多数。其中，2018年文化服务业的营业收入、年末从业人员数量所占比重分别达到了65.4%、64.4%，比2013年依次提高了17.3、16.4个百分点。

表3 2013～2018年文化服务业在全国文化企业主要经济指标中所占比重

单位：%

经济指标	2013年	2014年	2015年	2016年	2017年	2018年
年末从业人员	48.0	49.8	52.1	54.7	58.7	64.4
营业收入	48.1	49.1	52.0	54.3	59.1	65.4

不仅如此，在全国规模（限额）以上文化企业的诸多经济指标中，文化服务业企业所占比重也呈逐年上升之势。其中，2018年其占全国规模（限额）以上文化企业数量、年末从业人员、营业收入、营业利润、利润总额的比重依次达到了67.4%、45.0%、57.3%、71.7%、71.8%，比2013年分别提高了11.1、11.1、15.3、21.8、19.4个百分点（见表4）。

表4 2013～2018年文化服务业企业在规模（限额）以上文化企业经济指标中所占比重

单位：%

经济指标	2013年	2014年	2015年	2016年	2017年	2018年
企业数量	56.3	58.4	59.3	62.8	67.1	67.4
年末从业人员	33.9	36.0	37.9	40.3	44.7	45.0
营业收入	42.0	42.7	45.5	47.4	52.5	57.3
营业利润	49.9	51.2	53.6	56.5	64.4	71.7
利润总额	52.4	53.0	55.5	58.3	64.8	71.8

（三）规模（限额）以上文化企业的产出和就业中核心文化企业居于多数

所谓核心文化企业，是指按照《文化及相关产业分类（2018）》，属于文化核心领域的企业，其包括新闻信息服务、内容创作生产、创意设计服务、文化传播渠道、文化投资运营、文化娱乐休闲服务6个大类；而属于文化相关领域的企业即为相关文化企业，其包括文化辅助生产和中介服务、文化装备生产、文化消费终端生产3个大类。如表5和图3所示，在规模（限额）以上文化企业中，2018年核心文化企业所占企业数量、年末从业人员、营业收入、营业利润、利润总额的比重均超过了50%，并分别达到了63.3%、53.7%、55.5%、73.3%、73.1%。

表5　2018年规模（限额）以上文化企业主要经济指标中各大类所占比重

单位：%

文化大类	企业数量	年末从业人员	营业收入	营业利润	利润总额
新闻信息服务	3.6	5.7	9.1	29.3	28.5
内容创作生产	20.2	22.6	20.4	24.1	24.0
创意设计服务	17.3	10.7	12.4	10.8	10.8
文化传播渠道	12.4	8.1	11.4	5.1	5.5
文化投资运营	0.6	0.4	0.5	2.2	2.2
文化娱乐休闲服务	9.3	6.1	1.7	1.9	2.1
文化辅助生产和中介服务	17.5	19.2	16.9	13.7	14.0
文化装备生产	4.6	8.1	9.4	5.8	5.8
文化消费终端生产	14.6	19.0	18.2	7.2	7.1
合计	100	100	100	100	100

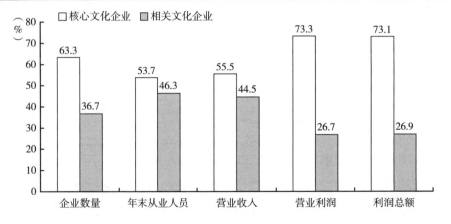

图3　2018年规模（限额）以上文化企业经济指标中核心文化企业所占比重

（四）规模（限额）以上文化企业各项指标中国有控股企业和外商控股企业占比趋于下降

表6显示，2013～2018年，在规模（限额）以上文化企业各项指标中，国有控股企业除年末从业人员占比上升了0.3个百分点之外，其余指标占比均出现了不同程度的下降。其中，2018年国有控股企业的企业数量、营业收入、营业利润、利润总额占比分别为11.6%、17.4%、17.0%、17.4%，比2013年分别降低了2.4、1.4、2.1、3.7个百分点。与此同时，2018年外商控股企业所占全国规模（限额）以上文化企业数量、年末从业人员、营业收入、营业利润、利润总额的比重依次为2.9%、7.6%、12.5%、8.0%、8.0%，也比2013年分别下降了2.3、3.6、2.4、3.4、3.2个百分点。

表6 2013～2018年全国规模（限额）以上文化企业各项指标中
不同控股类型企业所占比重

单位：%

不同类型企业	企业数量		年末从业人员		营业收入		营业利润		利润总额	
	2013年	2018年	2013年	2018年	2013年	2018年	2013年	2018年	2013年	2018年
国有控股	14.0	11.6	16.3	16.6	18.8	17.4	19.1	17.0	21.1	17.4
集体控股	2.5	1.3	3.2	1.7	2.8	1.8	2.3	1.0	2.3	1.0
私人控股	66.1	74.9	47.3	54.2	43.5	47.8	42.2	36.9	40.1	37.4
港澳台商控股	6.1	3.9	16.1	13.1	13.0	13.5	20.1	30.2	19.9	29.2
外商控股	5.2	2.9	11.2	7.6	14.9	12.5	11.4	8.0	11.2	8.0
其他	6.0	5.5	5.9	6.9	7.0	7.0	4.9	6.9	5.5	7.0
合计	100	100	100	100	100	100	100	100	100	100

另外，在全国规模（限额）以上文化企业中，2018年私人控股企业数量、年末从业人员、营业收入占比分别达到了74.9%、54.2%、47.8%，比2013年分别上升了8.8、6.9、4.3个百分点，但其营业利润和利润总额占比却分别比2013年下降了5.3、2.7个百分点。2018年港

澳台商控股企业数量、年末从业人员数量的占比虽有所下降，但其营业收入、营业利润、利润总额占比却分别比 2013 年提高了 0.5、10.1、9.3 个百分点。

三　2013 年以来我国文化企业的区域结构变迁及特征

（一）产出与就业的地区差异变化较小

2013～2018 年，各省、自治区、直辖市在我国文化企业年末就业人数和营业收入中所占比重大多无显著变化，我国文化企业产出和就业的地区差异格局也仅有较小变动。其中，文化企业营业收入在全国的占比变动未超过 0.5 个百分点的有 19 个地区，只有北京、浙江、湖北、福建、四川依次提高了 2.92、1.67、1.63、0.87、0.83 个百分点，而上海、河北、湖南、辽宁、江苏、天津、山东则分别下降了 0.57、0.65、0.85、0.94、0.95、0.95、2.63 个百分点；其间在全国文化企业年末从业人员数量占比变动未超过 0.5 个百分点的有 17 个地区，而湖北、河南、重庆、四川、福建、贵州、陕西依次上升了 2.17、1.63、1.04、1.02、0.78、0.62、0.57 个百分点，同时山东、辽宁、湖南、上海、浙江、天津、广东分别下降了 0.68、0.73、0.82、0.92、1.07、1.13、3.38 个百分点。

另外，与 2013 年相比，2018 年文化企业营业收入最大的前 6 个地区依然是广东、江苏、北京、浙江、上海、山东，2018 年它们合计占全国文化企业营业收入的比重为 65.79%，仅比 2013 年提高了 0.15 个百分点；而 2018 年文化企业年末从业人员数量最多的前 6 个地区则依次为广东、江苏、浙江、山东、河南、北京，只是 2018 年末它们合计占全国文化企业从业人员数量的比重为 54.59%，比 2013 年从业人员数量最多的 6 个地区（广东、江苏、浙江、山东、北京、湖南）的合计值下降了 3.93 个百分点（见表 7）。

表7　2013年和2018年全国文化企业就业和产出指标中各地区占比

单位：%

地区	年末从业人员		营业收入		地区	年末从业人员		营业收入	
	2013年	2018年	2013年	2018年		2013年	2018年	2013年	2018年
北京	5.37	5.82	7.65	10.57	湖北	2.66	4.83	2.31	3.94
天津	2.10	0.97	2.73	1.78	湖南	5.18	4.36	4.16	3.31
河北	2.60	2.79	1.88	1.23	广东	20.55	17.17	17.95	17.66
山西	0.87	0.94	0.37	0.31	广西	1.57	1.34	0.88	0.56
内蒙古	0.53	0.46	0.41	0.16	海南	0.31	0.40	0.26	0.37
辽宁	2.08	1.35	1.80	0.86	重庆	1.77	2.81	2.19	2.24
吉林	0.57	0.45	0.32	0.21	四川	2.40	3.42	2.41	3.24
黑龙江	0.62	0.48	0.33	0.20	贵州	0.64	1.26	0.31	0.55
上海	4.37	3.45	9.27	8.70	云南	1.00	1.42	0.62	0.87
江苏	11.74	11.67	13.26	12.31	西藏	0.06	0.14	0.03	0.15
浙江	8.04	6.97	7.86	9.53	陕西	1.36	1.93	0.90	1.19
安徽	2.91	3.33	2.69	3.03	甘肃	0.55	0.53	0.20	0.17
福建	4.55	5.33	3.63	4.50	青海	0.17	0.18	0.17	0.08
江西	2.90	2.63	2.14	1.76	宁夏	0.17	0.19	0.06	0.07
山东	7.64	6.96	9.65	7.02	新疆	0.35	0.44	0.18	0.45
河南	4.37	6.00	3.39	2.98	合计	100	100	100	100

（二）各地区规模（限额）以上文化企业的相对规模有一定程度变动，产出集中程度有所上升

2013～2018年，在全国规模（限额）以上文化企业年末从业人员数量中所占比重变动小于0.5个百分点的有21个地区，余下地区中湖北、陕西、北京、四川、福建、重庆的占比依次上升了2.18、0.87、0.79、0.78、0.61、0.50个百分点，而广西、天津、辽宁、广东的占比则分别下降了0.62、0.83、1.05、3.15个百分点。其间在全国规模（限额）以上文化企业营业收入中所占比重不超过0.5个百分点的有18个地区，余下地区中北京、浙江、湖北、福建、四川所占比重依次上升了3.28、2.45、1.46、0.99、0.92个百分点，而河北、天津、湖南、江苏、上海、辽宁、河南、

山东所占比重则分别下降了 0.56、0.71、0.78、0.83、1.05、1.06、1.22、2.66 个百分点。另外，在全国规模（限额）以上文化企业利润总额中所占比重不超过 0.5 个百分点的有 16 个地区，余下地区中浙江、广东、北京、四川、湖北、福建、上海所占比重依次上升了 5.78、2.48、2.44、1.89、1.89、0.84、0.64 个百分点，而广西、江西、河北、辽宁、湖南、河南、江苏、山东的占比则分别下降了 0.68、0.97、1.16、1.35、1.38、2.01、3.64、4.71 个百分点。

在此期间，规模（限额）以上文化企业营业收入最大的 6 个地区依旧是广东、江苏、北京、浙江、上海、山东，2018 年它们合计占全国规模（限额）以上文化企业营业收入的比重达到了 68.17%，比 2013 年提高了 0.96 个百分点；2018 年规模（限额）以上文化企业利润总额最大的 6 个地区依次为浙江、广东、北京、江苏、上海、福建，它们合计占比为 70.07%，比 2013 年利润总额占比最大的前 6 个地区（广东、江苏、浙江、上海、山东、北京）合计值高出 3.77 个百分点；2018 年规模（限额）以上文化企业年末从业人员数量最多的 6 个地区是广东、江苏、山东、浙江、北京、福建，它们合计占比为 59.41%，比 2013 年末从业人员数量最多的 6 个地区（广东、江苏、山东、浙江、北京、湖南）的合计占比降低了 3.12 个百分点（见表 8）。

表 8　2013 年和 2018 年 31 个省区市在全国规模（限额）以上文化企业经济指标中所占比重

单位：%

地区	年末从业人员		营业收入		利润总额		地区	年末从业人员		营业收入		利润总额	
	2013 年	2018 年	2013 年	2018 年	2013 年	2018 年		2013 年	2018 年	2013 年	2018 年	2013 年	2018 年
北京	5.52	6.31	8.05	11.33	8.26	10.70	黑龙江	0.32	0.36	0.23	0.14	0.16	-0.05
天津	1.94	1.11	2.66	1.95	2.78	2.31	上海	4.64	4.26	10.20	9.15	9.47	10.11
河北	1.89	2.01	1.59	1.03	1.70	0.54	江苏	13.35	12.97	13.11	12.28	14.12	10.48
山西	0.52	0.45	0.30	0.22	0.09	0.03	浙江	6.74	6.52	7.04	9.49	11.64	17.42
内蒙古	0.32	0.23	0.34	0.10	0.51	0.01	安徽	2.53	2.96	2.53	2.76	2.44	2.76
辽宁	2.33	1.28	1.84	0.78	1.60	0.25	福建	4.88	5.49	3.53	4.52	3.61	4.45
吉林	0.41	0.43	0.27	0.19	0.36	0.17	江西	2.23	2.58	2.01	1.66	2.56	1.59

续表

地区	年末从业人员		营业收入		利润总额		地区	年末从业人员		营业收入		利润总额	
	2013年	2018年	2013年	2018年	2013年	2018年		2013年	2018年	2013年	2018年	2013年	2018年
湖北	2.50	4.68	2.29	3.75	2.27	4.16	贵州	0.29	0.77	0.21	0.38	0.26	0.35
湖南	5.36	5.17	4.22	3.44	4.48	3.10	云南	0.73	1.06	0.53	0.78	0.79	1.20
广东	24.44	21.29	19.35	19.12	14.43	16.91	西藏	0.02	0.03	0.01	0.01	0.01	0.01
广西	1.76	1.14	0.95	0.51	1.02	0.34	陕西	0.70	1.57	0.66	1.09	0.85	0.94
海南	0.26	0.29	0.24	0.33	0.36	0.51	甘肃	0.21	0.25	0.12	0.12	0.10	0.04
重庆	1.35	1.85	1.94	2.04	1.34	1.42	青海	0.12	0.07	0.19	0.06	-0.07	0.01
四川	2.29	3.07	2.40	3.32	1.65	3.54	宁夏	0.11	0.13	0.04	0.05	0.05	0.03
山东	7.12	6.83	9.46	6.80	8.38	3.67	新疆	0.19	0.18	0.11	0.24	0.12	0.37
河南	4.94	4.67	3.57	2.35	4.66	2.65	合计	100	100	100	100	100	100

（三）粤、苏、鲁三省规模以上文化制造业及京、沪、粤、浙四地规模（限额）以上文化服务业的产出规模明显较大

如表9所示，2018年，广东、江苏、山东三省规模以上文化制造业的营业收入居前三位，它们所占全国规模以上文化制造业营业收入的比重依次为24.02%、15.32%、10.99%，合计值达50.33%；同年北京、上海、广东、浙江四地规模（限额）以上文化服务业的营业收入则处于全国前四位，它们所占全国规模（限额）以上文化服务业营业收入的比重依次为18.28%、14.81%、14.72%、12.23%，合计值更是高达60.04%。

表9 2018年全国规模（限额）以上文化制造业和文化服务业营业收入中各地区占比

单位：%

文化制造业						文化服务业					
地区	占比	地区	占比	地区	占比	地区	占比	地区	占比	地区	占比
广东	24.02	河南	2.83	吉林	0.11	北京	18.28	安徽	1.98	海南	0.31
江苏	15.32	天津	1.52	内蒙古	0.09	上海	14.81	河南	1.92	山西	0.28
山东	10.99	河北	1.30	黑龙江	0.08	广东	14.72	重庆	1.88	吉林	0.23
福建	7.81	北京	1.09	山西	0.07	浙江	12.23	陕西	0.96	甘肃	0.22
浙江	6.22	广西	0.96	宁夏	0.07	江苏	9.74	辽宁	0.89	黑龙江	0.16
湖南	5.39	陕西	0.92	青海	0.04	山东	4.57	云南	0.84	内蒙古	0.14

文化制造业						文化服务业					
地区	占比	地区	占比	地区	占比	地区	占比	地区	占比	地区	占比
四川	4.97	重庆	0.91	新疆	0.03	天津	2.91	河北	0.77	青海	0.12
安徽	3.74	云南	0.88	甘肃	0.02	湖北	2.71	江西	0.76	宁夏	0.04
湖北	3.34	辽宁	0.56	西藏	0.01	福建	2.60	广西	0.44	西藏	0.02
江西	3.05	贵州	0.32	合计	100	四川	2.59	贵州	0.43	合计	100
上海	3.05	海南	0.29			湖南	2.11	新疆	0.36		

四 盈利性：目前中国规模（限额）以上文化企业的首要问题[①]

尽管 2013 年以来中国文化企业总体上呈快速增长之势，但就已经披露的 2013～2018 年的数据来看，盈利状况不佳可以说是这期间规模（限额）以上文化企业成长所存在的首要问题。

（一）规模（限额）以上文化企业的总资产利润率逐步下降

2013～2018 年，我国规模（限额）以上文化企业的总资产利润率呈现波动中逐步下降的态势，2018 年降至 6.49%，比 2013 年下降了 2.26 个百分点。其中，2018 年规模以上文化制造业企业的总资产利润率为 6.73%，比 2013 年下降了 2.95 个百分点；当年规模（限额）以上文化服务业企业的总资产利润率为 6.39%，比 2013 年下降了 1.66 个百分点（见图 4）。令人费解的是，如前文所述，在 2013～2018 年规模（限额）以上文化服务业企业年末从业人员、营业收入、利润总额年平均增长率比规模以上文化制造业企业相应指标的年平均增长率分别高出 12.4、14.9、17.7 个百分点的同时，前者的总资产利润率竟一直低于后者，至 2018 年时仍有 0.34 个百分点的差距。

---

① 国家统计局并不披露规模（限额）以下文化企业的利润数据。

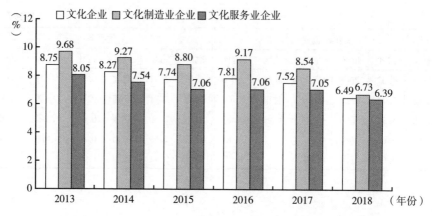

图4 2013～2018年全国规模（限额）以上文化企业的总资产利润率

（二）不同控股类别规模（限额）以上文化企业的总资产利润率均有所下降

如图5所示，在规模（限额）以上文化企业中，2018年全部六种控股类别企业的总资产利润率较之2013年均出现了不同程度的下降。其中，当年国有控股、集体控股、私人控股、港澳台商控股、外商控股、其他控股形式企业的总资产利润率分别为3.34%、1.68%、6.87%、14.60%、7.41%、6.48%，依次比2013年降低了2.08个、5.23个、3.99个、0.78个、0.74个、0.23个百分点。值得关注的是，2018年国有控股规模（限额）以上文化企业的总资产利润率不仅比2013年进一步下降，而且比当年全部规模（限额）以上文化企业的平均水平还低了3.15个百分点。

（三）多数大类核心文化企业的总资产利润率低于全部规模以上文化企业的平均水平

计算显示，2018年规模（限额）以上核心和相关文化企业的总资产利润率分别为6.75%和5.88%，前者比后者高0.87个百分点。尽管如此，在6个大类规模（限额）以上核心文化企业中，只有新闻信息服务、内容创作生产2个大类的总资产利润率高于规模（限额）以上文化企业的平均水平，

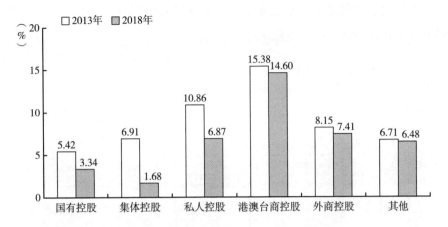

图5 2013~2018年不同控股类别规模（限额）以上文化企业的总资产利润率

其余4个大类的规模（限额）以上相关文化企业的总资产利润率都低于全部规模（限额）以上文化企业的平均值（见图6）。

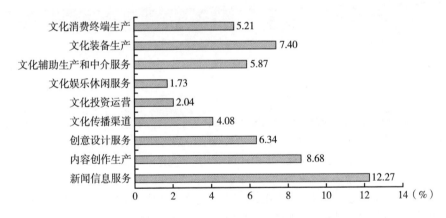

图6 2018年各大类规模（限额）以上文化企业的总资产利润率

（四）规模（限额）以上文化企业的亏损面进一步上升

亏损面即企业数量中亏损企业所占的比重。2017年，规模（限额）以上文化企业亏损面升至20%，比2013年提高了1.9个百分点。其中，当年规模以上文化制造业企业的亏损面为11.8%，比2013年上升了0.5个百分

点；当年规模（限额）以上文化服务业企业的亏损面高达24.1%，比2013年上升了0.8个百分点（见图7）。

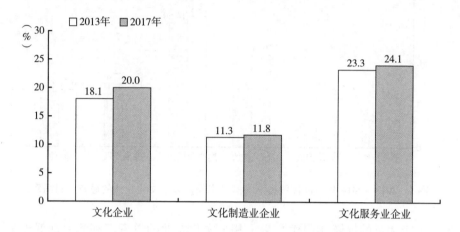

图7　2013～2017年规模（限额）以上文化企业亏损面

参考文献

国家统计局社会科技和文化产业统计司、中宣部文化体制改革和发展办公室编《中国文化及相关产业统计年鉴（2013）》，中国统计出版社，2013。

国家统计局社会科技和文化产业统计司、中宣部文化体制改革和发展办公室编《中国文化及相关产业统计年鉴（2014）》，中国统计出版社，2014。

国家统计局社会科技和文化产业统计司、中宣部文化体制改革和发展办公室编《中国文化及相关产业统计年鉴（2015）》，中国统计出版社，2015。

国家统计局社会科技和文化产业统计司、中宣部文化体制改革和发展办公室编《中国文化及相关产业统计年鉴（2016）》，中国统计出版社，2016。

国家统计局社会科技和文化产业统计司、中宣部文化体制改革和发展办公室编《中国文化及相关产业统计年鉴（2017）》，中国统计出版社，2017。

国家统计局社会科技和文化产业统计司、中宣部文化体制改革和发展办公室编《中国文化及相关产业统计年鉴（2018）》，中国统计出版社，2018。

国家统计局社会科技和文化产业统计司、中宣部文化体制改革和发展办公室编《中国文化及相关产业统计年鉴（2019）》，中国统计出版社，2019。

B.10
中国对外文化交流研究报告

蒋 多*

摘 要： 当前我国对外文化交流已进入全面发展时期，构建起覆盖全球的网络，初步形成了全方位、多层次、宽领域、多渠道格局。但是面对格局转换、体系变革的国际局势，我国应当抓住精准塑造和传播新时代中国国家形象的关键窗口期，寻求一种可持续、实效性强的对外文化交流模式：一方面调整传播理念，转换传播视角，更加注重文化交流内容的融入性、亲和力和满意度；另一方面，积极推动孔子学院和海外中国文化中心等文化交流平台转型，弱化政府的组织性、控制性的直接介入，发挥其灵活性、创新性和专业性，形成多元协同的传播格局，营造更加有利于中国经济社会全面发展的国际环境。

关键词： 对外文化交流 国际传播 文化"走出去"

当前，我国对外文化交流已进入全面发展时期，初步形成了全方位、多层次、宽领域、多渠道格局。本文立足于文化外交的传播学视角，结合政府机构、相关领域的权威统计数据以及海外受众反馈，梳理 2017 年和 2018 年（兼顾 2019 年）我国对外文化交流的总体情况和主要特征，剖析存在的突

---

* 蒋多，传媒经济学博士，中国传媒大学文化发展研究院助理研究员，主要研究方向为国际传播、传媒经济学、对外文化贸易。

出问题及其成因，为今后深入开展对外文化交流提出具有参考价值和可操作性的对策建议。

一 总体情况与主要特征

（一）以人文交流彰显中国特色文化外交理念

2017 年，中共中央办公厅、国务院办公厅印发的《关于加强和改进中外人文交流工作的若干意见》，是党和国家首次针对中外人文交流工作制定的专门文件，系统规划了新时代中外人文交流的指导思想、基本原则、工作重点、重大举措及工作机制等内容，提出将人文交流理念贯彻到对外交往的各个领域。

同年，中共中央办公厅、国务院办公厅印发《国家"十三五"时期文化发展改革规划纲要》，为提高文化开放水平专辟一章，要求统筹对外文化交流、传播和贸易，围绕加强国际传播能力建设、扩大文化交流合作、用好中外人文交流机制、发展对外文化贸易和投资、吸收借鉴国外优秀文化成果等五个方面提出了具体任务。

2017 年 10 月 18 日，党的十九大召开。"推动构建人类命运共同体"正式写入报告，明确了新时代中国特色大国外交的主导方向。这是党代会报告首次提出推进国际传播能力建设，为中外人文交流提供了重要指南。

回溯 2016 年底中央全面深化改革领导小组第二十九次会议审议通过的《关于进一步加强和改进中华文化走出去工作的指导意见》，并梳理近年来习近平总书记对国际传播能力建设发表的多次重要讲话，可以看出，随着我国逐渐走向世界舞台中央，我国参与国际事务的能力日益提升，人文交流作为长期、综合性、双向的社会进程，必将成为国家间良性互动的象征和助力，彰显中国特色文化外交理念，塑造国家的人文形象。①

---

① 俞沂暄：《人文交流与新时代中国对外关系发展——兼与文化外交的比较分析》，《外交评论（外交学院学报）》2019 年第 5 期。

（二）政府间合作机制与多边文化治理走向深入

2017～2018 年，我国继续深化与世界各国的政府间文化合作关系，为重大主场外交活动或国际会议而举办配套人文交流活动逐步机制化、常态化，成为国家元首外交的有机组成部分。

在亚洲国家范围内，通过积极践行"以邻为伴、与邻为善"的周边外交方针和"亲诚惠容"的周边外交理念，对外文化交流取得重要进展。两年来，我国与越南、韩国、印度尼西亚等国家的高层互访配套文化活动效果良好。中日韩、东盟与中国（10＋1）、东盟与中日韩（10＋3）、澜湄次区域等区域文化交流合作扎实推进。中日邦交正常化 45 周年、"中孟友好交流年"等特殊年份交流项目实施顺利。与泰国、柬埔寨、老挝、缅甸、越南、印尼、新加坡、文莱、巴基斯坦、印度、蒙古国等国的文化部门互访互动频繁。"东亚文化之都""亚洲艺术节""文化睦邻工程"等重点品牌活动和旗舰项目更加系统化。

截至 2017 年，我国已与 157 个国家签署文化合作协定，累计签署文化交流执行计划近 800 个，并深化与俄、美、英、法、德、南非、印尼、欧盟等的高级别人文交流机制。[①] 2018 年，以文化和旅游双多边交流机制及高级别人文交流机制为抓手，我国与冈比亚、巴拿马、西班牙、尼日利亚等 18 国签署文化协定或执行计划，推动与世界各国的文化和旅游交流与合作。

此外，我国还参与了联合国教科文组织《保护非物质文化遗产公约》《保护和促进文化表现形式多样性公约》的修订和实施。通过参与文化领域国际规则的制定，彰显国家文化自信，提升国际文化话语权，促进中华文化与世界文化的深度交融和共同发展。

（三）"一带一路"人文交流成果稳步落地

2017～2018 年，"一带一路"人文交流作为中国特色文化外交工作的重

---

① 《改革开放 40 年：中国对外文化交流取得丰硕成果》，http://travel.people.com.cn/n1/2018/1029/c41570－30367744.html，最后检索时间：2020 年 5 月 5 日。

要组成部分，在政策、资金、机制、人才等多方面落实规划，路线图日渐清晰，系统性、整体性、协同性逐步增强。

截至2018年，我国已与全部"一带一路"沿线国家签订政府间文化交流合作协定，在51个沿线国家设立134所孔子学院和130个中小学孔子课堂，在"一带一路"沿线国家设立17个海外中国文化中心，与53个沿线国家建立起734对友好城市关系，与24个沿线国家签订学历学位互认协议，与24个沿线国家实现公民免签或落地签，与包括"一带一路"沿线国家在内的50多个国家签订相互翻译对方文学经典作品的协定，与43个沿线国家实现空中直航，每周约4500个航班。实施丝绸之路专项奖学金计划，每年向相关国家提供1万个政府奖学金名额。①

与此同时，通过共建"一带一路"，"感知中国""中国文化年""欢乐春节"等品牌活动的影响进一步扩大，丝绸之路影视桥、丝路书香工程深入推进。各种以丝路为主题的艺术节、博览会、剧院联盟、博物馆联盟、图书馆联盟、美术馆联盟等重点交流品牌助力沿线国家民心相通。丝绸之路电影节、金砖电影节、上合电影节等相继发起，推动电影成为"一带一路"人文交流的黏合剂。

（四）对外文化交流品牌塑造行深致远

根据文化和旅游部的年度统计，2017～2018年，我国对外文化交流项目无论是数量还是参与人次都保持稳中有升的态势。2017年全年经文化系统审批的对外文化交流项目3054项，63961人次参加；对港澳文化交流项目496项，12567人次参加；对台文化交流项目342项，6428人次参加。2018年全年经文化系统审批的对外文化交流项目3383项，66734人次参加；对港澳文化交流项目490项，11411人次参加；对台文化交流项目311项，3642人次参加。②

---

① 张耀军、李晴：《人文交流推动共建"一带一路"跨越文化差异》，http：//world. people. com. cn/n1/2019/0416/c1002－31032931. html，最后检索时间：2020年5月5日。

② 文化和旅游部：《2018年文化和旅游发展统计公报》，http：//zwgk. mct. gov. cn/auto255/201905/t20190530_ 844003. html? keynords＝，最后检索时间：2020年5月5日。

"文化年""国家年""交流年"等各类大型国际文化活动成为促进政府间文化交流合作的常态化机制。2012～2017年，我国在五大洲共举办30余次大型中国文化年（节）系列活动。由中墨两国文化部、中国驻墨西哥大使馆和墨西哥中国文化中心共同举办的2017年墨西哥"中国文化年"，成为两国建交45周年之际最受瞩目的亮点活动，也是中墨文化关系发展史上的一大盛事。2018年，在阿维尼翁戏剧节、爱丁堡艺穗节等节展框架下举办"聚焦中国"系列活动，在美国、加拿大、俄罗斯、尼泊尔等国举办文化年（节）活动，进一步塑造"中国年节"形象品牌。

"欢乐春节""东亚文化之都""中非文化聚焦""拉美艺术季""相约北京"等国际性文化品牌活动，不仅赢得了更多国家更多受众的关注，而且通过不断探索文化交流内容与形式的创新，进一步向世界传播中华文化。

（五）以阵地思维推进文化交流平台建设

2017～2018年，海外中国文化中心通过创新建设思路，引入地方政府和社会力量，实现加速扩张。2018年是海外中国文化中心建设的第30个年头。随着拉巴特中国文化中心的揭牌和里加中国文化中心的运营，海外中国文化中心总数在30年里达到了37个。2017年，各中心共举办文化活动3000余场，直接参与人数为450万人次，培训学员逾3.5万人次。自2017年开始，海外中国文化中心每年5月至6月和中秋节期间全球联动举办"中国文化周"和"天涯共此时"中秋节活动，实现聚点成网。2018年，各中心举办近3300场活动，平均每个中心举办活动近百场，直接受众达800余万人次，驻在国副部级以上官员出席的活动近390场。①

孔子学院以语言教育为媒，架起各国人民相遇相知的桥梁，形成当今的全球性网络，并创造了世界范围内前所未有的"汉语热"。截至2017年，全球已有67个国家通过颁布法令政令等方式，将汉语教学纳入国民教育体

---

① 宋佳烜：《海外中国文化中心：三十年，恰是风华正茂》，http：//epaper. ccdy. cn/html/2019－01/28/content_ 251535. htm，最后检索时间：2020年5月5日。

系。170 多个国家开设汉语课程或汉语专业。各国开设汉语专业的学校共3302 所，开设汉语学分课的学校共 5356 所。除中国（含港澳台）之外，全球学习使用汉语的人数达到 1 亿，包括 6000 多万海外华人华侨，以及 4000多万各国主流社会的学习和使用者。截至 2019 年 9 月 30 日，全球已有 158个国家（地区）设立了 535 所孔子学院和 1134 个孔子课堂。①

借助孔子学院和海外中国文化中心的平台效应，国际汉学交流和中外智库合作越发深入。通过搭建中外深层次思想对话平台，促进中外智库和学界交流，中国文化价值理念的国际影响力日益增强。

（六）"走出去"内容多元化格局形成

经过多年发展，我国文化"走出去"在内容层面主要由三部分构成：图书、影视剧节目、演艺、艺术与工艺美术等文化产品和服务；汉语、中医药、武术、书法、美食、民俗以及非物质文化遗产等中华传统文化内容；网络文学、动漫游戏、数字音乐、短视频、直播等数字文化内容。这三部分互为表里、相辅相成、彼此融合，共同形成了国际舞台上的中华文化标识。

1. 图书

随着中国图书对外推广计划、经典中国出版工程、丝路书香工程、外国人写中国计划等一系列对外出版重点工程的持续深入，出版"走出去"逐渐形成产品、技术、资本、IP、作家、机构齐头并进的新格局。以丝路书香工程为例，自 2015 年实施以来，资助项目语种已经从最初的 30 个增加到2018 年的 42 个，4 年间增加了 40%。2018 年，我国有 224 个出版机构与 83个国家的超过 200 个机构签署了版权输出协议，同时有 168 个国内机构与53 个"一带一路"相关国家的超过 130 个机构签署版权引进协议，国内机构遍布全国内地除甘肃和青海以外的 29 个省级行政地区。② 2015～2018 年，

---

① 孔子学院总部/国家汉办官方网站，http：//www. hanban. org/confuciousinstitutes/node_10961. htm，最后检索时间：2020 年 5 月 5 日。
② 《2814 种"一带一路"主题图书涉及 23 种语言》，http：//www. xinhuanet. com/book/2019 -07/31/c_ 1210222502. htm，最后检索时间：2020 年 5 月 5 日。

承担丝路书香重点翻译资助项目的国内出版机构从 84 家增加到 158 家，年增幅达 10% 以上；已经完成翻译出版任务的国外出版机构达到 119 家，成为我国图书在当地市场的重要"代言人"。

2. 影视

2016～2019 年，中国先后与俄罗斯、中东欧、东盟三个国家/国际组织联合开展媒体年活动。截至 2018 年，"丝绸之路影视桥"工程已实施 5 期，共申报项目 873 个，其中，推进实施项目 400 多个，包括大型合作采访、精品节目制作、合作合拍、节目译制播出、境外播出平台搭建、技术交流等。2018 年，"中非影视合作工程"升级为"中非影视合作创新提升工程"，已有 37 个国家与中国签署"一带一路"合作协议，完成 200 多部中国优秀影视作品的英语、法语、斯瓦希里语、豪萨语等多国语言的配译工作，实现在非洲 40 多个国家播出。截至 2018 年，中国已与 21 个"一带一路"国家签订电影合作协议，与新西兰、印度等"一带一路"国家签署视听合拍协议。2018 年，我国还与"一带一路"沿线国家探索建立了"电视中国剧场"《丝路时间》等播出平台。①

3. 演艺

根据中国演出行业协会统计，2017～2018 年，我国文艺表演团体赴海外演出收入持续增长，以交流性演出为主体。2017 年，文艺表演团体赴海外演出收入为 29.87 亿元，同比上升 8.43%，但商演比重依然很低，占赴海外演出总场次的 38.1%。2018 年，文艺表演团体赴海外演出收入为 31.86 亿元，较 2017 年增长 6.66%；其中，商业演出场次 0.20 万场，收入 12.97 亿元，比上年增长 4.76%。② 从演出类型来看，舞蹈、杂技表现最为抢眼。从中芭、上芭的中国芭蕾到民营现当代舞团，中国舞蹈的国际市场影

---

① 朱新梅：《"一带一路"倡议下，广播电视国际合作的成果和启示有哪些?》，http：//k. sina. com. cn/article_ 6373551391_ 17be4ad1f01900fue9. html，最后检索时间：2020 年 5 月 5 日。

② 中国演出行业协会：《2018 中国演出市场年度报告》，http：//www. capa. com. cn/news/showDetail/143427，最后检索时间：2020 年 5 月 5 日。

响力持续增长。由于拥有国际一流的杂技技巧节目，国内杂技团体的主要市场是海外。2018 年中国演艺产品海外商演中杂技类项目占比近 40%，是中国文化"卖出去"的主力军。

4. 网络文学

2018 年，中国网络文学作品海外输出数量累计已达 11168 部，覆盖日、韩、东南亚、北美、欧洲等多个国家。2018 年底，阅文集团旗下海外门户起点国际（Webnovel）累计访问用户超 2000 万人次，海外作者已超 12000人，共审核上线原创英文作品 19000 余部，累计产生评论量超 370 万条。2019 年，世界最大的中国网络文学翻译平台 Wuxiaworld 每月超过 400 万读者访问，用户来自全球 100 多个国家和地区。从海外出版授权到海外平台搭建与网络文学内容输出，再到原创内容上线及 IP 输出，中国网络文学海外传播正在迎来新的发展阶段。①

5. 游戏

2017 年，中国自主研发网络游戏海外市场实际销售收入达 82.8 亿美元，同比增长 14.5%。2018 年达 95.9 亿美元，同比增长 15.8%。2019 年上半年达 55.7 亿美元，同比增长 20.2%，高于自主研发游戏国内市场收入增速。中国游戏企业近两年加快拓展全球市场的步伐，或与海外渠道建立稳定合作关系，或收购、自建平台聚拢用户，从而全面布局国际市场。②

6. 短视频

凭借着碎片化、低门槛和高传播特性，以抖音、快手为代表的短视频 App国际化进程加速。2017 年 8 月 8 日，抖音正式"出海"，化名 TikTok，在东南亚、日韩以及印度市场，其用户规模处于领先地位，2018 年 8 月与北美短视频平台 Musical. ly 合并之后，用户覆盖全球 150 多个国家和地区。2018 年，抖音 TikTok 在苹果商店下载量高达 4580 万次，超越 Facebook、Youtube 成为全

① 《〈2018 中国网络文学发展报告〉发布》，http：//culture. people. com. cn/n1/2019/0810/c429145 - 31287235. html，最后检索时间：2020 年 5 月 5 日。

② 中国音数协游戏工委、中国游戏产业网：《中国游戏产业发展报告》（2017 - 2019），http：//www. cgigc. com. cn/gamedata/index. html，最后检索时间：2020 年 5 月 5 日。

球下载量最高的 iPhone 应用。另一短视频巨头快手也在全球 10 余个国家和地区推出海外版 Kwai，先后登陆土耳其、俄罗斯、韩国、巴西等地的应用市场。此外，由中国网易与非洲最大的智能手机商传音公司共同打造的短视频 App Vskit 2018 年用户总数突破 1000 万，视频总数量超过 200 万，签约非洲本土网红数量近 500 人，以东非的肯尼亚、坦桑尼亚，西非的尼日利亚、科特迪瓦以及南非为据点，辐射周边 27 个非洲国家，语种包括英语、法语、斯瓦希里语、阿姆哈拉语等多种非洲本土语言，成为"非洲版抖音"。[①]

二　突出问题及其成因

（一）对外文化交流导向有待调整

长期以来，"从我出发、以我为主、为我所用"的模式思维决定了对外文化交流大多追求场面隆重、声势宏大、气氛热烈。但是，集中运动式交流和一切服务于政治出访活动的意图，往往容易削弱文化交流的真正本质，缺乏长效机制，发展后劲不足。过于浓厚的政治色彩和宣传思维也不利于传播效果的提升，容易给人留下一种刻板、空洞和生硬、僵化的不良印象。与此同时，我国对外文化交流长期重投入轻产出，甚至只顾投入、不问产出，缺乏受众层面的反向思考，由此引发的问题是具有传导性和结构性的。

以丝路书香工程重点翻译资助项目为例，我们发现，2015～2018 年获得资助的出版物总数为 1918 种，从主题来看，政治、文化、文学、经济、历史、少儿图书出版数量最多，合计占比高达 89%，其中，政治主题图书的总数最多，达到 443 种，而且在各年度所占比重也都最高。相反，工业、地理、医学、建筑、农业、科技等较少意识形态特征和接受障碍的主题图书合计占比只有 8.7%，法律、艺术、哲学、教育、宗教等更能体现文化价值

---

① 刘丽媛：《风靡世界，中国短视频征服全球还差几步？》，http://www.sohu.com/a/307612044_750267，最后检索时间：2020 年 5 月 5 日。

观和精神世界的主题图书合计占比仅为2.3%。而从亚马逊线上书店的实际销售数据来看，实用类图书在中国主题图书中合计占比高达59.9%，主要包括参考书、童书、商业与财富、计算机技术、饮食与健康、旅游等，在畅销书排行榜上名列前五并且获得较高星级评价的均为中医、气功、汉语学习及考试用书，可以看出，海外读者对中国主题图书的阅读需求还停留在将他者文化当作知识理解与兴趣满足的层面，未能实现跨文化交流的"互惠性理解"，也反映出外交导向和传播导向之间存在的冲突对市场效应产生了一定的负面影响。① 因此对外文化交流亟须强化"走出去"的市场导向，形成成本意识，避免盲目追求数量和范围而不顾资金、人力投入。强化"走出去"的可持续性，更加围绕"受者"而不是"传者"展开，注重文化交流内容在当地的融入性、亲和力和满意度。

（二）对外文化交流内容创新迫在眉睫

文化折扣始终是阻碍我国对外文化交流走向深入的瓶颈。这种折扣产生的根源在于对文化传播内容各要素构成及其关系的认识和理解不到位，最突出的就是极大地局限于传统民间文化内容。这些内容源于生活、基于生活，具有很强的草根性，具有一定的大众性和亲和力，易于被理解、体验与接受，但缺乏思想上的高度与持久的吸引力，导致国外民众对中华文化的了解和认知大多还停留在功夫、美食、服饰等具象和器物层面，对中华文化思想观念和价值观等基本不了解。

值得深思的是，当我们在大力传播中国传统民间文化的时候，海外民众真正切实接触到的，特别是通过本国具有广泛受众面、良好公信力与较高影响力的媒体所认知的，99%都是与我国国民生活及生存质量息息相关的政治形势、市场经济、社会现象、民生社稷等内容。恰恰这方面在文化传播和思想交流意义上的价值没有得到我们应有的重视，既谈不上提炼和挖掘，又对

---

① 张岩、何珊、梁耀丹：《中国主题图书海外销售状况分析——以亚马逊"中国书店"数据为基点》，《中国出版》2017年第7期。

相关负面报道多采取回避态度，因而在内容表达上显得支离破碎，还常常引发对于中国文化形象和内涵认知的偏见和误解。

（三）对外文化交流媒介整合不足

评价对外文化交流成功与否的关键在于国际传播效果的优劣。启动已经十年的我国国际传播能力建设，在满足了传统媒体软硬件设施建设的需要之后，问题已经凸显。

首先，随着中国对外交流日益扩大和深化，商贸、旅游、居住等各种规模形式的人际交往正在发挥远大于媒体的传播能力，并制约着中国媒体的国际传播效果。

其次，互联网技术催生的一系列社交媒体以即时性、碎片化的姿态出现在国际舆论场，无论是微博、微信还是短视频、直播，都已经成为各国媒体涉华报道的重要信息来源，从而塑造着国外受众对华印象和态度。

最后，我国尚处在西强我弱的国际文化传播机制之中，从观念层面看，在战略传播的思想认识、组织规划、制度安排、体制设计、理论研究等方面均比较薄弱，缺乏整体性传播或"大传播"的概念。从实践中看，无论是政府部门还是媒体，大多各自为政，彼此缺乏呼应、协调与管理，造成部门分割比较严重，对外传播资源比较分散，缺乏总体布局，出现重复建设、成本高企等问题。[①]

（四）对外文化交流载体亟须转型

我们熟知的德国歌德学院、法国法语联盟、英国文化协会、西班牙塞万提斯学院、日本国际交流基金会等，都是担负着塑造国家形象、传播本国文化职能的非政府组织。从数量、覆盖范围和规模来看，我国对外文化交流载体多为具有政府背景的准官方机构。最典型的就是孔子学院和海外中国文化中心。

---

① 程曼丽：《新时代对外传播的基本趋势与特征》，http：//ex.cssn.cn/djch/djch_ djchhg/ wlaqyscyl_ 112320/201806/t20180622_ 4374824. shtml，最后检索时间：2020 年 5 月 5 日。

面对由服务于国家利益和西方价值观的大众媒体与快速引爆负面话题的社交媒体所构成的国际舆论环境，孔子学院近几年在欧美国家遭遇了一系列瓶颈：所在国或地区发展所带来的不确定性，使得孔子学院的全球发展步伐放缓；布局及合作办学方的选择，受到其他国家和机构举办意愿和条件的制约，存在不均衡、不充分的问题；在发展目标、教学活动、师资配备、教材配送、办学经费等方面总体不足，单向输出痕迹较重，创新发展空间有待拓展；等等。

与孔子学院相比，海外中国文化中心先发后至，正值快速发展的关键时刻。与孔子学院以语言教育为主不同，海外中国文化中心更加强调文艺交流，更多地采用外交渠道，官方色彩较浓，虽与国际通行的公共外交模式一致，但多年来进展缓慢，不温不火，虽没有引起过多的批评，但在他国民众中影响还比较小。

三 对策建议

（一）转变文化交往主体角色与功能

在坚持高级别人文交流机制的同时，从过去政治家的文化外交扩展到包含政治家、政府部门、智库等社会组织、经济文化主体，甚至是公民个体在内均广泛参与的人文交流，逐渐弱化政府的组织性、控制性的直接介入，更加注重发挥社会的主动性和潜力，可以从中央政府层面制定系统的对外文化传播战略，有计划、分阶段、有步骤地进行，在总体战略目标之下，确定政府相关部门具体的实施计划，以保证部分与整体形成合力。

同时，将非政府组织工作纳入文化外交体系之中，由非政府组织做对外文化交流的主角，大力发挥其灵活性、创新性和专业性，尤其是利用其在海外强大的人际网络，不断开拓新的对象、区域和领域。通过与政府签订合作协议的方式，或提供资金支持，以保障正常运作；或通过跨部门协同，整合相关资源，以增加在国际社会的"知名度"和"可读性"。①

---

① 唐虹：《非政府组织和对外文化交流——以英国、法国和德国的经验为例》，《欧洲研究》2009 年第 2 期。

只有当媒体、智库、民间机构、文化团体、社交平台和公众等都参与到文化交流中来，建立合理的联动机制与合作关系，才能真正从单纯追求国家正面形象建构转向形成良好的舆论环境和友好话语体系，增进外国公众对我国的了解，改善对我国的民意，进而影响外国政府对我国的政策。

（二）深化对外文化交流平台改革

进一步明确海外中国文化中心作为公共外交平台的角色功能。首先，以高品质的文化区别于一般性文化交流活动，积极审慎地参与到各种涉及思想、价值观的文化讨论与中国话语的构建中，把握柔性节奏，以免造成威胁感。其次，利用国内文化机构和海外社团组织等合作方的各自优势，发掘经济资源，追求市场的合作共赢，同时警惕并抑制商业性机构的营利冲动。最后，充分利用新媒介渠道如网站、社交媒体等，加强与公众的互动，"活"起来、"活"下去。[①]

加快推进孔子学院转型，探索对外文化传播的整合路径。首先，积极把握中国国情话语权、肩负话语责任，有理有利有节地表达中国态度和主张。其次，加强对各国发展形势和环境的研判分析，以此指导全球布局，形成快速预测风险和处理危机的能力。最后，与海外跨国公司、中资企业、本土企业、华人组织以及各种民间文化交流机构、社区服务中心开展深入合作，在教学目标、内容、形式、地点等各方面更加多样化、特色鲜明和融入本地生活，满足各类群体的汉语学习需求。[②]

（三）推动民间交往发挥纽带作用

民间交往是跨文化对话和深层次交流的真正主体，是在政府主导和企业市场行为之外中国文化全球推广的重要力量，要想发挥民间交往的积极作

---

① 郭镇之、李梅：《公众外交与文化交流：海外中国文化中心的发展趋势》，《对外传播》2018 年第 2 期。

② 李宝贵：《新时代孔子学院转型发展路径探析》，《云南师范大学学报》（哲学社会科学版）2018 年第 5 期。

用，需要多方面投入和努力。

第一，扶持和发展各类文化中介机构和文化营销组织，将文化交流与外交、经贸、科技、教育、旅游、体育等各领域各方面工作结合起来。

第二，进一步凝聚旅居海外、心系祖国的华人、华侨、留学生等开展民间友好工作，网罗既了解海外市场又了解中华文化并熟悉海外文化传播事务的人才，讲述中国故事，阐发中国声音，以民促官，官民并举。

第三，大力支持海外的中国研究，除了过去一直进行的奖学金计划之外，还应当在新兴市场国家和"一带一路"沿线国家发掘知华友华力量，以母语写作和本土传播的方式，在学术研究的基础上客观准确地传播中国国情文化，消除隔阂，增进了解，营造良好舆论环境。

第四，发挥人文交流智库的专业特色和协同效应，为人文交流合作机制的设立、发展和完善提供科学的决策基础和智力支持，促进智库在政府顶层设计和民间决策咨询机制中的积极作用。

（四）深耕受众群体，实现本土化传播

综合运用大众传播、群体传播、人际传播等多种方式，实行差异化、有针对性的传播策略和多元化、多维度、多层次的传播战略，从单向输出到合作生产，再到建设全球化布局，整合在地资源，实现本地化传播。

首先，转变思维方式，把文化交流置于国际传播导向之下，以受众利益与需求为核心，尤其是对于文化传播具有重要影响的"关键受众"，遵循求同存异的原则，寻找兴趣和利益的契合点和最大公约数，增加中国文化的亲和力和接受度，减少文化交流中的不适和冲突。

其次，全面布局5G时代的数字文化内容，在坚持交流互鉴的同时，借助新兴媒体技术手段，获取全球年轻受众对中国文化的正面认知和客观评价，使对外文化交流更具感染力和说服力，建立更有辨识度的国家形象。

最后，关注海外有影响力的舆论监测机构和主流媒体，探索建立多角度比对、主客观调查相结合的受众研究和效果评估机制，减少跨文化交流背景下对国家形象的负面效应，使中国国情文化得到更多的理解。

古以文载道，今以文聚力。面对格局转换、体系变革的国际局势，应当抓住精准塑造和传播新时代中国国家形象的关键窗口期，寻求一种可持续、实效性强的对外文化交流模式，营造更加有利于中国经济社会全面发展的国际环境。

参考文献

程曼丽：《国际传播能力建设的协同性分析》，《电视研究》2014 年第 6 期。

蒋多：《破题对外文化交流的"文化折扣"》，《中国文化报》2019 年 12 月 2 日。

单波：《跨文化传播的问题与可能性》，武汉大学出版社，2010。

王辉：《新时代孔子学院的发展路径》，《中国社会科学报》2019 年 3 月 5 日。

王润珏、胡正荣：《真实、立体、全面：我国主流媒体的国际传播与国家形象塑造》，《出版发行研究》2019 年第 8 期。

许慈惠、蔡妍、曾婧：《国情文化视域下我国对外人文交流的现状与反思——基于孔子学院和日本国际交流基金会的比较研究》，《云南师范大学学报》（对外汉语教学与研究版）2017 年第 2 期。

张泗考、张骥：《我国对外文化交流战略能力提升研究》，《河北大学学报》（哲学社会科学版）2016 年第 2 期。

产 业 篇

Industry Reports

B.11
中国新闻出版业融合发展研究报告

刘建华　郝天韵*

摘　要：　本文在梳理分析我国新闻出版产业融合发展现状和特点的基础
上，剖析强调了原创能力、市场意识、版权保护、新技术融
合、投入产出等迫切需要解决的问题，对未来融合发展趋势进
行了研判：以人民为中心的新闻出版导向不断强化；深化体制
机制改革，以社会效益为首位的两个效益日益凸显；完善公共
服务体系，数字全民阅读成为社会常态；全面发力供给侧改革，
高质量出版是出版业的不二选择；积极利用新技术，融合发展，
打造全媒体；建设全产业链，图书发行与印刷朝智能化推进；新

* 刘建华，中国人民大学传媒经济学博士，中国社会科学院哲学所博士后，中国新闻出版研究
院传媒研究所执行所长、研究员，主要研究方向为新闻舆情理论、媒体融合、书法符号传播
与文化产业；郝天韵，《中国新闻出版广电报》产业与深度报道部记者，主要研究方向为出
版融合与文化产业。

闻出版业集群化发展不断推进，出版集团是新闻出版业的中流砥柱；加大出版基金资助力度，"走出去"迎来新高潮。

关键词： 新闻　出版　融合发展

本报告以传统新闻出版业为研究对象，重点研究在智能技术、数字技术、网络技术与移动技术背景下，新闻出版业融合发展的现状、问题与发展趋势。本报告具体研究对象包括图书期刊、报纸、出版，出版物的发行、印刷、进出口，以及版权管理及贸易等新闻出版行业状态，当然，这些传统新闻出版行业中包括了各自进行融合改革发展转型所产生的各种新媒体业态。本报告的数据主要来源于中国新闻出版研究院的《中国新闻出版统计资料汇编》，同时也通过互联网、调查公司、课题组问卷等多种渠道及形式获取数据。

一　我国新闻出版产业发展概况

（一）经济总量稳步提升，图书出版规模增速明显

2019 年 8 月 21 日，习近平总书记视察读者出版集团既体现出中央领导对出版业的关怀，也为出版企业未来的发展指明了方向：为人民提供更多优秀精神文化产品。在习总书记系列讲话精神指引下，在中宣部的正确领导下，全国出版业坚持围绕中心，服务党和国家事业大局，坚持改革开放，坚持守正创新，不断增强"脚力、眼力、脑力、笔力"，努力提质增效，促进出版业高质量发展，取得了可喜的成绩。中国新闻出版研究院相关报告显示[①]，我国新闻出版业 2018 年实现营业收入 18687.5 亿元，利润总额达1296.1 亿元，资产总额为 23414.2 亿元。出版新版图书 24.7 万种，重印图

---

① 本报告数据来源于中国新闻出版研究院内部资料《2018 年新闻出版产业分析报告》，下同。

书27.2万种，定价总金额2002.9亿元。总印数100.1亿册（张），均比上年有较大增长。我国在2018年共有期刊10139种，营业收入达到199.4亿元，比上年略有增长。我国在2018年共出版报纸1871种，营业收入为576.0亿元，利润总额为33.0亿元，比上年均有较大下滑。我国印刷复制业在2018年的营业收入为13727.6亿元，利润总额为835.2亿元，营业收入虽有增长，但利润总额不升反降，行业经营压力较大。我国出版物发行网点2018年共有17.2万处，营业收入有较大增长，为3116.3亿元。我国2018年共输出版权12778项，主要是图书、音像制品和电子出版物等版权，这几类版权达到11830项，图书版权输出比上一年有近2%的增长。2018年在版权引进方面，一共有16829项，有16602项为出版物版权，出版物版权引进量降低了8%。大体而言，我国新闻出版产业经济总量有所提升，其中图书出版表现突出，然而报纸出版、印刷复制业，以及出版物发行都出现一定程度减少。

（二）出版传媒集团资产规模继续扩大

近年来，出版传媒集团是出版行业的中流砥柱，发展势头迅猛。目前，我国共有26家出版传媒集团，图书出版集团为40家，报刊出版集团为47家，发行集团为28家，印刷集团为11家，这些出版集团紧抓政策、技术与资本机遇，不断实现融合创新发展，已成为不断自我革新、极具行业生命力的文化产业集团。将来，出版业还会进一步集聚发展，每个出版传媒集团都朝产业链的上下游环节延展，致力于成为生态链文化产业集团。纳入统计的119家出版传媒集团在2018年的营业收入为3513.7亿元，比上年有所下降。资产总额达到7544.6亿元，实现了7%的增幅。出版传媒集团的利润总额实现了近5%的增长，达到319.5亿元。

（三）融合创新升级加速，资本运营程度进一步提升

网络技术、数字技术、移动技术和智能技术的不断革新，给新闻出版业既带来较大挑战，也带来了极好发展机遇。出版与科技、出版与金融、出版

与资本的融合发展升级加速，出现全行业发展蓝海。大多数出版传媒集团以重大出版融合平台项目为抓手，将新技术应用到数字出版领域，推动数字化转型升级，为市场提供了大批 MPR 复合出版物、富媒体图书等新型出版物，全媒体出版能力已经形成。编辑出版、印刷、发行等各个环节加快推进企业信息化建设，积极拥抱互联网大数据与智能技术，新闻出版的线上与线下两个生产和消费市场实现了充分融通。新闻出版在资本运营方面不断加速，出版传媒上市公司营业收入稳步增长，新媒体公司、发行公司整体营业收入不断增长。在内地上市的出版传媒类上市公司 2019 年第三季度报告显示，25家出版、发行、新媒体上市公司 2019 年前三季度销售收入平均增长 3.7%。新媒体公司的表现较为抢眼，北京昆仑万维科技有限公司、掌阅科技股份有限公司、浙报数字文化集团股份有限公司、北京掌趣科技股份有限公司、中文在线这 5 家新媒体公司是新闻出版融合发展的轻骑兵，2018 年，5 家企业市值达到 460.3 亿元，营业收入达到 102.5 亿元，比上年有较大增长。

二 我国新闻出版业融合发展的特点

（一）内容生产高质量发展，精品力作持续推出

自从党的十八大以来，我国新闻出版业在数量上稳步增长，大力实施和发展精品战略，并且持续地进行新闻内容生产创新，各类图书精品力作不断推出。一是主题图书的出版成效显著。围绕着以习近平同志为核心的党中央治国理政新理念和新思想新战略、经济发展的新常态和结构性改革、社会主义核心价值观，抗日战争暨世界反法西斯战争胜利 70 周年等重大事件，出版了一批受广大读者喜爱的图书。比如《毛泽东年谱》《邓小平传》《习近平用典》《新中国 65 年》等精品图书。二是少儿类图书原创表现不俗。少儿类的图书也是推动图书市场发展的重要板块，在市场上一直保持了很好的成绩，其中一些优秀少儿图书还占据较大的国际市场。三是文学类图书出版作品表现抢眼。十八大以来，文学创作取得了进一步

的发展，文学类图书获得较大好评，比如《秘密花园》《从你的全世界路过》《从0到1》等作品。

（二）产业规模不断扩大，行业实力明显提升

自党的十八大以来，虽受经济增速放缓等外部环境的影响，新闻出版产业增长速度也趋缓，由高速转向低速，新闻出版产业的规模持续增大，尤其数字出版等新业态的增长尤为迅速。随着数字化阅读的普及，信息的传播和获取方式也发生了很大的改变，传统报业所受到的冲击逐渐凸显，进入快速下滑的阶段。面对这种挑战，各级党委和政府在财政和政策补贴方面都给予了一定的支持，同时，报纸出版机构也积极探索业务转型，在数字出版、动漫等新业态业务方面实现较大幅度的增长，另外音像电子出版业经过业态创新、产品增值等方面的探索，大大提升了发展空间，逐步实现转型融合。

（三）技术不断升级换代，全媒体融合发展引领风潮

自党的十八大以来，新闻出版界贯彻落实中央关于全面深化改革重大战略部署，坚持以先进技术为支点、内容建设为基础，运用新媒体新技术提升出版效能，立足传统出版，充分发挥内容优势，切实地推动传统出版和新兴出版在渠道、内容、平台和管理经营等各方面的深度融合发展。国家陆续出台一系列政策措施，如《关于推动传统出版和新兴出版融合发展的指导意见》（2015）、《关于加快新闻出版业实验室建设的指导意见》（2016）、《关于深化新闻出版业数字化转型升级工作的通知》（2017）等，国家相关部门在政策层面持续的支持很大程度促进了行业数字化水平的提升。在我国新闻出版转型和融合以及国家政策扶持力度不断加大的背景下，数字出版发展成绩显著。数字教育出版取得显著成绩，多种教学产品和服务模式比如在线教育、翻转课堂等新型教学模式不断涌现。传统新闻出版的主营业务图书、报纸和期刊出版的转型升级步伐也不断加快，近几年电子书籍增速明显加快。党的十八大以来，国家一直大力扶持新闻出版内容供应企业，提高数字资源

的管理能力、数字产品的生产能力和市场营销能力，互联网阅读平台以及数字内容产品供应水平有了显著的提高，我国数字出版服务水平有了很大幅度的提升。

（四）行业监管手段精准，有效规范网络传播秩序

近年来，随着互联网技术的高速发展，传统出版结构也在不断优化，新兴出版业、出版物市场发生了巨大的改变。为了逃避监管，一些非法出版活动在传统市场中变化手法，同时不断向网络蔓延，这使得出版物市场治理形势更加复杂，难度也不断增大。党的十八大以来，各级"扫黄打非"部门一手抓基础制度建设，一手抓突出问题整治，针对各类非法出版活动采取有针对性的措施并取得了重要的成效，目前市场上的非法出版物数量已经大量减少。与此同时，管理部门建立健全重大虚假新闻报刊主要负责人问责制度、重大违法违规问题查办机制，并加大网络出版物的监管力度，建立健全全国报刊数字监测审读平台以及国家版权监管平台，建立数据分析系统和移动互联网视听搜索平台，深入打击盗版侵权，有效地规范网络传播秩序，市场环境得到优化，人民群众的文化权益得到保障。

三 我国新闻出版业融合发展面临的突出问题

（一）图书出版原创能力不足，重复出版现象较为严重

数据显示，重印图书在品种上连续超过新版图书，且差值继续扩大。说明一些出版社在被置于市场加速器之后，有急功近利的心态，缺乏"十年磨一剑"的耐心，直接步入了"短""平""快"的轨道。

（二）出版业市场意识不强，缺乏竞争实力

随着媒体融合的不断发展，新闻出版业在取得巨大成果的同时，也存在改革力度不够、机制转变滞后、新媒体人才缺乏等问题。一方面，多数出版

企业虽已完成相应制度改革，但距离建立现代企业制度仍然有所差距，程度不一地存在融资渠道单一、经营管理粗放、积累和投入不足等问题，这一定程度上制约出版业的进一步融合发展。另一方面，整个行业内的竞争秩序还有待完善。近年来，尽管出版发行体制改革取得了阶段性的进展和突破，但更深层次的问题和矛盾依然存在，市场不规范现象、信息渠道不通畅等问题仍然存在。

（三）版权保护水平有待提升

某种程度上可以说互联网时代给了盗版、非法出版、盗印等违法现象以滋生土壤，这极大程度上冲击了正版出版物。部分生产经营者行为失范、诚信缺失，干扰出版物市场秩序，限制了业态的良性发展。导致的危害包括：假书、伪书、质量低劣的产品通过压低价格等手段进入图书市场，导致正版出版物的名誉受到损害；不法商人以盗版、盗印等行为，严重侵犯著作权人和出版社的利益；著作权人和出版社多年建立的信用体系面临危机。

（四）互联网思维与技术有待更深度融合

完善互联网思维也是新闻出版行业在融合发展过程中必须解决的关键性问题。然而要将"互联网＋"的思维与技术彻底注入行业发展的脉搏中并非易事。融合出版时代，单向传播已经转变升级为"交互"主导传播，从"用户被动接收信息"升级至"为用户赋能"的时代。2019年6月6日，工信部正式向中国移动、中国联通、中国广电发放5G商用牌照。5G技术条件下的出版业将不局限于文字内容生产，而是将文字、音频、视频、AR/VR等各种内容产品形态统一布局，全媒体出版是大势所趋。新技术将给出版物的生产传播带来难以预料的变化和无限的可能性，融合转型是当前出版企业寻求未来发展蓝海的重要路径。将互联网思维与技术更加深度融合并贯穿出版始终，这对于传统出版社而言是一大挑战。

（五）全媒体复合型人才有待培养

融合出版时代背景下，出版物的内容生产者不仅要熟练掌握传统的编辑、校对等技能，也要懂得对数字资源的开发、多元产品的设计、多维提高用户体验等方面。因此，全媒体复合型人才备受欢迎，于各大传统出版机构而言是"抢手货"。然而，传统出版机构在平台吸引力、激励机制、薪资待遇等方面却缺乏对这类人才的吸引。因此，传统出版单位的编辑都在主动探索自身转型发展之路，通过掌握新技术、学习新经验谋求融合发展前景与出路。融合出版最关键的是人的融合，最重点的是人的观念与技能的转变。因此，如何调动编辑主观能动性，积极将自身转型为全媒体人才，是每个新闻出版行业从业者所考虑的，而如何通过改革人才机制、调整薪酬制度与激励机制，吸引更多全媒体人才，为他们提供优质平台，是出版机构要思考与探索的。这些都是出版业转型融合发展中面临的重要问题。

四　我国新闻出版业融合发展的未来趋势

（一）以人民为中心的新闻出版导向不断强化

以人民为中心的工作导向是中国特色社会主义新闻出版业的本体所在，是一切工作的基础与前提，是新闻出版业健康发展的保证，同时也明确了新闻出版业的价值与意义。习近平同志在全国思想宣传工作会议上强调"要树立以人民为中心的工作导向"，新媒体环境下的出版业依然是传播主流价值观与意识形态的重要媒介，会极大影响人们的价值取向与行动决策。

（二）深化体制机制改革，以社会效益为首位的两个效益日益凸显

近年来，出版业一直在快速发展中。当然，当前新闻出版业依然存在发展上的不平衡不充分的矛盾，需要在体制机制上深化改革，解放出版生产力，生产适销对路的图书产品，最大化地满足人们的精神需求，在以社会效

益为首位的前提下，实现最佳社会效益与经济效益。

首先，在出版社转企改制的基础上，深入推进出版社的公司制、股份制改革。要引进现代企业公司制度，建立健全现代企业制度和法人治理结构，使出版企业按照现代管理科学进行运营。要完善出版企业内部运行管理机制，建立健全双效统一评价机制，激活全员活力。

其次，要大力推进特殊管理股制度。2013年，在党的十八届三中全会通过的《中共中央关于全面深化改革若干重大问题的决议》中，党中央提出了对按规定转制的重要国有传媒企业探索实行特殊管理股的制度；2014年，中央全面深化改革领导小组第二次会议审议通过的《深化文化体制改革实施方案》中，明确这一年传媒企业开始进行试点；2015年，党中央在《中共中央、国务院关于深化国有企业改革的指导意见》中，允许把一部分国有资本转化为优先股，在少数特定领域探索建立国家特殊管理股制度。就出版业而言，数字新业态有很多具有较大影响力的民营出版公司，如中文在线、磨铁图书、理想国等，一些畅销书《甄嬛传》《悟空传》《明朝那些事儿》等是它们推出的，有很强的市场号召力，国家可以在一些社会效益与经济效益较好的民营出版业实施特殊管理股制度。

最后，在确保国有出版文化企业主体地位的前提下，引导民营出版业更好地发展。要推进非公有制出版企业在对外专项出版试点工作上发挥力量，拓展国际市场。在坚持出版权特许经营的前提下，实施出版与制作分开试点工作，搞活国内出版市场，生产高质量的满足人们精神需求的图书。

（三）完善公共服务体系，数字全民阅读成为社会常态

提供公共文化服务，是政府公共服务的重要内容。近年来，我国文化产业不断发展，通过各项举措，文化产品的丰富性、多样性更是达到一个新阶段。就图书出版业而言，相继实施的东风工程、农家书屋、国家盲文出版基地等工程，为全民阅读打下了良好的社会基础。2020年4月20日，中国新闻出版研究院发布第17次全国国民阅读调查报告，数据显示，2019年我国成年国民综合阅读率为81.1%，数字化阅读方式的接触率为79.3%，较上

年均有明显增长，数字全民阅读的社会常态已经到来。

网络化、数字化、智能化与移动技术的狂飙突进，使出版传媒在面临巨大挑战的同时，转而深度拥抱新技术，数字出版与数字阅读日益成为重要的社会生产方式与生活方式。在国家顶层宏观政策的引导与消费市场的倒逼下，提供数字内容产品成为出版业生存发展的重要选择。数字全民阅读背景下的技术介入，使出版产业链的生产、流通与消费环节需要更多的资本投入，以实现协同创新，提供更多新产品、新服务，从而满足消费者即时的、个性化与多元化的精神需求。同时，移动阅读市场会不断加快成长，移动阅读内容的深度化、个性化和多样化，会使移动用户的卷入程度日益加深，将会形成完整的移动阅读产业生态系统。

（四）全面发力供给侧改革，高质量出版是出版业的不二选择

在经济高速发展之时，供给侧结构性改革已成为必然。对于出版业而言，转企改制后，生产力大大提升，产业规模迅速扩大。2019 年发布的《全球背景下的中国图书零售市场报告》显示，"2018 年中国图书零售市场码洋规模达 894 亿元，同比增长 11.3%。2018 年中国图书零售市场动销品数量达 194 万种，新书品种数达 20.3 万种"。而《2017 年新闻出版产业分析报告》显示，2017 年，全国出版新版图书 25.5 万种，总印数 22.7 亿册（张）；重印图书 25.7 万种，总印数 53.9 亿册（张）。新版图书的品种与印数首次下降，重印图书品种和印数保持了较快的增长速度，在品种上首次超过了新版图书。这都表明了控制品种数量、优化图书结构取得了一定的实效。

从以上数据可知，单从出版品种和数量来看，出版业供给侧生产效能得以充分发挥，使我国一跃成为世界出版大国。从近年来出版业的各项经济数据来看，不论是图书生产、版权贸易还是进出口，虽然在品种数量上依然呈下降趋势，但营业收入、利润总额、进出口总金额等，都呈上升趋势。可见，图书内容创新性在不断加强，质量在不断提高。然而，我们在图书产品质量上离出版强国尚有一定距离，畅销书等高质量产品相对较少。党中央实

施的供给侧结构性改革，给出版业带来了新的发展机遇，出版供给侧结构性改革也进入实质性推进阶段。2018 年启动的出版书号数量压缩政策，已经走出了高质量出版征程的第一步。接下来，出版业将全面聚焦供给侧生产要素的改革，在出版人才、作者培养、基础设施、资金投入、管理制度创新等方面进行资源优化配置，提高生产水平，推出更多精品图书，更好地满足人们精神文化需求。

要做到高质量出版，第一，要进行顶层设计，以精品生产作为第一目标。第二，要加快研究，尽快制定高质量出版行业标准指标体系，作为出版社高质量图书编辑出版工作的行动指南。第三，要营造高质量出版的社会环境，教育、人才、文化、资金、技术、税收政策等方面朝出版业倾斜，促使我国尽快从出版大国迈向出版强国。

（五）积极利用新技术，打通全媒体产业链

2019 年 1 月 25 日，习近平强调，推动媒体融合发展、建设全媒体成为当前面临的一项紧迫课题。媒体融合的终极目标就是全媒体，传统媒体要加快采编流程再造和融媒体中心建设，实现"一次信息采集，多种形态发布"。2020 年 6 月 30 日，习近平总书记在中央深改委第十四次会议上强调要建立以内容建设为根本、先进技术为支撑、创新管理为保障的全媒体传播体系。在基于网络化、数字化、智能化技术的数字阅读背景下，出版业应积极利用新技术，加快融合发展、建设全媒体。除了以纸质产品传播内容外，还应根据不同消费者的特征与偏好生产出不同样式的产品，在互联网、手机、微博微信、App 等不同形态的媒介终端进行传播，努力建设全媒体。实力雄厚的出版集团如江苏凤凰出版集团、江西出版集团、中南出版集团等，积极布局全媒体发展，经过多年实践，已成为拥有出版社、期刊社、报纸、动漫游戏、新媒体等多种媒体形态的有强大影响力的大型出版传媒集团。

（六）建设全产业链，图书发行与印刷朝智能化推进

在全媒体的发展战略下，打通出版业全产业链，实现编印发一体化、规

模化集约化发展，已成为出版业全行业抱团发展的重要路径。

在网络化、数字化、智能化技术的冲击下，图书发行与印刷业既面临严峻挑战也面临巨大机遇。对于发行业而言，将进一步深化发行领域体制改革，推动图书零售网点建设。在新技术的推动下，智能型文化书店将拥有多个空间、发挥多种功能。大致为：外部空间，主要指书店要选址在能够彰显每个城市独特环境风格的地段，突出环保生态书店的"环境"特色。书籍阅读区，是实体书店的主体功能区。VR 体验馆，是环保生态的骨干功能区，主要通过现代媒介技术实现环保生态知识与思想的最佳传播。咖啡区阅读与社交，是环保生态书店的特色功能区。同城环保活动功能区，是非固定空间，可以在书籍阅读区中随时随地因不同主题而设置，空间可大可小。文创空间功能区，是非固定空间，根据文创产品情况在书籍阅读区进行穿插式陈列。光影与声色设计是对现代书店非常重要的软要求，作为现代文化综合体，书店是一种极为重要的新型生活空间，需要人性化、具有亲和力的光影声色。VR 实体书店聚合平台，是环保生态实体书店进行融合创新发展需要的技术平台，通过该平台的建设，使书店实现线上线下融合发展。

新技术给予印刷业巨大的发展机遇，《印刷业"十三五"时期发展规划》指出，实施印刷跨界融合和新兴业态培育工程，推进印刷业融合发展。印刷业是技术主导型产业，对新技术的敏感度与接受度比任何行业都高得多。大数据、云计算、VR/AR、人工智能等技术，使印刷业的发展日新月异。在网络化、数字化、智能化技术的推动下，印刷方式、印刷工艺、印刷管理、印刷经营方式、印刷业务模式等环节的产品形态得以不断创新，印刷成本也大量减少。将来，随着对人工智能、激光全息、VR/AR 等技术的深入应用，出版物智慧印厂成为建设重点，将在充分满足读者、作者、出版企业等多元化需求的同时，实现规模经济生产，通过互联网平台实现规模化、个性化定制。

（七）不断推进集群化发展，让出版集团成为中流砥柱

在移动技术和数字技术的推动下，出版业的集群化发展将会出现新的突破。相关数据显示，仅 108 家图书出版集团、报刊出版集团和发行集团的营

业收入，就占到全行业经营收入的 74.5%，出版传媒集团可以说是全行业的中流砥柱。江苏凤凰出版传媒集团有限公司、安徽出版集团有限责任公司、江西省出版集团公司、湖南出版投资控股集团有限公司、长江出版传媒集团有限公司、广西出版传媒集团还在集聚的道路上不断推进，已成为融通全产业链的生态出版传媒集团。未来，出版业的集群化发展不能松懈，只能继续加强。面对当前文化市场的残酷竞争，大多单体出版社与报刊社、印刷厂没有实力和能力参与竞争，需要在提升自身核心竞争力与主业优势的同时，加快联合发展，加快集群化发展的步伐。而作为出版集团，除大力发展出版主营业务之外，还需积极架构起一条完整的生态产业链，把同自身主业相关的大数据、文化产业、旅游业等相关产业纳入，以出版生态集团为主体，参与到出版产业的各种竞争中。

（八）加大出版基金资助力度，"走出去"迎来新高潮

为了推动出版文化"走出去"，国家设立了经典中国、中国图书推广计划、丝路书香等出版基金、对外互译计划、中国当代作品翻译工程，资助了大量图书成功"走出去"，取得了很好的传播效果。一是推出了一批高质量的外向型理论读物和通俗读物；二是翻译出版了一批宣介十九大精神的精品图书；三是翻译出版了讲好中国故事的图书。出版"走出去"实施10多年以来，我国图书"走出去"的品种和数量已有一定规模，当然，也急需一套科学的效果评估指标体系，对"走出去"效果进行评估，实现出版的有效传播。未来，出版基金资助力度将进一步加大，推动承载中华优秀文化和讲述当代中国故事的精品图书"走出去"。在这个领域，国有资本、社会资本、外资将会有巨大的合作空间。

当前，新闻出版业版权贸易与产品进出口都呈稳定回升态势，由原来的注重出版物数量日益提升到对出版物质量的重视上。在当下碎片化阅读背景下，国际受众亟须通过图书系统了解中国的传统文化与当代文化，以知道中国的过去与现在，以备将来更好地与中国打交道。中国政府十分重视新闻出版业的国际传播能力建设，翻译资助工程都在加大对中国图书"走出去"

的推进力度，目的是通过"走出去"的图书去影响国际受众，最终提高国家的对外传播能力。

参考文献

范军等：《中国出版业发展报告（2018～2019）》，中国书籍出版社，2019。

国家新闻出版署编《2019中国新闻出版统计资料汇编》，中国书籍出版社，2019。

黄晓新、刘建华、卢剑锋主编《中国传媒融合创新研究报告（2018～2019）》，中国书籍出版社，2019。

黄晓新等：《阅读社会学》，人民出版社，2019。

建投华文投资有限责任公司等主编《中国传媒投资发展报告（2018）》，社会科学文献出版社，2018。

刘建华：《对外文化贸易研究》，中国书籍出版社，2013。

刘建华：《中国传媒融合创新四大突出问题与发展趋势》，《中国出版》2019年第4期。

刘建华：《论传媒创意获得与网络时代思维方式》，《传媒》2019年第4期。

B.12
中国文化演艺行业发展报告

胡　娜*

摘　要： 文化演艺是国家文化产业的组成部分，更是社会主义文艺事业的重要内容。近年来，文化演艺在人民群众的生活中发挥着越来越重要的作用。新时代，新需求，新发展。2017～2018年中国文化演艺行业在延续之前的发展趋势的同时，从适应社会趋势、艺术生产、行业本体发展、产业模式探索、消费需求变化等多方面呈现时代特点。与此同时，面对新时代挑战的文化演艺行业在发展中也存在一些有待深入探索解决的问题。本文通过对2017年至今的中国文化演艺行业发展情况、相关政策、特点的分析，进一步揭示新时代行业发展的新需求，并在此基础上从社会价值分析、行业生态建构、供给效能提升、智库建设完善，不同形态资源激活以及产业化发展路径等方面给予对策建议。

关键词： 文化演艺行业　艺术教育　社会效益　演艺事业

文化演艺行业是社会主义文艺事业的重要组成部分，是公共文化重要的供给内容之一，是文化产业繁荣的重要的推动力。随着经济发展以及民众的文化消费需求增长，文化演艺成为百姓重要的文化消费方式之一。

---

* 胡娜，博士，中国戏曲学院国际文化交流系副教授，主要研究方向为文化经济学、艺术管理、演艺产业。

2017~2018 年这两年，中国文化演艺行业无论从供给端还是消费端，以及行业对社会影响方面都取得了一定的发展。从供给端来看，根据国家统计局发布的数据，2016 年、2017 年、2018 年全国共有艺术表演团体分别为12301 个、15752 个、17123 个，保持稳定增长。与此同时，全国各级艺术表演团体从业人员数量也有所增加，由 2016 年的 33.27 万人到 2018 年 41.6万人。演出场次也由 2017 年的 293.77 万增加到 2018 年的 312.46 万[①]。从中国演出行业协会公布的数据看，2017 年中国演出市场经济总规模为489.51 亿元，2018 年为 514.11 亿元，[②] 市场规模相对稳定。虽然从演出的市场总量来看，近两年的变化趋势并不明显，但这两年是中国文化演艺行业积极响应党和国家的各项政策方针、深化发展、自我调节、扩容探索的两年。

一 中国文化演艺行业发展政策分析

在中国文化演艺行业的发展中，政策支持引导发挥了十分重要的作用。政府扶持，多措并举，关注效能，全面引导，重点突出。2017~2018 年，政府对舞台艺术的支持延续了之前两年的趋势，不断强化，并且在补贴增长的同时，政府也在进一步探索如何提升扶持的效能。一方面，政府补贴呈现稳步增长态势，与此同时，政府对演出市场的扶持方式进一步转变，不断探索由原来的直接财政拨款向基金资助、补贴票价、政府购买服务等转变，并针对演艺行业不同产业环节给予不同形态的支持。在剧目生产方面，不同层级的政府艺术基金项目对剧目生产起到了明显的引导作用，也在一定程度上影响了演艺行业的发展趋势和规模。其中，成立于 2013 年 12 月的国家艺术基金发挥着显著的作用。作为中国文化演艺行业最有代表性的政府扶持基金，通过 4 年的发展，国家艺术基金在繁荣艺术创作、推广原创精品、培养优秀艺术人才等方面的资助效果已经初步显现，且在近两年的资助中有两点

---

① 国家统计局，http://www.stats.gov.cn，最后检索时间：2020 年 7 月 14 日。

② 《2018 中国演出市场年度报告》，中国演出行业协会，http://www.capa.com.cn/news/showDetail/143425，最后检索时间：2020 年 7 月 14 日。

较为突出。其一，对舞台艺术的扶持延续了之前的方向，对以戏曲为代表的传统艺术的支持不断强化。2017 年申报的 2018 年国家艺术基金大型舞台剧和作品立项资助 132 项，其中，立项资助京剧、昆曲和地方戏曲 53 项，占比40.2％，比上一年度增长约 3 个百分点。这体现了艺术基金落实国务院办公厅《关于支持戏曲传承发展的若干政策》，对戏曲的支持力度增大。其二，在创作方向上，国家艺术基金也体现出对现实题材的引导作用。

从政策支持引导艺术门类和演艺业态来看，在全面引导的同时也强调重点突出，传统艺术与新兴业态共同发展。2016 年 3 月，"戏曲振兴工程"被写入国民经济和社会发展第十三个五年规划纲要，标志着国家对戏曲艺术的保护扶持进入一个新阶段。2017 年政府各部门相继出台了一系列深化戏曲传承发展、保护地方戏曲、推进戏曲教育的政策，各地剧种保护的措施齐头并进，系列政策组合拳支持戏曲发展。《关于实施中华优秀传统文化传承发展工程的意见》《关于戏曲进乡村的实施方案》《关于新形势下加强戏曲教育工作的意见》《关于戏曲进校园的实施意见》先后推出。原文化部组织实施的中华优秀传统文化传承发展工程，年度中华优秀传统艺术传承发展计划、名家传戏工程、剧本扶持项目、舞台艺术精品扶持工程、中国京剧音配像工程、"千人计划"等工作稳步推进。国家艺术基金更是对当前戏曲艺术的繁荣起到了重要作用。除了举办多种主题的戏曲艺术节外，2018 年、2019 年文化和旅游部艺术司和江苏省文化厅联合举办"戏曲百戏（昆山）盛典"，计划在三年里，让中国戏曲 348 个剧种在此展演。展演突出了中国戏曲生态的丰富性，也展现了戏曲经典代表作之于剧种生存发展的意义。一方面是对传统文化艺术的扶持；另一方面，近两年的国家政策也体现出对演艺新业态的引导。2018 年 3 月，文化和旅游部设立，文化和旅游的相互促进、融合提升成为年度关键词，也建构了自 2018 年以来中国文化演艺行业发展最具有代表性的政策环境。相继出台的系列支持引导文旅融合发展的政策，为文化演艺行业在新时代的发展扩展了新的路径、空间和可能性，也让文化演艺新业态得到了社会更广泛的关注。2019 年 3 月，《关于促进旅游演艺发展的指导意见》（以下简称《意见》）出台。作为国内首个促进旅游演艺发展的文件,《意见》将推进旅游演艺的转型升级作为首要任务,鼓励各类市场经营主体抓住大众旅游时代到来和文旅融合发展的契机,积极参与到旅游演艺发展的大潮中。此外,政府也相继出台了鼓励文化与科技融合、文化消费、促进夜游经济发展的政策文件,这些都成为激活文化演艺新发展的重要突破口。

在公共财政的支持之外,为深化文化领域供给侧结构性改革、推动政府职能转变、创新文化供给机制,国家也不断探索激发文化演艺行业创作活力的方式方法,推进院团体制改革,完善社会效益评价机制,鼓励社会力量进入文化演艺领域。2018年11月13日,文旅部和财政部一起下发了《关于在文化领域推广政府和社会资本合作模式的指导意见》,引导社会资本积极参与文化领域。2018年12月18日,国务院出台了《国务院办公厅关于印发文化体制改革中经营性文化事业单位转制为企业和进一步支持文化企业发展两个规定的通知》。在总结前期试点经验基础上,2019年1月15日,中宣部、文旅部、财政部、人力资源和社会保障部联合印发《国有文艺院团社会效益评价考核试行办法》的通知,从艺术创作、演出与教育普及三个维度评价国有文艺院团的社会效益,明确要求国有文化企业建立健全两个效益相统一的评价考核机制。

演出是连接文化演艺供给与消费需求的核心环节。2017年,政府加强了对演出市场的治理,通过出台行业规范和制度修订进一步引导演出市场的健康发展。2017年7月6日,原文化部发布《关于规范营业性演出票务市场经营秩序的通知》,进一步规范了营业性演出的票务市场,促进了行业健康有序发展,并于2017年底颁布了《营业性演出管理条例实施细则(2017年修订)》。这些制度的修订出台对加强文化市场内容监管、加大对严重违法经营主体的惩戒力度、促进行业诚信自律和维护市场秩序,都起到了积极作用。此外,政府还陆续出台了涉及舞台技术管理的相关标准。

二　2017~2018年中国文化演艺市场发展特点

在政策的支持引导下,文化演艺市场的供给端和消费端也在发生变化,呈现以下特点。

（一）多样态文化演艺持续发展，平稳发展中有向上态势，品牌项目逐渐涌现

虽然整体市场规模扩大并不明显，但由于舞台艺术作品的创作生产、受众需求、消费能力及环境的变化，在这种内生性发展和外部环境变化的共同影响下，文化演艺行业的不同艺术类型呈现不同的发展路径。代表剧目、代表艺术家及代表演艺机构的社会影响和品牌建设日益强化。

从整个文化演艺市场看，得益于国家对传统文化的大力推动，各级政府政策支持，以及传统文化与美育的价值意义得到社会普遍认同的时代环境，近两年，以戏曲为代表的中国传统艺术的受众群体保持稳定。2017年到2018年，音乐剧、儿童剧在众多演艺品类市场中发展迅速，成为剧场演艺中最受资本及外部社会关注的演艺形态。话剧市场在2017~2018年保持增长态势，品牌剧目和品牌院团的票房号召力彰显。2017年11月，北京人艺的话剧《窝头会馆》再现"一票难求"盛况。而由于原创精品剧目和引进类品牌类剧目的共同带动，舞蹈类演出市场在2018年实现票房的回升，票房收入逾4亿元，市场规模达近五年新高。2018年底上海歌舞团打造的舞剧《永不消逝的电波》更是被视作一部社会效益、艺术品质与市场效益兼具的作品。随着文旅融合的推进，旅游演艺作为各地推进文旅融合的重要抓手之一，再度为各地政府和社会力量所关注，并逐渐开始旅游演艺的细分领域发展。在剧场演出外，多种新形态的演艺产品也不断出现。

（二）消费市场下沉，文化演艺分层级需求市场显现

在过去的两年里，在中国的文化演艺领域，一线城市继续发挥引领作用，而随着国家区域发展进程的推进，区域中心城市开始发力，二、三、四线城市文化演艺消费高速增长，农村市场需求显现。作为国内现场演艺娱乐的主阵地，北、上、广一直占据各种排行榜前三位。2017年到2018年，一线城市依然具有明显的文化演艺产品的供给优势与较为成熟的观众群体。从国际引进剧目到传统剧目、原创剧目，一线城市的引领作用持续强化。不过随着开发程度的提升和竞争的加剧，一线城市的市场空间日趋饱和，区域中心城市及二、三、四线城市的消费额正呈现鲜明的上升趋势。以北、上、广为代表的一线城市的市场效益开始外溢，区域中心城市开始崛起并逐渐形成影响。特别是在现场演唱会和音乐节方面，从一线城市外迁至二、三线城市已形成态势。在二、三、四线城市，头部舞台剧、儿童剧正成为最热门的需求增长点。根据中国演出行业协会发布的数据，2018 年剧场演出票房收入增长速度排名前十的城市依次为贵阳、青岛、南昌、长春、石家庄、苏州、合肥、济南、杭州、南宁。其中贵阳增长204%，高居榜首，青岛增长 141%，① 紧随其后。二、三、四线城市的文化演艺消费需求越发明显。与此同时，由于政策的引导和公共文化资金的扶持，农村的文化演艺市场需求也开始逐渐显现。

（三）艺术教育成为文化演艺行业拓展价值的重要方式

过去的几年中国艺术教育市场快速崛起，面向公众的艺术教育的重要性已经被文化演艺产业各环节所意识。全国多地、不同表演艺术门类的院团、剧场都将艺术教育作为机构价值拓展的重要方式。2018 年在北京举办的中国演艺博览会上，举办了第二届全国剧场大会，此次大会的主题便是艺术教育。作为全国性的涉及演艺全产业链的行业大会，此次大会第一次将艺术教育设置为重要主题，可见行业对艺术教育的价值与意义有了更深的认知。近年来，以国家大剧院、广州大剧院为代表的大型剧场成为艺术教育的有力推动者。对剧场来说，尤其是代表性的剧院，艺术教育已经成为剧院经营的重要收入来源和品牌建设的方式。对文艺团体来说，无论是国有还是民营，艺术教育也成为很多文艺院团、演出机构提升院团机构社会效益、增加收益、扩展市场、培养观众的重要途径。包括中国儿艺、中央芭蕾舞团、东方演艺集团在内的演出团体艺术教育的收入已经超过演出收入。而在戏曲进校园相关政策及戏曲工作者对戏曲艺术受众培养的认知进一步强化背景下，在代表城市地区，面向公众，特别是青少年的戏曲教育活动正在进一步推进。

---

① 《2018 中国演出市场年度报告》，中国演出行业协会，http：//www.capa.com.cn/news/show Detail/143427，最后检索时间：2020 年 7 月 14 日。

（四）文旅融合促进文化演艺行业创新发展

2018 年，文化和旅游部成立，文旅融合日益成为社会及行业热点。在政策引领下，文化与旅游，能融即融，为文化演艺行业多元化发展提供了新的可能。旅游演艺是推动文旅融合最显著、最直接的着力点。多地景区都将旅游演出视作标配，旅游演艺的创作需求不断强化。在这一背景下，包括以宋城千古情系列、印象系列、山水系列为代表的大型系列旅游演艺项目及相关制作公司进一步发展，众多中小型及新机构也在逐渐扩展或进入旅游演艺创制。旅游演艺的制作呈现代表性大企业与众多中小企业共存的局面。而在多种旅游演艺类型中，主题公园演出在过去几年快速增长。除了迪斯尼的主题公园演出外，在华南地区，长隆的特色主题公园演艺逐渐形成品牌，由区域开始辐射全国。在文化演艺企业之外，以陕西旅游集团为代表的旅游集团也逐渐在强化旅游演艺的发展思路。

在传统的旅游演艺项目之外，行业也在逐步探索演艺和旅游结合的多种可能性。上海文广集团 2017 年引进改编的 *Sleep No More*，通过两年的运营，让沉浸式戏剧成为文旅演艺的新热点，并在此基础上围绕演出形成了住宿、餐饮、衍生品等系列文旅消费样态，为中国旅游演艺的发展展现了新的可能。2019 年 5 月，上海市演出行业协会出台了《上海市演艺新空间营运标准（试行版）》，将商业综合体、办公楼宇、产业园区、旅游景区内的营业性演出场所归入演艺新空间，并先后于 5 月、8 月分别授牌 10 家、22 家演艺新空间。演艺新空间的出现，既是文化演艺自身发展的突破，也丰富了文化旅游的内涵、拓展了演艺的社会意义。在艺术节运营方面，社会也开始关注强调艺术节举办对文旅的带动作用。乌镇艺术节的成功更是让社会各方看到了通过艺术节带动文旅消费，带动乡村小镇建设的典型。以戏曲或演艺为主要文化载体的特色小镇建设项目不断涌现。文化演艺项目走出剧场，走进商业综合体、公共空间，走进小镇乡村，增加了文化演艺的公共传播，形成多层次、多格局的更广大的大众参与局面。公共文化建设与文旅产业协同发展的新时代文旅演艺初露头角。

（五）文化演艺行业资本市场结构的转型探索

随着演艺行业社会影响力不断扩大，资本及其他行业跨界进入，扩界整合的趋势逐渐显现。在其中，不同发展阶段、不同产品形态及规模的文化演艺企业有不同的发展路径。在资本市场中处于一定领先位置的文化演艺企业在资本市场不断探索升级、转型的可能性。众多中小演艺企业也在积极寻求与资本的结合。

有"文化演艺第一股"之称的宋城演艺在2017年到2018年经历了商业模式和资本结构调整的过程。由传统的文旅演艺到轻资产的商业模式调整，从对六间房并购后的商誉上涨到2019年对六间房的溢价出售，折射了新时代、新消费形态和商业模式对文化演艺行业发展的影响。有"话剧第一股"之称的开心麻花，因2017年的高营收、高增长成为彼时新三板影视公司中最耀眼的新贵，让众多文化演艺企业看到了另一种资本化的可能。2017年1月，开心麻花启动创业板IPO，但A股上市之路并不顺利。2019年5月，开心麻花摘牌新三板。这一定程度上说明仅依靠演艺IP的电影市场作为企业的盈利支撑是不稳定的，文化演艺行业的持续和规模化盈利需要更新的途径和方式。同样也是在2017年，全国首部新概念"山水实景演出"、演出经营良好的广西旅游名片《印象·刘三姐》陷入债务危机，并于2017年8月以15亿元负债提出破产重整申请，一度引发社会关注，让人进一步思考演出行业健康发展与资本市场规范运作统一的重要性。

一边是传统文化演艺的内部转型探索，另一边则是其他行业的进入。阿里巴巴自2014年入股大麦网以后，2017年3月全资收购大麦。在此之前，大麦是中国最大的现场演出票务网站，阿里的进入表明了互联网企业打通线上线下的意图，并重新构架了大麦的产业生态。在此之后，2018年4月，致力于海外经典音乐剧版权引进、中文版制作以及运营的七幕人生正式宣布完成由大麦领投的B+轮融资，创下迄今为止音乐剧演出行业最大规模单笔融资的新纪录。文化演艺行业与互联网企业通过资本市场联姻，探索资源和业务的协同效应。

此外，近年来，也有以儿童剧、艺术教育以及舞美为主营业务的中小型演艺及相关企业陆续被资本市场所关注。

三 中国文化演艺行业发展问题

虽然中国的文化演艺行业在近两年取得了一定的发展，出现了新的趋势与新的现象，但总体来看，规模扩大并不显著，有影响力的文艺作品依然有限。相较于美国、日本、韩国等国家的演艺行业发展，中国的文化演艺行业在规模、发展速度、市场成熟度、产业成熟度等方面都有较大提升空间。这里面有行业发展中长期存在的一些问题，如对社会效益实践路径的认知不足，对受众的关注度不够，开放融合意识还有较大提升空间，对文化艺术创作与运营的关系把握不足，对文化演艺的产业链依然缺乏完整系统的认知等。这些问题都不是近一两年才存在的。

（一）文化演艺行业的活力激发引导不足

对很多地区的国有文化演艺机构来说，虽然转企改制初见成效，但是很多地方依然没有能完全按照现代企业制度管理演艺团体，对文化体制改革的必要性和现实意义的认知还需统一。具体到机构的运营中，则是社会效益的评价标准和细则需进一步落实细化，将其与机构的分层、分类管理、运营、考核更加紧密地结合。同时，部分演艺机构的定位职能划分不够明确，考核标准缺乏稳定性和系统性，这些都在一定程度上影响到了国有文化演艺机构运营的活力。另外，从供给端来看，在中国的文化演艺市场中，民营演出机构和个体还是占据绝大部分。民营演出及相关机构是激发中国文化演艺行业市场活力的重要力量。虽然国家在政策制定上一直鼓励引导社会力量进入文化演艺领域，并强调对民营文化演艺机构的支持，但是在具体的资金扶持方面，民营机构获得支持的比例还是很低。除了个别城市出台了专门支持民营剧团的资金项目外，绝大多数政府资金在划拨过程中还是对国有文化演艺机构有倾斜。民营文化演艺机构的运营成本较高，获得的政府支持有限，难免会出现重经济效益、轻社会效益的情况。

（二）行业发展的制度化、标准化、规模化意识尚未树立，市场化路径单一，产业链辐射带动能力有限

行业发展成熟与否的一个评价标准是行业本身的制度化、标准化以及行业的规模化发展程度如何。文化演艺行业长期以来多以项目制的方式运营，无论是从剧目还是演出传播来看，在整个产业环节上的制度化、规范化和标准化建设不足。并且存在将剧目创作的艺术特色化和运营管理的标准化、规范化对立的情况。导致许多文化演艺项目的运营都是以人为核心，缺乏系统和标准，也影响到了行业规模化的发展。另外，随着近年来中国兴起的剧场建设热，与之相关的剧场的运营规范问题也日益突出。剧场缺少专业运营管理规范与标准，服务能力不足，剧场行业尚无统一的剧场服务标准体系，并且社会对剧场公共文化服务还未形成统一的规范认知。

一边是行业标准有待完善，另一边则是文化演艺行业的产业化、规模化程度不足。虽然近两年中国文化演艺行业的多个环节都出现产业化发展的趋势，并在探索产业链的延展，但是从行业整体看，这样的变化依然是少数。从中国演出行业公布的数据看，虽然有运营多元化的倾向，艺术教育、复合形态的空间运营逐渐成为行业共识，但是演出收入依然是现阶段文化演艺的主要收入来源。从这个层面看，中国的文化演艺行业离真正的产业化、规模化发展还有一定的距离。

（三）对受众的关注不够，对需求的挖掘不足

受众也是演艺产业发展的重要组成环节。但出于多方面的原因，演艺行业长期对受众认知不足。从全国更广泛的范围来看，相较于包括影视在内的文化产业其他门类，文化演艺行业，特别是剧场演出，行业整体对传播营销的关注依然不足，营销渠道单一，没有系统规划。

在更多地方，作为演出主体单位的文艺团体重演出场次，轻演出效果、

轻视观众的情况时常有出现，对农村的需求关注更加有限。此外，近年来出现的粉丝经济对剧场观演的冲击，也为我们的演出受众需求提供了更多值得思考的视角。

（四）行业开放融合程度有较大提升空间

相比文化产业的其他领域，文化演艺行业和其他行业的跨界合作和融合还有所不足，传统演出行业与新进入者的合作有待磨合。在文旅融合的背景下，有越来越多的企业跨界进入中国的文化演艺行业。从房地产、互联网到旅游集团等多行业都在关注并进入文化演艺领域。原来产业链外围圈层的企业也在逐渐进入创作生产领域。在运营管理上，新进企业和传统的演艺运营机构在观念和方式上存在一定的差异，比如成本控制与产品的艺术水准的冲突、企业考核周期与产品创作周期的不一致、对企业运营的定位差异、盈利模式的设计等，这些运营理念的碰撞在文化演艺项目的运营中时有发生。

（五）文化与科技的融合有待进一步深化

虽然近两年随着社会整体的发展，中国的文化演艺行业与科技的融合形成多势并进的局面，但是在融合推进的过程中也存在问题。从产品创作层面，文化与科技结合的作品的体验还需要更加完善。在将新技术引入剧目创作中时，艺术家对科技产品及其展现形式的把握很多还处于探索阶段，科技与艺术表达不能有机融合。在传播层面，新技术以及新的传媒技术出现也对传统的文化传播方式带来巨大的冲击。演艺行业作为典型的线下在地项目，对以视频或互联网为传播介质的传播方式依然存在不理解，是竞争还是互补性产品，行业中的争论依然存在。一些表演艺术形态及相关文艺工作者也难以在短时间内适应互联网传播的特征。

（六）演艺与文旅融合的途径有待开拓

文旅融合为文化演艺机构提供了新的机遇和发展思路。但从行业发展来说，不同表演艺术门类、规模、属性和资源特征的文化演艺机构如何把握文旅融合的机遇是关键。从现阶段中国的文化演艺市场来看，对文旅融合这一时代背景依然缺乏全面系统的梳理和理解，对新时代的文旅融合演艺项目实现其价值的方式掌握有限。这就导致文化演艺行业在结合时代需求进行发展转型的过程中路径单一，创新不足。

四　对策及建议

新时代，新发展，新趋势，要求我们在明确各个环节的文化演艺机构的定位基础上来提升行业的组织化水平，使行业内部的组织结构和秩序不断规范化、系统化，提升行业效能，激发行业活力，提高组织对外部环境的适应性和开放性，实现行业及其中组织的持续发展。由此，我们提出以下几方面的建议。

①立足演艺本体，从中国社会文化发展的整体全面分析文化演艺对当代社会多方面的价值，在此基础上构建适应新时代中国社会需求及发展的演艺产业的产业链。

②从行业生态建设的多角度入手，深入分析影响文化艺术创作与内容生产的各方面原因，从产业链的各个环节中发现问题并探索解决之道。

③细分需求，系统规划，新建与盘活共举，提升文化演艺资源供给效能。随着近年来文旅融合新场景崛起、文化消费市场下沉、公共文化均等化发展、乡村振兴意识普及、农村文化消费需求展现，无论是从行业发展还是社会需求的角度，根据不同地域文化消费特点、城市与农村差异、新老城建设需求细分市场，将成为行业做深、做大的基础。一线文化中心城市，区域文化中心城市，二、三、四线城市，农村市场，都应该满足不同的需求，承担不同的任务，发挥各自的作用，以形成完整立体的文化演艺生态布局。

④深化行业研究，加强政策阐释，推进智库建设。在中国文化演艺行业发展中出现的很多争论，其实是源自对行业的研究不充分。在深化体制改革过程中，从中央到地方，应强化引导理论与实践结合的研究与学习，通过产教融合的智库建设，强化政策的研究阐释及传播。

⑤强化演艺机构定位意识，鼓励各类文化演艺文化市场主体公平竞争。充分发挥国有文化演艺企业的示范作用，引导国有文艺院团深入全面地探索社会效益的实现方式。鼓励国有文化演艺企业关注参与演艺新业态的创制。在有条件的城市设立民营文艺表演团体专项扶持资金。在院团运营、剧目创作方面给予民营院团适当倾斜。在政府主办的各类重大文化节庆活动中，鼓励民营文艺表演团体参加。促进更多民营资本进入文化演艺领域。对创作出优秀剧目，特别是社会效益与市场效益统一剧目的民营剧团给予奖励扶持，明确导向，落实扶持，营造公平的市场环境。

⑥探索文化演艺行业产业化发展路径，提高行业的规模化、集约化水平。对文化演艺行业来说，有四个方向可以探索：其一，在强化创作与营销的同时，以文化演艺作品的创作演出为核心，围绕演出不断拓展多元的收益来源和多种商业模式；其二，运营上的标准化、规范化，针对不同形式的文化演艺作品区分艺术创作的独特性和文化消费的个体性以及产品打造流程的科学性，项目运营的标准化、规范化建设的关系；其三，对已经形成品牌的文化演艺及相关项目，探索授权项目经营的方式，让文化演艺产品或服务能够有更加明确的交易价值和在成本可控的前提下形成更大的市场空间；其四，鼓励条件成熟、市场性较强的文化演艺机构在品质提升的基础上，积极在垂直领域进行拓展，以形成产业链多方向的整合。

参考文献

胡娜：《演艺产业呈现跨界融合发展新动能》，《北京文化创意》2018 年第 1 期。

中国数字创意产业发展报告

王效杰 谭昕 王苗 刘寒 陈万胜*

摘 要： 依据国家数字创意战略新兴产业政策与产业目录，本报告以较大篇幅，重点针对国内数字内容产业（数字文化产业与数字信息服务业）、数字创意制造业（数字创意生产端技术装备与数字创意消费端技术装备制造业）、数字创意融合产业（创意设计服务业、会展与博物馆业、文化旅游产业、新闻传媒业）等产业行业领域，以数据整体描述产业发展现有规模，并加以定性分析。在调研分析的基础上，提出了我国数字创意产业发展面临的五个方面的突出问题，并对应提出了产业发展对策。本文最后从数字化、互联网、科技、业态、政策、国际竞争等角度，预测了未来产业发展的八个突出趋势。

关键词： 数字创意产业 互联网 科技 文化产业

2016 年 9 月，国家发布的《国民经济和社会发展第十三个五年规划纲要》首次明确提出将"数字创意产业"作为战略性新兴产业发展。2016 年

---

* 王效杰，设计学教授，深圳职业技术学院数字创意产业化研究中心主任，主要研究方向为设计与数字创意产业；谭昕，数字媒体副教授，深圳职业技术学院虚拟现实学习中心负责人，主要研究方向为数字媒体创意；王苗，Oracle 国际中国公司金融数据见习生，主要研究方向为经济数据；刘寒，动漫游戏副教授，深圳职业技术学院数字创意产业研究所执行所长，主要研究方向为数字创意；陈万胜，罗普特（厦门）数字文化科技有限公司执行总裁，主要研究方向为金融与数字创意产业。

11 月国务院发布了《"十三五"国家战略性新兴产业发展规划》，依据该规划，2018 年 11 月国家统计局首次发布数字创意产业等九大战略新兴产业统计目录①；国家计划 2020 年实现数字创意产业 8 万亿元规模。

全球视野下我国出台的"数字创意产业"发展政策有如下显著特点：首先，我国是全球首个提出"数字创意产业"的国家，与其他国家提出的"数字内容产业""数字版权产业"有较大区别；其次，我国提出的"数字创意产业"明确了"文化＋科技""艺术＋技术"结合发展的科学内涵与路径；再次，我国将"设计服务"融合到"数字创意产业"，这体现国家高度重视创新设计对创意产业发展所起的作用；最后，我国提出"数字创意"与各行业应用高度融合发展，确立了产业经济价值、文化影响与社会信息化提升的作用与意义。

一 国内数字创意产业发展现状

我国数字创意产业发展规模目前尚无国家统计数据，本报告中的统计数据，部分引用了政府部门的统计数据，大部分则参考了若干行业与市场咨询机构的统计结果，这些数据因存在统计范围交叉重复的问题，故相关数据仅供特定视角观察参考。

（一）数字内容产业

数字内容产业包含数字文化产业与数字信息服务业两大部分。截至 2018 年 12 月，我国互联网普及率为 64.5%，其中，网民规模达 9.04 亿，固定互联网宽带用户接入超过 4.5 亿户；在线教育、在线政务、网络支付、网络视频、网络购物、即时通信、网络音乐、搜索引擎等应用的用户规模较 2018 年底增长迅速，增幅均在 10% 以上②；我国网络购物用户规模达 7.10

---

① 国家统计局令第 23 号《战略性新兴产业分类（2018）》，http：//www. stats. gov. cn/tjgz/ tzgb/201811/t20181126_ 1635848. html，最后检索时间：2020 年 5 月 1 日。

② CNNIC：《中国互联网发展状况统计报告》，http：//www. gov. cn/xinwen/2020 – 04/28/ content_ 5506903. htm，最后检索时间：2020 年 5 月 1 日。

亿元；2019 年交易规模达 10.63 万亿元，同比增长 16.5%。网民与数字化用户量提升直接扩大了数字内容产业规模。

1. 数字文化产业

数字文化产业是数字内容产业的核心部分，数字文化产业伴随文化产业成正比发展。根据国务院发展研究中心东方文化与城市发展研究所 2019 年 8 月 3 日发布的《数字文化产业发展趋势研究报告》估算，中国三次产业的数字化比例中，文化制造业的数字化比例为 20%～25%，文化批发和零售业的数字化比例约为 35%，文化服务业的数字化比例为 35%～40%[①]。根据这一数字化比例测算，我国 2014～2018 年数字文化产业总值与年度增加值估算范围见图 1。

图 1　2014～2018 年数字文化产业总值与年度增加值

数字文化产业涉及范围较广，其主要行业发展现状如下。

数字影音。国家新闻出版广电总局发展研究中心发布的《中国广播电影电视发展报告（2017）》显示：2017 年全国广播电影电视产业总收入为 6070.21 亿元，2018 年增长 7.63%。2017 年咨询机构统计，中国个人消费

---

① 杨晓东、王晓冰、黄斌、张晓明、刘杰：《数字文化产业发展趋势研究报告》，国务院发展研究中心东方文化与城市发展研究所，2019 年 8 月，第 30～31 页。

的数字音乐平台总收入达到 76.3 亿元；截至 2017 年 6 月，我国网络音乐用户规模达到 5.24 亿人，较前一年年底增加 2101 万人，占网民总体的 69.8%；其中手机网络音乐用户规模达到 4.89 亿人，同比增加 2138 万人，增长率达到 4.5%，占手机网民的 67.6%。2018 年在线音乐用户规模达到 6.7 亿人，产值 103.5 亿元①。

数字动漫。统计显示，2017 年中国动漫产业已聚集 4600 多家企业、近 22 万从业人员，产业总产值 1536 亿元，在线动漫用户量达 2.19 亿；2018 年动漫产业总产值 1712 亿元，同比增长 11.5%，其中网络动漫达 180.8 亿元。2018 年，上游漫画平台进一步加大了用户付费变现力度，付费收入占比由 2017 年的 25.4% 增加至 27.6%；IP 授权收入占比也由 2017 年的 29.1% 增长至 31.7%②。网络动漫经过多年的探索与坚持，培育了大量付费用户，推动了网络动漫消费市场良性发展。全国动漫产业产值主要是上游的内容市场和下游的衍生市场两大块。其中，衍生市场的产值相当于内容市场的 8~10 倍，庞大的用户规模为中国动漫产业的发展带来巨大的需求市场。

数字游戏。2017 年国内游戏市场规模达到 2036.1 亿元，同比增长 20.3%；2018 年中国游戏市场实际销售收入达 2144.4 亿元，同比增长 5.3%。2018 年中国游戏市场实际销售收入占全球游戏市场的比例为 23.6%，游戏用户规模达 6.26 亿人；移动游戏市场实际销售收入 1339.6 亿元，海外收入达 95.9 亿美元；电子竞技游戏市场实际销售收入达 834.4 亿元，中国游戏产业从业者约 145 万人，人才需求规模约为 44.1 万人；中国二次元移动游戏市场实际销售收入达 190.9 亿元，游戏直播市场实际销售收入 74.4 亿元③。

数字学习。数字学习产业主要集中于在线教育市场，并包含数字化教材、工具、学习平台服务与学习硬件。2017 年中国在线教育市场规模为

① 艾瑞咨询：《中国数字音乐商用版权市场研究报告》，2019 年 6 月，第 4 页。
② 艾瑞咨询：《2019 年中国动漫行业报告》，2019 年 7 月，第 6 页。
③ 中国音数协游戏工委：《2018 年度中国游戏产业报告》，2019 年 1 月，第 3 页。

2002.6亿元，2018年达2517.6亿元，同比增长25.7%，预计未来3~5年市场规模增速保持在16%~24%。2018年中国在线教育用户规模达1.35亿人，同比增长23.3%，预计未来3~5年市场规模增速保持在14%~21%，增速减缓但增长势头保持稳健①。作为数字教育出版中发展最为强劲的部分，在线教育市场格局已基本形成，资源趋向集中化，头部效应明显；用户对在线教育的接受度不断提升，在线付费意识逐渐养成，线上学习体验和效果的提升是在线教育市场规模持续扩大的主要原因。

数字出版。2017年中国数字出版业产值突破7000亿元，2018年为8330.78亿元，同比增长17.8%。其中互联网期刊、电子图书、数字报纸的总收入为85.68亿元，增长幅度为3.6%，增速呈持续下降态势；移动出版收入为2007.4亿元，在数字出版总收入中所占比例为24.10%，接近全年总收入规模的1/4。近年来，我国网络文学用户规模达到4.32亿，占网民总数的47.8%；网络文学作品总量超过2400万部，其中签约作品近130万部，2018年新增签约作品24万部；国内重点网络文学网站签约作者达61万，并有上千万作者参与创作②。统计显示：2017年中国数字阅读用户规模接近4亿，市场规模达到152亿元左右；2018年我国数字阅读用户达4.3亿，人均数字阅读量为12.4本，人均单次阅读时长达71.3分钟，数字阅读整体市场规模达254.5亿元，同比增长19.6%③。

2. 数字信息服务业

数字信息服务业主要包含行动应用服务业、网络信息服务业与创意内容软件业。统计显示，2018年数字信息服务业规模超过21000亿元。④

---

① 中国产业信息网，http://www.chyxx.com/industry/201904/730058.html，最后检索时间：2019年4月。

② 中国新闻出版研究院：《2018~2019中国数字出版产业年度报告》，https://www.sohu.com/a/335583901_211393，2019年8月，第4页。

③ 中国音像与数字出版协会：《2018年度中国数字阅读白皮书》，https://www.useit.com/thread-24146-1-1.html，最后检索时间：2019年7月18日。

④ 中国信息通信研究院：《2019年上半年中国信息消费新动向与新趋势》，https://www.sohu.com/a/327648104_781358。

行动应用服务业。行动应用服务业产出，主要是依赖移动通信等技术、结合终端设备，向人们提供学习、工作与生活行动应用的数字服务产品。其产品类型：第一类，App 服务产品。统计表明：我国移动网民每日平均使用 App 3.9 小时，其中社交网络类时长 127 分钟、网络视频类 29.5 分钟、新闻资讯类 13.3 分钟；2018 年第一季度，我国移动网民手机人均安装 42 款 App，平均每月新安装 App 6.6 款，同期卸载 App 5 款①。第二类，短视频服务产品。2019 年 6 月统计显示，我国短视频用户数 6.4 亿，短视频网民使用率 70.8%，网民渗透率高，短视频成互联网市场红利主要增长入口②；短视频服务产品包含社交短视频、Vlog 短视频与营销短视频。

网络信息服务业。网络信息服务业主要面向网络内容提供服务（ICP）、网络价值服务（ISP）与网络存储服务（IDC）。网络信息服务业突出的业态主要有两类：一是云计算服务业。2017 年 4 月，工业和信息化部印发了《云计算发展三年行动计划（2017～2019 年）》；2017 年中国公有云市场规模达 264.8 亿美元，同比增长 55.7%，增速远超全球平均水平；2018 年公有云市场规模达 397.2 亿美元，国家规划 2019 年云计算产业实现 4300 亿元③；预测 2021 年中国公有云市场规模将达到 6318.2 亿美元④。二是大数据服务业。有报告显示：2015 年我国大数据产业规模为 2800 亿元，2017 年增长至 4700 亿元，初步测算 2018 年我国大数据产业规模在 5400 亿元左右，同比增长约 15%；预计 2020 年我国大数据产业规模将突破万亿元；我国大数据服务领域排在前三的是制造行业占 44.9%，政府与公共事业占 17.04%，金融与保险行业占 10.3%⑤。

---

① 极光数据服务：《2018 年 Q1 移动互联网行业季度数据研究报告》，2018 年 4 月，第 4 页。
② 酷鹅用户研究院、腾讯网产品研发中心：《2019 短视频用户洞察报告》，2019 年 7 月，第 7 页。
③ 工信部：《云计算发展三年行动计划（2017～2019 年）》，2017 年 4 月，第 11 页。
④ 美国国际贸易委员会：《全球数字贸易 1：市场机会与关键》，2017 年，第 38 页。
⑤ 前瞻产业研究院：《中国大数据产业发展前景与投资战略规划分析报告》，2019 年 5 月，第 3 页。

创意内容软件业。中研产业研究院 2019 年 5 月发布：软件业从业人数接近 600 万人，市场规模 2017 年 5.5 万亿元，实现利润总额 7020 亿元，其中信息技术服务收入占比最高，达到了 53.3% 。2018 年上半年规模达到 3.45 万亿元，同比增长 14.8%；其中信息技术服务收入 10043 亿元，同比增长 16.9%[①]。创意内容软件业中的嵌入式软件与系统整合软件销售收入，属于软件业信息技术服务产值组成部分，占比为 20% ~25% 。

（二）数字创意制造业

国家统计局统计：2018 年我国文化制造业总产值 38074 亿元，同比增长 4.0% ，其中文化装备生产 8378 亿元，文化消费终端生产 16284 亿元[②]；其中用户可穿戴智能文化设备和虚拟现实设备等业态的营收增长速度均在 20% 以上[③]。按照"文化制造业的数字化比例在 20% ~25% "的测算模式，我国数字创意制造业 2018 年产值为 7614.8 亿 ~9518.5 亿元，其中数字创意生产端技术装备的规模估计在 1675 亿 ~2094.5 亿元、数字创意消费端技术装备的规模估计在 3256.8 亿 ~4071 亿元，当年增长率高于 4.0% 。数字创意制造业因科技软硬件技术创新而催生出众多数字创意新业态，拓展了文化创意发展领域，促进了数字消费需求升级。

1. 数字创意生产端技术装备

数字化获取专用设备，有数字摄影/摄像机成套设备、平板扫描与三维扫描、数字录音系统设备、动作与表情捕捉系统、360 全景摄像、3D 摄影机等数字化输入设备、4D 电影成套设备、数字特种视听演播等设备；数字化获取专用设备需求总量在增加、国产化程度在提高；因这些设备具有专业性、小品种、小批量和进口属性，目前没有统计数据。

---

① 中国产业研究院：《2018 ~2023 年中国软件外包行业全景调研与发展战略研究咨询报告》，2019 年，第 10 页。
② 文化和旅游部：《2018 年文化和旅游发展统计公报》，2019 年。
③ 中华人民共和国中央人民政府网，2019 年上半年中国文化产业统计公布，http://www.gov.cn/xinwen/2019 - 08/19/content_ 5422355. htm，最后检索时间：2019 年 7 月。

数字化研制生产专用设备。3D 打印技术设备 2017 年市场规模 17.5 亿元；2018 年 23.6 亿元，同比增长 135%①。各类彩色数码打印机设备 2017 年市场规模 29.3 亿元；2018 年 33.3 亿元，同比增长了 13.7%②；还有眼球跟踪仪、集群渲染系统设备、影音后期设备、中央存储设备等，因这些设备具有专业、小品种、小批量和进口属性而无统计数据。

2. 数字创意消费端技术装备

根据国家统计局 2018 年文化产业统计，数字创意生产端技术装备的规模估计在 1675 亿~2094.5 亿元，当年增长率高于 4.0%。

电视电影视听装备制造业。据前瞻产业研究院统计，2017 全年中国彩色电视机产量达到 17233.1 万台，同比增长 1.6%，2018 年 1~12 月全国彩色电视机产量为 20381.5 万台，同比增长 18.3%。2018 年彩电业面临竞争环境恶化、需求不振的危机，奥维云网（AVC）数据显示，2018 年中国彩电市场零售量为 18143.2 万台，同比微增 0.5%③。2017 年中国电影设备总产值 4.25 亿元、2018 年 4.93 亿元④。

可穿戴设备制造业。可穿戴设备从最初只有智能手机演变成现在有智能手表、智能手环、智能眼镜、智能跑鞋，可穿戴设备不仅是一种硬件设备，更可以通过软件支持以及数据交互、云端交互来实现强大的功能。可穿戴设备的主要功能占比是健康占 27%、身份验证占 21%、消息通知占 20%、工具类占 11%、娱乐占 10%、运动占 9%。2017 年中国智能可穿戴设备市场规模达 352.6 亿元，增长率为 35.7%；2018 年中国可穿戴设备市场规模达到 446.0 亿元，可穿戴设备销售规模突破 7000 万台/套，增长率为 26.5%⑤。

---

① 中国报告网，http：//baogao.chinabaogao.com/dianzishebei/459541459541.html，最后检索时间：2019 年 9 月。
② 前瞻网，https：//www.qianzhan.com/analyst/detail/220/190626 - 5131e66f.html，最后检索时间：2019 年 9 月。
③ 中国产业信息网，http：//www.chyxx.com/industry/201910/795531.html，最后检索时间：2019 年 9 月。
④ 中国市场调研在线：《2018 年中国电影机械制造市场调研发展报告》，2019 年 4 月，第 4 页。
⑤ 中国产业信息网，http：//www.chyxx.com/industry/201910/795531.html，最后检索时间：2019 年 9 月。

互动体感科技（VR/AR/MA）设备制造业。主要有三个方面的力量推动 VR 产业发展。一是行业应用的驱动，二是技术的发展，三是政府引导、政策支持，国家《"十三五"国家信息化规划》等多项政策高度重视 VR 产业作为前沿科技的发展。2018 年我国虚拟现实市场规模为 80.1 亿元，增长率为 76.5%，预计 2021 年将达到 544.5 亿元；VR/AR 内容市场占比 49.6%、硬件占比 41.2%，软件和服务占比由小逐渐增大。VR/AR 产品结构是以头盔为主，销售收入 18.4 亿元，占比 55.7%，一体机和智能眼镜市场规模分别为 8.0 亿元和 6.7 亿元，市场占比为 24.1% 和 20.2%。VR/AR 数字内容结构是以消费级内容为主，销售总收入达 26.4 亿元，占比 66.5%[①]。另外，3D 智能眼镜、全息投影、互娱智能机器人、数据手套、游戏控制器等互动体感黑科技专用设备，因目前制造规模不大、产品技术过渡等现实因素，尚无产业统计数据。

（三）数字创意融合产业

数字创意融合产业是既有行业与数字创意领域的融合，即行业运用数字内容形式与数字科技手段实施企业研发生产和经营活动的数字化转型。数字创意融合产业的主要行业如下。

1. 创意设计服务业

创意设计服务业包含广告服务业与设计服务业。国家统计局公布：2018 年我国创意设计服务产值 11069 亿元，增长 16.5%，广告服务业、设计服务业产值占比分别是 67.5%、32.5%。统计显示，2017 年我国广告市场的总规模达 7481 亿元，同比增长 8.5%；其中互联网广告达到 4488.9 亿元，同比增长 41.2%；2018 年数字广告市场规模复合年增长率高达 23.9%，占比达到 46.5%。2018 年我国设计服务业规模为 3588 亿元，数字化融合价值估计为 1256 亿~1435 亿元。我国设计服务业中建筑设计服务产值规模在三

---

① 赛迪顾问、中国电子信息产业发展研究院：《2018 年 VR/AR 市场数据》，2019 年 10 月，第 3 页。

种设计服务类型中居首位，工业设计服务近年来规模扩大与水平提升迅速；国家"十三五"时期高度重视工业设计，已建设国家级工业设计中心超过110家，数字创意融合设计服务正推动数字化创新设计能力与水平不断提升。

2. 会展与博物馆业

会展行业。据2017年统计：4022个展览会中有2785个展览会拥有官方网站，其中608个展会官方网站提供在线数字化服务，占比21.8%；98%的展览会通过网络发布新闻和宣传、推广品牌，93%的展会利用自媒体进行网络宣传推广，展会建立官方微信公众号平台的占比为69.12%；2017年会展业增加值为5612亿元。2018年底，全国展会4312个，同比增加290个，全国展览总面积达到14630万平方米；2018年我国会展业直接产值突破6400亿元①。上海世博会实现了97.5万人次的在线访问量，按照产业数字化率测算，理论上数字会展收入接近2240亿元。目前，数字会展由两个部分组成：一是线上数字会展，即基于"互联网＋会展"模式，实现展览全过程科技化、信息化、网络化、数字化的运营与管理，2020年广交会是疫情中典型实例。二是线下展览馆数字化，即运用数字视频播放、互动数字媒体展台、VR展览应用部分实施展览信息传播。

博物馆（展馆）行业。数字博物馆是文化事业、文化旅游的重要抓手，数字展馆作为实施政府信息、行业企业服务与形象传播的重要手段，近年来发展迅速。数字博物馆：据2016年底统计，我国拥有5136家博物馆，登记注册数达到4873家，免费开放的有4246家，占全国登记注册博物馆总数的87.1%，年度参观人次近9亿，同比增长8.9%②。2018年5月全国数字博物馆统计：1400家博物馆精确地点上线，一批数字博物馆如国家博物馆数字展厅、北京数字博物馆、武汉数字博物馆、秦始皇帝陵数字博物馆、皮影数字博物馆等公开面向社会开放。百度、腾讯等企业相继涉足数字博物馆，其

① 前瞻产业研究院：《2019年中国会展行业市场现状及发展趋势分析》，2019年5月，第6页。

② 中国工程科技发展战略研究院：《2019中国战略新兴产业发展报告》，科学出版社，2018，第222～284页。

中百度百科的数字博物馆已上线 220 家博物馆，收录 1611 家博物馆，目前已有超过 6000 万访问量。2018 年北京故宫门票收入 8 亿元、文创产品收入 17 亿元，两项收入之和同比增长 50%。数字展馆："十三五"期间，各地政府、各行业与大企业纷纷兴建数字展馆或进行展馆数字化改造，大型企业数字展馆是主体，城市形象数字展馆、政府事业专题展馆成为重要组成部分，AR/VR、云计算与 AI 人工智能等技术应用成为数字智慧展馆最亮丽的风景。

3. 文化旅游产业

数字创意与文化旅游行业融合，助推实现新业态和文化价值双目标见成效。文化和旅游部 2019 年 2 月发布：2018 年旅游产业全年实现总收入 5.97 万亿元，同比增长 10.5%，对全国 GDP 的综合贡献为 9.94 万亿元，占 GDP 的 11.04%；旅游直接就业 2826 万人，旅游直接和间接就业 7991 万人，占全国就业总人口的 10.29%。按照"文化服务业的数字化比例为 35% ~ 40%"测算，数字文化旅游产值为 2.09 亿 ~ 2.34 亿元。以"文化 + 旅游 + 科技"为趋势，数字创意正加快文化旅游业供给侧改革步伐，主要体现在以下行业。

一是旅游数字服务行业。工信部数据显示，互联网百强企业的互联网业务总收入连续 5 年持续提升，2018 年达到了 1.72 万亿元，同比增长 50.6%，旅游数字化服务总收入至少为 6020 亿元[1]。我国旅游酒店、度假产品、景区门票已基本实现在线数字化，在线度假产品、度假租赁、旅游网络购物、在线租车平台等快速生长。携程旅游网总收入 310 亿元，美团为 652.3 亿元，神州租车为 53.4 亿元，途牛为 22 亿元，去哪儿为 10.2 亿元，上述企业营收居市场领先地位，数字旅游服务产业链与数字网络平台化商业模式趋于完善。

二是旅游数字文创行业。旅游数字文创行业收入主要体现在旅游区门票收入与旅游产品数字化、数字文创产品体验消费收入等。旅游场景中，3D、超高清、全景等特种影视数字视听技术，以及 VR/AR、全息投影、互动与

---

[1] https：//www. qianzhan. com/analyst/detail/220/180816 – 181c6281. html，最后检索时间：2020 年 1 月。

机器人体感等技术，成为支持文化旅游的重要技术手段；结合多元地方经典文化、历史文化遗产、民族优秀文化等内容，通过数字创意内容方式、科技手段和创新设计平台，借用旅游时空，形成数字文化创意产品与服务，如文化主题化、演艺舞台化、体验场景化等多种数字创意产品贯穿文化旅游全程、全景，构成新的文化旅游业态。2018 年国内旅游数字文创行业互联网企业收入：华侨城 481.42 亿元、华强方特 43.45 亿元、宋城演艺 32.11 亿元、大丰实业 19.95 亿元，数字文化旅游企业"文化 + 旅游 + 科技"多元创新趋势开始形成。

4. 新闻传媒业

新闻传媒业是数字化率最高、数字化转型最快的行业。统计显示：2018 年中国传媒产业总规模达 20959.5 亿元，首次突破 2 万亿元大关，占全球传媒产业的 1/7；其中数字传媒产业保持两位数增长，在线视频市场规模达 2016.8 亿元，广播电视广告收入为 1538.5 亿元[①]。按照产业数字化率测算，国内数字传媒产业规模为 7375.8 亿 ~ 8383.8 亿元。我国数字传媒正在构建"智能 +"的立体格局，融媒体创新走向纵深发展，从深度融合到大开大合。以中央广播电视总台为代表的融媒体建设加速融媒体升级，"移动优先"成为行业共识，区域化发展模式成融媒体发展主流，实施顶层设计、推动广电融合数字化转型正在进行中。

二 产业发展问题、对策与趋势

"十一五"以来，特别是"十三五"时期，数字创意产业虽然取得了明显的发展，但产业发展初级阶段问题依然存留，面向新时代的需求，我们应主动把握趋势，积极面向未来发展。

（一）产业发展问题

"十三五"时期，数字创意产业发展主要存在如下突出问题。

---

① 崔保国等主编《中国传媒产业发展报告（2019）》，社会科学文献出版社，2019，第 4 页。

1. 优秀中华文化资源数字化建设体系不完善

比较韩国、英国的文化资源数字化建设，我国不动文物与馆藏文物鉴别规范还未形成标准，非遗数字资源国、省、市三级建设结构与体系混乱、未形成标准，面向教育、传播与产业化三个方向的数字化资源建设质量标准、建设内容接口模糊，应用管理不科学，不利于产业化应用。

2. 原创数字科技成果仍是短板

与发达国家比较，我国数字影视领域高端输入设备、终端特种设备主要依赖进口，数字内容创意设计生产系统软件基本靠进口，体感科技设备研发主要是跟随式前进，交互式输入和输出高端硬件基本来源于国外和我国台湾，参与数字创意科技的大型知名企业数量少、投入少、产出少，全球突破性技术成果还未出现，独角兽企业仍在奋斗中。

3. 优质文创 IP 依然稀缺

优秀数字电影电视剧本、数字动画剧本、漫画绘本、数字游戏与 VR 内容策划案、优秀原创卡通角色设计稀缺，集中表现在优秀 IP 原创人才缺乏、专业团队群体建设与作用效应弱，对优秀 IP 原创扶持不到位，优秀原创 IP 交易机制、投融资机制还处在幼稚期。

4. "文化＋科技"融合是产业发展瓶颈

"文化＋科技"融合是产业发展的主体和关键，即文化与科技融合、数字创意与行业融合。反映在促进数字创意产业发展过程中，政府跨部门合作存在体制盲区与部门限制，地方政府文化与科技、发改、宣传部门之间未形成有效协同办公处置机制；企业跨行业合作缺失平台和驱动抓手，跨行业合作缺少桥梁，尤其是中小文化、科技企业背靠背、互不往来成为定势。

5. 产权保护与中小微企业鼓励存在不足

我国数字版权法迟迟未出台，相关数字产权保护立法滞后，不能满足数字化社会发展的需要，产业发展急需一部类似美国《数字千年版权法》这样的法律。数字创意产业发展初期，创新型中小微企业居多，无法形成与大型企业竞争发展，亟待政府和行业力量鼓励与扶持，推动它们若干年后成为行业中坚力量。

（二）产业发展对策

针对上述问题，总结国外、境外产业发展经验，我们应采取如下对策。

1. 尽快建设国、省、市三级数字文化资源结构体系，实施政府产业统计

尽快梳理我国所有不动文物与馆藏文物存量，实施如同非遗鉴别管理体系一样的所有文物、历史古迹鉴别与管理体系；政府主导构建国、省、市三级文物与非遗数字文化资源结构体系，对应国家级文化资源由中央政府建设管理，省、市级文化资源分别由省级政府、市级政府建设管理，县、区级文化资源一律归入市级建设内容中；数字文化资源建设规格、质量和形式等标准，要直接面向教育传承、数字传播与产业化运用，鼓励引导产业与企业对数字文化资源进行产业化运用。尽快实施数字创意产业政府统计，按照产业实际发展状况完善产业统计分类目录，研制科学方法，统计融合产业的数字创意产业化比例。

2. 大力扶持数字创意科技原始创新

在政策、人才和资金扶持层面，大力扶持专业机构高端数字影视生产设备研发、终端消费设备的研发和产业化，大力支持科研机构基于新型计算的数字内容设计生产系统软件研发与应用，大力支持大型企业世界一流体感科技设备研发生产；在政策和资金层面支持独角兽企业的成长发展，鼓励中小微企业数字创意集成创新。政府要在"十四五"时期进行国内世界一流数字科技成果的战略规划并付诸实施。

3. 大力扶持培育优秀文创IP产出

各地政府对行业组织要实施优秀文创IP人才专项扶持政策，重奖优秀文创IP产业化成果；行业组织与高校专业教学科研机构应研制和实施优秀文创IP评价标准与方法，帮助政、产、研、金进行关于IP产业化水准等级与相关风险的评价；地方应构建"两场、两平台"，即文创IP原型展演场、体验场，文创IP原型网络测试平台、文创IP投融资交易平台。在政策和资金扶持层面，支持文创IP团队进行创新实践与产出创新成果。

4. 大力推动数字创意产业融合发展

在商事登记、税收、融资层面，精准引导和帮扶"文化+科技"型、

数字创意融合型企业的建立与业务发展，利用政策和扶持资金支持数字创意融合型业态发展。由政府主导、以行业为主体，着力建设"文化 + 科技"融合、数字创意行业融合的公共技术服务平台与产业孵化平台，在技术与资金层面支持中小微企业增强产出能力、做大协同创新产出。着力举办和支持国内外数字创意产学研展会与交流活动，推动文化艺术与科技工程跨界交流合作，催生数字创意跨行业交流合作。

5. 实施区块链版权保护工程，鼓励中小微企业成长发展

政府引导支持、行企参与的数字版权区块链版权保护工程，实现数字创意产业消费与产业互联网为"信任互联网""价值互联网"，产业价值链会围绕文化创意本身重塑①；国家政府部门，应尽快着手我国数字版权法的研制发布，全面实施数字版权法。政府在政策、扶持资金和奖励层面，鼓励数字创意中小微企业成长发展。

（三）产业发展趋势

未来，我国数字创意产业规模发展增速将放缓，产业内涵发展、水平提升将增速。伴随数字经济、战略新兴产业、数字文化产业三大政策引导和新技术发展驱动，我国数字创意产业发展将迎来 2.0 时代。

1. 新科技驱动集成创新全面爆发

以"5G + AI"为基础通用的信息与智能技术，以及 VR/AR、4K/8K 超高清影像技术、智能手机技术、智能机器人技术、全息投影技术、区块链与大数据技术等应用技术，将深刻影响未来数字创意技术领域集成创新与应用。新技术与文化内容项目矩阵式组合，将创造数字创意众多的创意新产品，数字创意新技术集成应用场景全面爆发式增长；新技术催生的新商业模式与新业态也将爆发式增长，5G 技术进入商业化应用将带动多个万亿级新

---

① 潘道远、李凤亮：《区块链与文化产业——数字经济的新实践趋势》，《文化产业研究》2019 年第 1 期，第 2～13 页。

兴产业①；AI、大数据、区块链技术结合进一步强化产业增长动力，计算机算法算力为文化创意增添更美翅膀；"4K 先行、兼顾 8K"的总体技术路线带动新一波产业发展，预计 2022 年我国超高清视频产业总体规模超过 4 万亿元②；全息技术取得突破和创意场域产业化继续深入发展；智能手机继续带动数字创意行动应用、网络信息服务等数字信息产品产业做强做大。

2. 新业态发展进入快车道

伴随新技术应用的爆发，产业数字转型成为趋势，文化产业数字化转型将步入常态③。数字创意新业态发展进入快车道：其一，文化软实力提升原动力，数字技术推动文创产品更新加速，数字文化企业转型成为趋势，产业升级是主调；其二，产业发展展现新路径，实施"文化＋科技"，重视文化原创、文化自信与文化"走出去"；其三，产业创新构建生态，顶层设计创新，企业主体多元，用户占重要作用，专业人才必不可少。新业态将重视国际开放合作发展策略，加强跨界合作、软硬整合，建立具有商业化潜力的展演场域或体验场，加强结合具有国际吸引力的软实力内容。

3. 原创数字科技创新局部突破

5G 商用与 AI 接入，将驱动 VR/AR/MR 领域硬软件技术原始创新取得突破；华为 2019 年底 VR 硬件首次上市、HTC 技术深度发展，以及国内外大企业参与投资的 VR/AR/MR 领域增大，无线 VR 设备与轻巧一体机实现技术有望突破；VR 与手机整合也将实现。全息成像技术正在上演通透切层三维成像技术，无介质全息成像有望实现突破。

4. 体感科技（VR/AR/MR）应用走向鼎盛

调研机构 SuperData 预计：AR 在未来 5 年内预计能达到 35 亿安装基数、850 亿至 900 亿美元的营收；VR 的安装基数可能达到 5000 万至 6000 万，营收则

---

① 前瞻数据库：《5G 产业发展趋势分析 万亿级投资、十万亿级市场》，https：//d. qian zhan. com/xnews/detail/541/180411 - e7e3205b. html，2018 年 4 月，第 7 页。

② 中央广播电视总台等三部门联合印发《超高清视频产业发展行动计划》，http：//www. nrta. gov. cn/art/2019/3/1/art_ 113_ 40370. html，最后检索时间：2019 年 3 月 1 日。

③ 李凤亮、赵雪彤：《数字创意产业与国家文化软实力提升路径研究》，《广西民族大学学报》（哲学社会科学版）2017 年第 6 期。

达 100 亿至 150 亿美元；到 2021 年，移动平台的 AR 游戏将会成为 AR 收入的主要来源，是 AR 和混合实境头戴式眼镜收入的近两倍，硬件成本高仍然是大多数用户无法接触的主要原因；伴随 VR/AR/MR 的未来发展，沉浸式装备和内容产业增强提质，非相关、跨行业、多品类的商业模式将形成并落地，广告、电子商务、行动网络与应用游戏的收入将占 AR/VR 收入的 75%[①]。

5. 产业融合发展成为产业主体

受"互联网＋"深化、数字经济发展与数字化转型的推动，数字创意融合产业将成为产业主体板块。数字创意的产业虚拟性、技术高新性、业态无形性、行业先进性、演进纵向性，实现了数字创意产业以虚拟带动实体、以无形渗透有形、以高端统御低端、以先进提升落后、以纵向带动横向，使低端产业成为高端产业的组成部分，实现产业升级的知识运营增长方式与发展经营模式。数字创意产业融合将以知识创意为主导、信息技术为配套、产品与服务为核心，未来融合产业或将形成"平台/场景＋内容""IP＋技术"的基本商业模式，产业融合将是数字创意与其他行业产业发展的现实选择。到 2020 年数字创意融合产业及其影响关联产业规模将达 32 万亿元[②]。

6. 国际竞争发展成为自信、自觉

比较美、英、日与韩国，我国数字创意产业国际竞争力还有待多方向发力，如美国的科技力量、日本的动漫原创力量、英国的产业生态优化力量、韩国国家办大事的国家力量等。"十三五"期间，我国数字文创产品服务出海已经从政府要求变成规模以上企业的主动需求，数字创意产品出口将成为我国规模以上企业经营自觉必备选项，并呈现从资本、产品出海到技术、标准出海的趋势转变[③]。内容产品出口将源于中华文化的集体自信和对世界文化的认知自信；数字创意产品出口自觉，基于中国智造水平世界一流、国际

---

① 台湾经济工业局、财团法人资讯工业策进会：《2018 台湾数字内容产业年鉴》，台湾图书馆出版品预行编目资料，2018 年 9 月，第 23 页。

② 中国信息通信研究院：《中国数字经济发展白皮书（2017）》，http://www.cac.gov.cn/2017-07/13/c_1121534346.htm，2017 年 7 月，第 8 页。

③ 杨晓东、王晓冰、黄斌、张晓明、刘杰：《数字文化产业发展趋势研究报告》，国务院发展研究中心东方文化与城市发展研究所，2019 年 8 月，第 96 页。

贸易与国际竞争意识常态化的形成。

7. 产业互联网强势崛起

2019年我国工业互联网市场规模预计将突破6000亿元，年均复合增长率预计为13.32%[①]；美国国际贸易委员会2017年3月发布的《全球数字贸易1：市场机会与关键》报告显示，我国云计算支出只是美国的2.9%[②]；从网民数量、产业活动量与经济规模来看，我国未来云计算服务产业还有非常大的提升空间，我国未来云计算发展主要体现在工业互联网上。同样，数字创意产业互联建设运行呼之待出，数字创意产业互联网在即时影视服务、即时沉浸内容体验服务、同步时讯影像服务与远程全息展演、全方位时讯服务领域，将大量运用云计算服务；尤其是数字创意产业互联与消费互联的融通，将彻底颠覆生产、组织方式，加速产业型业态形成与转型升级。

8. 区域产业生态体系基本形成

未来5～10年，我国数字创意产业区域的产业生态系统将基本形成。经过十年左右的产业生长，特别是新技术驱动、产业融合与数字经济发展，我国数字创意产业初具规模与轮廓的区域基本形成；围绕数字创意产业生态发展的相关政策、市场条件、技术经济基础等环境构成系统日趋完善，产业消费市场、产业资源、企业群、产业链配套日趋健全，结合地方特色优势的产业生态系统模式基本确立；符合数字创意产业属性的多层级平台式发展的产业生态系统将成为主要模式，硬件、软件与数据平台的结合发展将是主要途径，跨行业、跨界合作、软硬整合将是主要对策[③]。数字创意产业的整体性将日趋明显，产业竞合性特征将进一步凸显，产业开放性与丰富性特征也将基本清晰。

---

① 中商情报网：《2019～2024年中国云安全市场前景及投资机会研究报告》，http://www.chinabgao.com/report/print4730504.html，最后检索时间：2019年7月。

② 美国国际贸易委员会：《全球数字贸易1：市场机会与关键》，2017年，第73页。

③ 台湾经济工业局、财团法人资讯工业策进会：《2018台湾数字内容产业年鉴》，台湾图书馆出版品预行编目资料，2018年9月，第38页。

国际借鉴篇

International Reference

B.14
国际文化产业发展报告

意 娜*

摘 要： 国际文化创意产业的总体研究一直受制于一种客观现实，即
全球各国相关产业政策及统计标准不统一，以及基于各国发
展水平不同带来的参考数据不足，因而始终难以真正了解国
际文化产业发展全貌，展开全球性的比较研究。2017～2019
年，国际文化创意产业发展总体上延续了金融危机和后金融
危机时期逆势上扬、高速发展的态势，并已开始显示受到数
字经济深度影响的特征。发达经济体已经开始调整政策、积
极应对，发展中经济体内部特征各异，但都不同程度地寄希
望于文化创意产业和数字经济带来的就业率提升和传统产业
结构升级。从国际文化创意产业4大类9子类的具体数据也

* 意娜，博士，中国社会科学院民族文学研究所副研究员，主要研究方向为文化研究、文艺
理论。

能看出数字经济已经在各领域产生或多或少的影响。在可预见的未来，应对数字经济带来的改变也是推动全球文化创意产业发展的主要一环。

关键词： 数字经济　国际文化创意产业　国际文化贸易　服务贸易

　　十几年来，文化与创意产业能够推动社会发展这一结论已基本在全球形成共识。联合国系统，许多地区和国家，以及众多的城市都积极推动其发展。联合国开发计划署（UNDP）[①]、联合国教科文组织（UNESCO）[②③]、联合国贸发会议（UNCTAD）[④⑤⑥] 都在各自的报告里，反复强调文化与创意产业能激发创新，推动包容性可持续增长。欧盟（EU）、东盟（ASEAN）[⑦]、非盟（AUC）[⑧] 等区域性联盟的中长期发展规划中都涵盖了文化创意产业：欧盟推出了 2014~2020 "创意欧洲"计划；东盟在其《2016~2025 年东盟文化与艺术战略规划》中将创意产业列为其 6 项核心战略之一；非盟将创意产业列入"2063 议程"及其前 10 年实施规划。

　　尽管如此，数据获取和分析至今仍是国际文化创意产业研究的瓶颈。以目前使用较多的国际创意产品与服务贸易数据为例。

　　首先，创意产品贸易的现有统计口径与文化创意产业实际发展水平在某

---

① UNDP：Human Development Report 2004，2004，http：//hdr. undp. org，最后检索时间：2020 年 5 月 5 日。

② 联合国教科文组织：《创意经济报告 2013（专刊）》，意娜译，社会科学文献出版社，2013。

③ 联合国教科文组织：《重塑文化政策》，意娜译，社会科学文献出版社，2016。

④ 联合国贸发会议：《2008 创意经济报告》，张晓明等译，三辰影库音像出版社，2008。

⑤ 联合国贸发会议：《2010 创意经济报告》，张晓明等译，三辰影库音像出版社，2010。

⑥ 联合国贸发会议：《创意经济展望和国家概况报告》，2019，https：//unctad. org，最后检索时间：2020 年 5 月 5 日。

⑦ ASEAN, ASEAN Strategic Plan for Culture and Arts 2016 – 2025, 2016, https：//asean. org，最后检索时间：2020 年 5 月 5 日。

⑧ African Union Commission, Agenda 2063：First Ten-year Implementation Plan 2014 – 2023，2015，https：//au. int，最后检索时间：2020 年 5 月 5 日。

些方面是相悖的。根据联合国贸发会议历次报告统计，中国自 2005 年起就一直在创意产品贸易中占据领头羊地位。2015 年，中国创意产品出口量是美国的四倍，总计 1685 亿美元，创意产品贸易顺差 1540 亿美元，也居于世界之首。同一年，欧盟国家整体对外创意产品出口额为 1710 亿美元，并没有比中国高多少。发展中经济体创意产品出口居于前十位的是中国大陆、中国香港、印度、新加坡、中国台湾、土耳其、泰国、马来西亚、墨西哥和菲律宾，其中多数都是亚洲经济体①。这一观察与许多读者的直观感受差距较大，因为创意产品贸易统计口径中包含了物理介质生产和珠宝加工等制造业数据②。

其次，数字和网络技术是未来文化创意产业发展的题中应有之义，但其与创意产品国际贸易之间的关系比较复杂。物流优化技术可以将运输和海关处理时间减少 16% ~ 28%，到 2030 年使整体贸易增加 6% ~ 11%，将极大地推动全球贸易发展。与此同时，自动化、人工智能（AI）和 3D 打印将实现更多本地生产，从而到 2030 年将全球贸易减少 10%③，甚至有可能在 2040 年使全球贸易总额减少 40%④。

最后，统计数据本身就具有滞后性，联合国系统的数据是由各国政府自行上报，再汇总研究，滞后性更为明显。《创意经济报告》由于经常性地缺乏重要发展中国家（包括中国和印度）的文化服务贸易数据，一直都难以展开这方面的比较研究和评估。联合国贸发会议在 2019 年 1 月发布的《创意经济展望：创意产业国际贸易趋势（2002 ~ 2015）》报告，是目前联合国系统在官方渠道公开的文化创意产业数据的最新结果。这一报告跟踪统计了 130 个经济体的创意经济发展状况，但数据仅截至 2015 年，对变化非常迅

① 联合国贸发会议：《创意经济展望和国家概况报告》，2019，https：//unctad. org，最后检索时间：2020 年 5 月 5 日。

② 意娜：《论"文化多样性"理念的中国阐释》，《同济大学学报》（社会科学版），2018 年第 3 期。

③ Lund, Susan et al. , Globalization in Transition：The Future of Trade and Value Chains, McKinsey, 2019, https：//www. mckinsey. com，最后检索时间：2020 年 5 月 5 日。

④ Leering, R. , 3D Printing：A Threat to Global Trade, ING, 2017, http：//www. ingwb. com，最后检索时间：2020 年 5 月 5 日。

速的新兴行业而言，在 4 年的数据时间差里可能已经发生很大的变化。

此外，各经济体对文化与创意产业的界定与分类仍不相同，统计口径也差异颇大。创意经济具有动态性和多样性，而官方统计框架倾向于使用标准工业分类（SIC）编码或标准职业分类（SOC）编码，因此多国政府目前均采用非经济数据作为决策参考。

总的来说，如今我们获取的全球创意经济数据包括贸易、国内生产总值、就业、基础设施四类。如前所述，贸易数据有滞后性，并且联合国贸发会议提供的可比较数据不完整；国内生产总值和就业数据均依赖于其他研究人员基于不同的研究方法和基本定义的各种估算，并缺乏所有国家/地区的详细数据，其中就业数据需要国际标准产业分类（ISIC）级别 4 位数字的数据，只有少数国家/地区公开发布此数据。对一些缺乏国内生产总值和就业数据的经济体，基础设施和创意消费变量是主要的参考依据，如阿根廷、哥斯达黎加、厄瓜多尔、牙买加、墨西哥和秘鲁推出的文化地图集等，但提供持续的、可比较的文化地图集的国家并不多。前些年讨论较多的文化卫星账户也是类似的情况，以美洲国家为例，阿根廷、加拿大、智利和哥伦比亚已经建立文化卫星账户；巴西、哥斯达黎加、美国和乌拉圭在发展其附属账户方面取得了长足进展；而玻利维亚、厄瓜多尔和秘鲁目前分别处于发展自己附属账户的初级阶段。[1]

因此，本报告仅能在小区域或特定行业内展开横向比较，在全球和大行业分类层面更多采用具体数据、案例分析和局部描述的方式，试图在有限又多样的数据资源中描摹宏观的国际文化产业发展状况。

一 总体态势：后金融危机时期仍保持高速发展与活力

根据贸发会议的报告，创意经济在 2008 年金融危机期间和之后的几年

---

① Oxford Economics：The Economic Impact of the Creative Industries in the Americas，2013，http：//scm. oas. org，最后检索时间：2020 年 5 月 5 日。

经济发展停滞时期仍表现出活力，2002～2015 年全球创意产品市场从 2080 亿美元扩大到 5090 亿美元，年均增长率超过 7%，因此是一个"对当前和未来投资具有相当潜力的行业"[1]。创意经济对国家 GDP 的促进，不管是发达国家如美国，还是发展中国家如巴西，贡献率都在 10% 以上。美国的创意经济占 GDP 的 11%，相当于其整个制造业的规模和世界制造业的 1/5[2]。

在国际社会普遍关注的社会公平问题方面，创意经济显著地促进了青年人和妇女就业。欧洲青年人在创意部门的就业率远远高于其他行业。2014 年，英国女性在青壮年人口中的占比是 47%，而在音乐产业中女性雇员超过了一半[3]。非盟为了推动青年人的就业，在其"2063 议程"下启动了"2021 年 100 万倡议"，旨在通过就业（Employment）、创业（Entrepreneurship）、教育（Education）和参与（Engagement）的 4 个"E"措施，调动非洲大陆数百万青年的创意力量来推动经济社会发展[4]。在发展中国家，如非洲国家卢旺达和乌干达，妇女是手工艺产品如篮子、垫子等的制作主力；在土耳其和东南亚，手工地毯和其他手工艺品的主要制作者均为妇女[5]。

联合国 2030 可持续发展议程中四个可持续发展关键词是"文化"、"社会"、"经济"与"环境"，但实际上文化被提到的篇幅和其重要性远远低于其他三个。据此，几家全球组织联合发起了"文化 2030 目标运动"，它们对 2016～2019 年已经提交给联合国的 135 份针对"2030 议程"的整体履约报告（中国和美国均尚未提交报告）进行了词频分析，找出在报告中提到"文化"

① 联合国贸发会议：《创意经济展望和国家概况报告》，2019，https：//unctad. org，最后检索时间：2020 年 5 月 5 日。
② Oxford Economics：The Economic Impact of the Creative Industries in the Americas，2013，http：//scm. oas. org，2013，最后检索时间：2020 年 5 月 5 日。
③ EY & CISAC：Cultural Times：The First Global Map of Cultural and Creative Industries，2015，https：//en. unesco. org，最后检索时间：2020 年 5 月 5 日。
④ African Union：1 Million By 2021：The African Union Commission Chairperson Rallies Support for New Youth Initiative，African Union，2019，https：//au. int，最后检索时间：2020 年 5 月 5 日。
⑤ Kabanda，Patrick，Work as Art：Links between Creative Work and Human，2015，http：// hdr. undp. org，最后检索时间：2020 年 5 月 5 日。

次数最多的 10 个国家，分别是意大利、塞浦路斯、帕劳、希腊、新西兰、葡萄牙、塞尔维亚、拉脱维亚、土耳其和卡塔尔。研究团队同时发现，将它们所整理出的前 20 个国家和地区的名单与世界旅游组织和世界经济论坛发布的全球旅游业排名进行交叉对比，会发现这些国家在旅游业排名中也非常靠前，说明这些国家和地区把文化作为发展的优先事项与其旅游产业发展水平高密不可分①。

（一）数字技术的发展对创意经济产生巨大影响

全球数据流的增长速度已经超过贸易或者资金流的增长。数据流指的是数字数据的发送，包括流媒体、监控设备实时发送数据和实时通信②。数字技术的发展，创造了新产品和服务，也通过提高生产率或降低与传统商品和服务流相关的成本，扫清障碍，间接上增加了传统行业的价值。目前谈论较多的数字技术包括互联网、人工智能（AI）、增强和虚拟现实技术（AR/VR）、数字平台和区块链技术。

目前全球大约有 12% 的实物商品通过国际电子商务交易③。华为的一项研究提出了"数字溢出"（Digital Spillovers），分析数字技术带来的经济价值，认为过去 30 年中，数字技术投资每增加 1 美元，便可撬动 GDP 增加 20 美元；而 1 美元的非技术投资仅能推动 GDP 增加 3 美元，数字技术投资（ROI）的长期回报率是非数字投资的 6.7 倍。研究估算出全球数字经济在 2016 年产值为 11.5 万亿美元，占全球 GDP 的 15.5%。数字经济的增速是全球 GDP 增速的 2.5 倍，规模几乎翻了一番，其中美国占 35%；中国从 4% 增至 13%，翻了三番；日本占 8%，欧洲经济区约占 5%④。

---

① Culture 2030 Goal Campaign: Culture in the Implementation of the 2030 Agenda, 2019, https://www.icomos.org, 最后检索时间：2020 年 5 月 5 日。

② CRS: (Congressional Research Service) Digital Trade and U. S. Trade Policy, 2019, https://crsreports.congress.gov, 最后检索时间：2020 年 5 月 5 日。

③ CRS: (Congressional Research Service) Digital Trade and U. S. Trade Policy, 2019, https://crsreports.congress.gov, 最后检索时间：2020 年 5 月 5 日。

④ 华为、牛津经济研究院：《数字溢出：衡量数字经济的真正影响力》，2017，https://www.huawei.com，最后检索时间：2020 年 5 月 5 日。

　　人工智能改变着创意内容的价值链，通过学习和分类用户的偏好来帮助创作者更有效地将内容与受众匹配，从而使提供商能够推荐专门定制的内容。人工智能被用于创意产业，大幅降低专业门槛和成本，增强用户体验。比如美颜软件改变了中国社交媒体上的审美观；Landr 之类的自动化母带软件以每年 50～300 美元的价格提供接近工作室质量的处理和渲染能力。在新闻行业，美联社利用人工智能释放了大约 20% 记者的时间，并将产出增加为 10 倍；《华盛顿邮报》自主研发的工具 Heliograf 用于报道体育和政治新闻，在第一年的产出就达到了每月 70 篇；中国的腾讯新闻使用的智能写作系统，一年写作字数 2.4 亿，输出稿件 107 万篇，该部门采用的全自动短视频生成算法引擎，每天可以生产 1000 条短视频。在创意与原创领域，人工智能已经可以谱写完整的音乐，学会了绘制动物和物体的草图，从摄影中生成复杂的图像。人工智能甚至学会了新的时尚设计，开始撰写电影、舞台剧的剧本[1]。在旅游行业，人工智能的运用带给游客更好的体验，也帮助旅游目的地实时监测游客数据，更好地展开景点的游客流量管理[2]。

　　同样热门的增强和虚拟现实技术现阶段主要应用于改变故事讲述和体验内容的方式，在文创领域主要作为吸引用户的手段。

　　真正从制度上影响创意者和创意生产的是平台经济和区块链技术。平台经济重新定义了创作者、发行者和技术公司之间的关系。头部内容提供者占据了大部分的流量，技术平台则很大程度上决定了用户发现内容的方式。谷歌 2018 年的广告收入达到 1163 亿美元，占全球数字广告收入总额的 32%，超过了全球除美国外所有国家广告额的总和[3]。平台不得不越来越多地参与内容创作的决策过程，承担起远超一家技术公司应该和能够承担的社会责

---

[1]　World Economic Forum & McKinsey：Creative Disruption：The Impact of Emerging Technologies on the Creative Economy，2018，http：//www3. weforum. org，最后检索时间：2020 年 5 月 5 日。

[2]　UNWTO：International Tourism Highlights 2019，2019，https：//www. e – unwto. org，最后检索时间：2020 年 5 月 5 日。

[3]　DSZHANG：《谷歌的广告收入比全中国的广告支出规模还大》，边际实验室公众号 2019 年 12 月 7 日。

任，针对这种新动力的治理框架至今仍是在全球引起广泛讨论的问题。区块链技术对创意经济的影响也被看好，因为就目前所知，区块链具有改变艺术家对其作品控制权的潜力，尤其是薪酬、生产权、第三方货币化和创意作品的数据传输等①。

在一项 50 个国家的研究样本中，数字经济在发达经济体中的 GDP 占比为 18.4%，而在发展中经济体仅占 10.0%。尽管如此，主要的发展中经济体（如中国、马来西亚和智利）对数字资产的积累和使用仍可比肩发达经济体，即便是数字化程度极低的国家，数字经济也是其 GDP 的重要组成部分，这意味着数字技术已成为全球经济的重要组成部分②。库恩的范式理论很早就论证过"科学革命"实质上是"范式转换"：范式的变革不可能是单纯的知识积累，而是从量变到质变的创新和飞跃。这种变革是对原有秩序的突破与反叛，过去时代中在工业和技术领域处于下风的发展中和欠发达经济体在适应数字化方面更为灵活，因为数字化手段直接为它们填补了原本社会生活中缺乏的部分。

（二）发达经济体的文化创意部门发展主要面临推动传统行业在数字时代转型的任务

1. 欧盟推出多种计划努力赶超数字发展节奏

欧盟在 21 世纪初已经意识到数字时代来临将会带来的巨大变革，早在 2000 年就推出了 eEurope 行动计划，又在 2005 年推出了 i2020 计划。此后又推出了一系列政策：2010 年的"欧洲数字议程"；2015 年的"欧洲数字单一市场战略"；2017 年的"迈向数字贸易战略报告"；2018 年连续推出了"数字经济公平税收"和"通用数据保护条例"。这些政策都指向严格隐私和竞争规则下的数字单一市场建设。尤其"通用数据保护条

① World Economic Forum & McKinsey: Creative Disruption: The Impact of Emerging Technologies on the Creative Economy, 2018, http://www3.weforum.org, 最后检索时间：2020 年 5 月 5 日。
② 华为、牛津经济研究院：《数字溢出：衡量数字经济的真正影响力》，2017，https://www.huawei.com, 最后检索时间：2020 年 5 月 5 日。

例"不仅适用于欧盟企业,对在欧盟运营的第三国企业或机构也拥有域外法权。条例规定,对于滥用或不当处理个人数据的,将处以最高 2000 万欧元或者企业上一年度全球营业收入 4% 的罚款。根据此条例,美国两大互联网巨头——脸书和谷歌立即受到投诉和调查,谷歌因此收到法国开出的 5000 万欧元罚单。2019 年,欧盟还宣布出台一批诸如对通用数据或专有数据开放使用或限制收费的新规;制定对欧洲公民逐步开展数字技术使用和技能发展培训的规划;要求相关机构加强对企业和公民的数据服务[①]。

过去几年里主流观点认为,在价值迅速向先行者和勇敢者转移的时候,欧洲落后于其他地区。欧洲目前仅捕获其数字潜力的 12%,并且预期对人工智能等关键技术的投资不到美国的 1/5。尽管如此,3 年来,欧洲数字经济产业利润在 GDP 中所占比重逐年增长,预计通过全面实施数字单一市场计划,欧洲可以将其 GDP 增长 4150 亿欧元,每年还可为欧洲人节约 110 亿欧元开支,并可创造几十万个就业机会。

2. 美国积极推动数字贸易(Digital Trade)发展

根据"世界经济论坛全球竞争力指数 4.0"算法,美国以 85.6% 的得分位居榜首,而全球平均得分为 60%。该研究确定了生产力的主要驱动力是人力资本、创新、弹性和敏捷性,并指出未来的生产力不仅取决于技术投资,还取决于数字技能的投资,美国被认为是"超级创新者"[②]。

美国的数字经济主要包括信息和通信技术(ICT)部门和基础设施、数字交易或电子商务和数字内容或媒体,其中并没有包括共享经济。2017 年,美国的数字经济占 GDP 的 6.9%,提供了 510 万个就业岗位,占美国总就业岗位的 3.3%,其中 2/3 是对数字技能有中高级要求的。数字经济的这些岗

---

① 王蓓华:《欧洲大学联盟、数字化单一市场……欧洲一体化出现新希望》,《文汇报》2019 年 8 月 5 日。

② Schwab, Klaus: The Global Competitiveness Report 2018, World Economic Forum, 2018, http://www3.weforum.org,最后检索时间:2020 年 5 月 5 日。

位平均工资约为美国整体经济年均薪酬的 1.5 倍①。从 1997 年至 2017 年，数字经济的实际增加值增长率每年超过经济的整体增长率，2017 年数字经济的实际增加值增长占实际 GDP 总增长的 25%②。软件行业对所有 50 个州的 GDP 都有贡献，爱达荷州和北卡罗来纳州的 GDP 因软件行业而增长了 40% 以上。

在数字经济发展基础上，美国开始重视数字贸易的发展。数字贸易并无全球共识的定义，美国国际贸易委员会（USITC）对数字贸易的定义是：任何产业的公司通过互联网来提供产品与服务，以及相关的产品，如智能手机和互联网传感器。数字贸易包括了电子商务平台和相关服务，但是不包括在平台上销售的实物产品，以及具有数字对应物的实物产品，比如书籍、电影、音乐、软件等③。但以提供在线流媒体服务的美国奈飞公司（Netflix）为例，其国际收入从 2010 年的 400 万美元增加到 2017 年的 50 亿美元以上④。

（三）发展中经济体内部呈现多元特征，创意经济在政策层面受到高度重视

发展中经济体常常被作为一个整体进行描述，但其实内部差异相当大。除了巴西等少数国家和地区 GDP 能占到 10% 之上以外，多数发展中经济体创意经济对 GDP 的贡献介于 2%～7%，不过也观察得到逐年增长的趋势，如阿根廷、墨西哥、秘鲁等。在某些经济体中，该部门已经是重要的就业提供者，如占哥伦比亚、墨西哥、特立尼达和多巴哥的就业的

① BEA：（U. S. Bureau of Economic Analysis）Measuring the Digital Economy：An Update Incorporating Data from the 2018 Comprehensive Update of the Industry Economic Accounts，2018，https：// www. bea. gov，最后检索时间：2020 年 5 月 5 日。

② CRS：（Congressional Research Service）Digital Trade and U. S. Trade Policy，2019，https：// crsreports. congress. gov，最后检索时间：2020 年 5 月 5 日。

③ USITC：Global Digital Trade 1：Market Opportunities and Key Foreign Trade Restrictions，2017，https：//www. usitc. gov，最后检索时间：2020 年 5 月 5 日。

④ WTO：World Trade Report 2018：The Future of World Trade，2018，https：//www. wto. org，最后检索时间：2020 年 5 月 5 日。

5% ~ 11%①。在南非，截至 2017 年，创意经济拥有近 50 万的员工，对 GDP 的贡献率约 2.9%②。

亚太地区部分发展中经济体已经达到与欧洲和北美的创意经济同步的增长速度。它们与欧洲和北美加起来占到了全球文化创意产业收入的 93% 和工作岗位的 85%。相比之下，非洲、中东以及拉丁美洲和加勒比地区尚未发挥出潜力。对于这些地区，创意经济代表了尚未开发的经济潜力，并且有机会通过供应链效应为创新经济和其他行业做出贡献③。

在发展中经济体中，北非与中东地区（MENA）因为有阿拉伯国家联盟（League of Arab States，包括北非与中东的 21 个阿拉伯国家）的存在和文化、地缘的相似性被纳入同一区域考虑，都属于发展中国家，但其中相当多中东国家都属于收入很高的发展中国家。这些国家过去很少被专门关注，2015 年文化地图报告④中记录该地区的文化与创意产业相关 11 个部门的总收入为 580 亿美元，占全球的 3%；创造工作岗位 280 万个，占全球的 8%。其文化创意部门的发展与一般发展中经济体不同，这些国家没有农业与工业基础，仅靠能源维持很高的收入和消费，在社会包容度高的地区比较发达，多以体验经济为特色。

以科威特为例，创意产业是其非石油产业部门中最大的一个，提供了大约 3.5 万个就业岗位，创造数十亿科威特第纳尔的产值，相当于 24% 的非石油制造业和 72% 的商业服务部门。根据统计，科威特创意产业的规模是当地食品和饮料制造业的 1.5 倍、机械制造业的 5 倍和塑料制造业的 8 倍。该国主要的创意产业门类为创意服务和媒体，此外基于设计和体验的创意产

---

① Oxford Economics：The Economic Impact of the Creative Industries in the Americas，2013，http：//scm. oas. org，最后检索时间：2020 年 5 月 5 日。

② Haines，Richard，Mangope，Rosemary：Creativity is Potential Currency in the Fourth Industrial Revolution，2017 September 3，https：//www. fin24. com，最后检索时间：2020 年 5 月 5 日。

③ Palanivel，Thangavel：How Cultural and Creative Industries Can Power Human Development in the 21st Century，UNDP，2019，http：//hdr. undp. org，最后检索时间：2020 年 5 月 5 日。

④ EY & CISAC：Cultural Times：The First Global Map of Cultural and Creative Industries，2015，https：//en. unesco. org，最后检索时间：2020 年 5 月 5 日。

业项目也有巨大的发展潜力。而国家层面的创意产业扶持点主要集中在奢侈品产品和服务，以及创意能力建设①。

再以阿联酋为例，基于雄厚的财力，阿联酋已经建立了举世瞩目的文化体验产业设施，如阿布扎比的法国卢浮宫博物馆、法拉利世界主题公园、华纳兄弟工作室和赛车场等。2018年2月，阿联酋设立了"阿联酋文化发展基金"，由该国文化与知识发展部监督，旨在调动阿联酋国内各阶层和私营部门的力量，为阿联酋境内的文化活动提供资金，鼓励阿联酋本国的文化产业发展。同时，阿联酋还启动了"创意产业贡献指数"，用以评估文化活动经济回报的明确结构和实际作用。尽管全球都十分关注这一基金的后续发展，阿联酋尚未公布该基金的具体投资金额和确定的支持项目。研究认为，创意产业在阿联酋的发展成绩，并不仅仅是因为有雄厚的资金，更主要的原因是阿联酋社会对新技术、创意和创意人才的包容。正是宽松的创意产业发展政策和众多与创意能力建设有关的私立教育机构的存在，这些资金才能被使用到创意与体验产业项目中②。根据全球创新指数（GII）的排名，阿联酋长期是阿拉伯国家中最有创造力的一个，2018年在全球排名第38位，是全球创新投入排名的第24位，创新产出排名也逐年上升，在2018年位列第54位③。

一般发展中经济体在发展创意经济时，多有相似的优势，也有相应的缺位。优势表现如下：

①文化表现形式多样性。创意经济时代的文化产品就是在"产品中嵌入独特的'故事'"，并且加入全球竞争。②相似的创业生态系统和促进措施。如果翻阅联合国教科文组织文化多样性基金资助的项目库，不难发现多数发展中经济体都参照发达地区的经验建立了相似的推动发展措施，包括城市中的创业公司、创意产业孵化器和联合办公空间等。③随着受教育程度的

① World Bank：Mentoring the Creative Industries Sector in Kuwait，2018，https：//www. worldbank. org，最后检索时间：2020年5月5日。

② Grotenhuis，Frits，Creative Industries in the Middle East，2018 October 31，http：//ecbnetwork. eu，最后检索时间：2020年5月5日。

③ WAM：UAE Leads Arab Countries in Global Innovation Index 2018，https：//www. emirates247. com，最后检索时间：2020年5月5日。

逐年提高，年青一代越来越多接受高等教育，并且加入跨国公司和文创类的创业企业接受进一步的实践培训，很多人自己也开始建立自己的创业公司。

与这些相似的正向发展特征①不同，发展中经济体往往伴随着另一些相似的缺位：

①管理滞后。公共部门对于培育新兴产业的准备不足，开放式创新和敏捷管理文化的能力不够，政策多为滞后性的模仿。②经济基础和教育基础的不足。尽管多数发展中国家和地区都在大力发展教育事业，但毕竟基础薄弱，经济能力有限，发展STEAM（科学、技术、工程、艺术和数学）学科的道路仍旧非常漫长。③创意能力不足。尽管有丰厚的文化底蕴，现实中往往是没有足够的能力将文化故事讲好，最后只能在本文化范围内达成共鸣或者遭到批评，难以吸引跨文化的受众，更遑论实现跨文化市场盈利。

发展充满活力的创意经济在一定程度上取决于经济体的主动应对。许多领域都是机遇与挑战并存的，包括技术、教育、劳动力市场、宏观经济政策、性别问题、城市化、移民等。由于文化和创意活动的多样性，在创意经济领域并没有万能解决方案。东盟在其"2016～2025年文化与艺术战略规划"中开出的11条促进措施就具有代表性，包括鼓励对当地文化的挖掘；将东盟作为一个整体进行文化生产、对外文化营销、协调文化资金等；扶持妇女、青年的创业；鼓励东盟内部以及对外在教育、电影、音乐、动画等领域的交流与合作；促进文化和遗产旅游，鼓励中小企业参与文化产业发展等②。而非盟在2063议程的框架下优先发展的文化创意产业门类也主要是视听与电影产业③。联合国开发计划署提出了五条建议供发展中经济体参考④，分别是：

① Avogadro, Enrique: Is Latin America Ready for a Creative Economy? World Economic Forum on Latin America, 2016, https://www.weforum.org, 最后检索时间：2020年5月5日。
② ASEAN: ASEAN Strategic Plan for Culture and Arts 2016 – 2025, 2016, https://asean.org, 最后检索时间：2020年5月5日。
③ African Union: AU Ministers of Youth, Culture and Sport Call for greater Contribution of the Audio-visual and Cinema Industry to the Development of the Continent, African Union, 2017, https://au.int, 最后检索时间：2020年5月5日。
④ Palanivel, Thangavel, How Cultural and Creative Industries Can Power Human Development in the 21st Century, UNDP, 2019, http://hdr.undp.org, 最后检索时间：2020年5月5日。

①根据"2030 年议程"和可持续发展目标，各国需要将与文化创意产业相关的机遇和挑战纳入其国家发展计划、战略和预算；②加大力度保护知识产权，建立保护创作者权利并确保创作者公平报酬的法律框架；③文化超越国界，改善国际、区域和南南合作至关重要；④培养人才，促进创意的相互转化；⑤深刻理解挑战和机遇，政策优先事项应是收集和分析文化创意产业数据。

二 行业发展状况评估

（一）行业划分依据

这里沿用联合国贸发会议对创意产业的分类，即 4 大类 9 子类：遗产（含传统文化表现、文化场所）；艺术（含视觉艺术、表演艺术）；媒体（含出版和印刷媒体、视听产业）；功能创意（含设计、新媒体、创意服务）①。选择的依据是，贸发会议的分类，基于全球的产业发展状况，照顾到发展中经济体的实际，并兼顾了创意的上下游，将无形的服务与有形的产品结合起来，还持续有一定的跟踪数据，便于我们进行分析研究。

（二）遗产类创意经济发展状况

全球手工艺品市场正在扩大，2015 年，国际贸易总额达 350 亿美元。2003～2015 年年均出口增长率为 4.42%，出口额从 2002 年的 199 亿美元增加到 2015 年的 350 亿美元。手工艺品仍然是发展中经济体出口收入最重要的创意产业子部门。全球前十名出口国和地区中，中国大陆的数字（173.83 亿美元）是第二名土耳其（27.54 亿美元）的 6.3 倍。把中国大陆、中国香港和中国台湾的数据加在一起，市场份额占到全球的 56.6%。中国在世界市场上

---

① 联合国贸发会议：《2010 创意经济报告》，张晓明等译，三辰影库音像出版社，2010，第 7页。

占有率最高的产品包括地毯、庆典用品、纺织产品和柳编产品①。

在旅游行业，2018 年国际游客人数增长了 5%，达到 14 亿，提前两年达到世界旅游组织的预测数字。与此同时，旅游业产生的出口收入已增长到 1.7 万亿美元，占全球出口额的 7%，全球服务出口的 29%，是继化学制剂和燃料以外第三大出口类别。旅游业出口连续第七年比商品出口增长快，从而减少了许多国家的贸易赤字。在这 1.7 万亿美元中，1.5 万亿美元都是目的地收入，交通只占了 2560 亿美元。从这个意义上说，旅游业正在帮助数百万人改善生活，并改善社区的面貌。到达游客最多的还是欧洲，在 2018 ~ 2019 年，欧洲吸引了超过 7.1 亿游客，获得了 5700 亿美元收入；其次是亚太地区，吸引了 3.48 亿游客，获得收入 4350 亿美元。国际游客人数的增长（5.4%）和收入的增长率（4.4%）继续超过世界经济的增长率（3.6%），新兴和发达经济体都从旅游收入的增长中受益②。

除了前往中东地区（探亲访友和健康、宗教）外，前往其他地区的旅游都是以休闲为主，休闲旅游的比例已经从 2000 年的 50% 上升到 2018 年的 56%。旅游交通工具中，航空占比从 2000 年的 46% 上升到 2018 年的 58%，同时期陆地交通旅游比例从 49% 下降到 39%。全球前 10 的旅游目的地吸纳了 40% 的游客，最赚钱的 10 个旅游目的地赚走了旅游出口额的 50%，80% 的全球游客都没有走出自己的大洲③。世界经济论坛也从有利环境、政策和条件、基础设施、自然和文化资源四个大类中设定了 14 个指标，对全球经济体进行了旅游竞争力排名，中国在这个名单里仅列第 13 位。

（三）艺术类创意经济发展状况

联合国贸发会议统计的视觉艺术包含古董、绘画、雕塑、摄影及版画、

---

① 联合国贸发会议：《创意经济展望和国家概况报告》，2019，https：//unctad. org，最后检索时间：2020 年 5 月 5 日。

② UNWTO：International Tourism Highlights 2019，2019，https：//www. e - unwto. org，最后检索时间：2020 年 5 月 5 日。

③ UNWTO：International Tourism Highlights 2019，2019，https：//www. e - unwto. org，最后检索时间：2020 年 5 月 5 日。

雕刻、装饰品等，视觉艺术全球出口的前十名包括法国、美国、英国、中国、瑞士、德国、中国香港、日本、意大利和新加坡，法国和美国的出口额加起来占到了发达国家份额的将近一半。发展中经济体的份额虽然不高，但是增长速度极快。巴西的视觉艺术出口年增长率达到了24.8%，中国大陆也达到了14.77%。这种增长率与富裕中产阶级出现，以及原本基础薄弱都有关系①。

总部在英国、世界上最大的音乐节在线预订门户Festicket发现，2018年出国参加音乐节的游客增加了29%，音乐节消费者的消费水平逐年提高，住帐篷的乐迷如今更多只是为了在活动期间体验这种传统而非省钱②。

（四）媒体类创意经济发展状况

联合国贸发会议认定的出版和印刷媒体统计包括各种图书形式的文学作品（小说、诗歌、教材、专业读物等）以及报纸、杂志等印刷类新闻媒体。中国以31.86亿美元的出口额占到全球第四名，第一名是德国，2015年的出口额为41.31亿美元。美国尽管以39.54亿美元居于第二名，但进口额高达65亿美元③。

尽管印刷仍将是图书消费的主要形式，但越来越多的人收听有声读物。有声书的版权问题和电子书一样成为重要的话题。数字图书、独立出版商、自助出版平台、教科书租借和二手市场都在吞噬出版商的收入。在东南亚，智能手机拥有率很高的人口代表了一个巨大的尚未开发的数字图书市场。欧洲、中东和非洲（EMEA）市场较为成熟，但增长速度较慢。2018年，全球图书总收入为1220亿美元，到2023年预计将达到1290亿美元，年增长率为1.2%④。

---

① 联合国贸发会议：《创意经济展望和国家概况报告》，https：//unctad. org，2019，最后检索时间：2020年5月5日。

② Festicket：Festival Insights 2018：International Festival Experiences On the Up，2018，https：//www. festicket. com，最后检索时间：2020年5月5日。

③ 联合国贸发会议：《创意经济展望和国家概况报告》，https：//unctad. org，2019，最后检索时间：2020年5月5日。

④ PWC：2019－2023 Global Entertainment & Media Outlook，2019，https：//www. pwc. com，最后检索时间：2020年5月5日。

移动互联网重塑了整个媒体类的创意经济。截至 2018 年底，世界上有 51.1 亿移动用户，这个数字在 2018 年增长了 1 亿（2%）；2019 年有 43.9 亿互联网用户，比 2018 年 1 月增加了 3.66 亿（9%）；2019 年有 34.8 亿社交媒体用户，一年中增长了 2.88 亿（9%）；2019 年 1 月，有 32.6 亿人在移动设备上使用社交媒体，新用户增加了 2.97 亿，同比增长超过 10%。最引人注目的是印度，在 2018 年，印度的互联网用户增长了近 1 亿，年增长率超过 20%。截至 2018 年末，南亚国家/地区的互联网普及率约为 41%，一年时间提高了一成①。

（五）功能创意经济发展状况

根据联合国贸发会议的统计，设计仍然是世界创意产业市场的最大部门，包括室内设计、时尚用品、珠宝、玻璃器皿、玩具和建筑材料。世界设计产品的出口从 2002 年的 1180 亿美元增长到 2015 年的 3180 亿美元，将近增加了两倍。设计产品在创意产品出口总额中的份额保持稳定。意大利和中国仍然是创意产品的主要出口国，这得益于它们在设计产品的生产和贸易方面的竞争地位。其中中国的数字达到了 1223.57 亿美元，独占发展中国家 65.86% 的市场份额②。

以设计行业中的沉浸式设计为例。沉浸式设计是让参与者感觉"自己是故事中的一部分"的设计类型，更密切地与娱乐体验结合在一起。截至 2018 年，沉浸式娱乐产业在全球范围内拥有超过 45 亿美元的市值，这还没有包括 452 亿美元的主题公园产业，两者加起来则是近 500 亿美元的市场规模，已经远远超过了 411 亿美元的全球电影票房的市值。仅 2018 年，北美地区有 700 个新的沉浸式项目创作面世，这些数据都从侧面证明了这个行业未来发展的潜力③。

---

① Kemp, Simon：Digital 2019：Global Digital Overview，2019，https：//datareportal.com，最后检索时间：2020 年 5 月 5 日。

② 联合国贸发会议：《创意经济展望和国家概况报告》，https：//unctad.org，2019，最后检索时间：2020 年 5 月 5 日。

③ Next Scene：《2019 全球沉浸式设计产业发展报告》，https：//nextscene.us，2019，最后检索时间：2020 年 5 月 5 日。

三 国际文化产业发展趋势分析

（一）第四次工业革命带来的创意经济4.0时代

2018年5月，大英百科全书增设了"第四次工业革命"（The Fourth Industrial Revolution）的条目，指出"第四次工业革命预示了将在21世纪发生的一系列社会、政治、文化和经济动荡。在第三次工业革命（即数字革命）的结果导致数字技术的广泛普及的基础上，第四次工业革命将主要由数字、生物和物理创新的融合所驱动"[1]。总的来说，第四次工业革命对企业有四个主要影响，即客户的期望、产品的增强、协作创新和组织形式[2]。第四次工业革命已经改变了个人和社区的生活、工作和互动方式，网约车和网购就是其中的代表。人工智能和5G技术的发明和应用，带来了更快、更广、更深的改变。根据华为的预测，到2025年，产业互联网崛起，各行各业融入数字化、智能化进程，数字经济占比将高达24.3%[3]。

但与众多传统行业对职业被替代的担心不同，英国智库Nesta的报告认为，在美国和英国，各有86%和87%高创造性的工作并没有或很少有被自动化取代的风险[4]。在亚洲，第四次工业革命改变了创意经济的面貌。在全球经济众多的活力部门中，创意产业不仅在其端到端的价值链中创造了就业和经济机会，也为一个国家或地区在全球范围内树立和共享了其文化身份。表面上，第四次工业革命的数字产品和服务使得内容的生产、发行和消费都

---

[1] Schwab, Klaus, "The Fourth Industrial Revolution", Encyclopædia Britannica, 2018, https：//www. britannica. com, 最后检索时间：2020年5月5日。

[2] Schwab, Klaus, "The Fourth Industrial Revolution：What It Means, How to Respond", Foreign Affairs, 2015 December 15.

[3] 华为、牛津经济研究院：《数字溢出：衡量数字经济的真正影响力》，2019，https：//www. huawei. com，最后检索时间：2020年5月5日。

[4] Nesta, Creativity vs. Robots：The Creative Economy and the Future of Employment, 2015, https：//media. nesta. org. uk, 最后检索时间：2020年5月5日。

改变了方式，新的市场出现，传统行业用新的方式获得振兴。而从深层次来看，第四次工业革命改变了创意经济的三种范式①。

1. 商业准入门槛降低

传统的创意内容，如音乐、电影、电视与文学被数字化创作、分销与储存。数字格式使得创意内容产品的创作者成本降低，可以帮助他们更方便地扩大和投入。对于消费者的体验来说，商业介入程度更深，通过人工智能和基于数据分析的机器学习，更容易服务到特定的消费者。

2. 跨界发行

互联网无边界的本质使创意和商业可以不受过去地理或财务限制接触到更广泛的顾客。商业跨国和跨地区变得更容易，基于云技术的应用允许企业在其他国家或地区获得商业机会。遍布全球的顾客能够以数字方式获得创意产品，也会反过来逐渐影响这些创意产品。

3. 消费者获利

消费者的选择变得更多、更便捷、更便宜。如今的消费者只要有了手机，就可以摆脱对收音机和电视的需要，直接在手机上听音乐或者看电影。技术也越来越好地回应了消费者的一些关注领域，比如评分、家长控制和欺诈提醒等。

对于发展中经济体来说，通过创意经济实现弯道超车仍然是值得期待的。印度尼西亚总统 Joko Widodo 在印度尼西亚创立了印度尼西亚创意经济所（BEKRAF），他就认为："如果我们在高科技领域去跟德国或者中国竞争，我们肯定输；但在创意经济领域，我们还是有胜算的！"②

不过进入创意经济 4.0 时代，也面临着一些挑战：一方面，消费者的需求变化越来越快，创意生态需要应付随时可能变化的消费者，也要承担更多伦理方面的考虑和挑战；另一方面，商业环境被破坏，不能适应数据时代商

---

① World Economic Forum：Agile Governance for Creative Economy 4.0，2019，http：//www3. weforum. org，最后检索时间：2020 年 5 月 5 日。

② Gu，Xin，The New Kid on the Block － Indonesia is Pushing for "Creative Economy" with a Mission for Social Impact，Monash University，2018 Nov. 19，https：//arts. monash. edu，最后检索时间：2020 年 5 月 5 日。

业灵活性的传统企业将难以生存,从成熟的行业,如金融行业的艰难转型中我们已经能够观察到这一点①。

(二)城市仍将是文化产业发展的主要推动场景

理查德·佛罗里达在其 2017 年出版的新书《新城市危机:城市如何增加不平等,加深种族隔离和中产阶级失败》中,着重强调了因为创意产业通常雇用技术工人,导致受过高等教育的工人的相对工资上升。在普遍的社会意义上,城市的贫富差距会进一步拉大。这同时也说明,创新与创造力与受教育程度相关,也与整体的经济发展水平有关,因此城市仍将是文化产业发展的主要推动场景。

总的来说,城市与创意经济之间呈现紧密互助的开放关系,而不是单向的依赖。城市具有的物理上人、财、物的集聚能力为创意生产保障了最基本的要素;具有文化遗产基础的城市通过发展文化旅游增加收入、提升城市硬件环境;在各个城市和地区积极吸引外来投资的背景下,文化创意产业带来的城市品牌和推广效果,以及能够吸引人才留居的生活方式都有助于这一城市在竞争中获胜。此外,创意城市通常更能包容各种文化表现形式,营造更为和谐多彩的生活环境。在文化底蕴深厚的亚洲城市中,不管在北京、东京还是首尔都可以观察到,当我们谈及文化创意,已经不再是传统艺术、传统文学、传统音乐舞蹈的讨论,而是熟悉的当代文化产业和创造性活动,比如北京是以设计之都进入教科文创意城市网络,而首尔和东京也更容易让人联想到影视、游戏和互联网等产业形态。在发展中国家,由于工业基础的薄弱,创意经济可能无法像发达国家主要城市那样占据如此大的份额,但随着资本转移和产业结构调整,新文化经济占领发展中国家主要城市和区域经济更大份额的未来前景是可以预见的②。

① World Economic Forum:Agile Governance for Creative Economy 4.0,2019,http://www3.weforum.org,最后检索时间:2020 年 5 月 5 日。

② 意娜:《创意经济、创意城市与城市可持续发展》,《创意城市观察——联合国教科文组织创意城市网络的发展 (2004~2019)》,联合国教科文组织国际创意与可持续发展中心,2019。

不过，随着数字经济的兴起，纽约、伦敦和旧金山等过去以技术密集型网站和多媒体闻名的"新"发展方式已经被更新的新媒体、设计和新数字经济所取代①。尽管近年来经历了金融危机和广泛的经济衰退，创意经济的持续发展证明了它不光是经济繁荣时期的产物（"好时光的糖果"）②，也需要未来持续展开创意经济与城市关系研究。遗憾的是，在这一领域，没有一种既成的研究结论能够成为"标准答案"，也没有政策"模板"可以参考，其他城市和地区的经验和案例永远不可能直接照搬而获得再次成功。推动创意经济和创意城市的政策理念，需要从"快政策"（Fast Policy）思维转变为"耐心政策"（Patient Policy）思维。正如我们期望创意经济促进城市和地区可持续发展，创意城市和创意经济本身，也需要我们长期持续进行观察和研究。

（三）新兴技术在获得红利的同时也带来一定挑战

根据普华永道最新的《2019～2023年娱乐及媒体行业展望》的预测，未来5年，全球娱乐及媒体行业仍将保持4.3%的增速，预计到2023年总价值将达到2.1万亿～2.6万亿美元，主要原因就是消费者在变化中重新塑造了整个行业。而随着互联网广告和数据消费的增长，（移动）数字收入在行业中的占比将会继续放大。其中中国的增速（预计7.7%）和绝对值840亿美元可能会超过美国（增速预计2.5%，绝对值710亿美元）。到2020年智能手机数据消耗将超过固定宽带。在许多发达市场，普及率已经达到或接近饱和。同时，在印度、印度尼西亚和尼日利亚等某些人口众多但分布于广阔而充满挑战的地区的市场中，运营商已将精力投入移动业务的增长中③。

尽管有许多积极的数字红利，但在整个人群中也可能产生负面和不平衡

---

① Foord, J., & Evans, G., "The New Boomtown? From Creative City to Tech City," *Cities*, Vol. 33, pp. 51 – 60, 2013.

② Pratt, & Hutton, "Reconceptualising the Relationship between the Creative Economy and the City: Learning from the Financial Crisis," *Cities*, Vol. 33, pp. 86 – 95, 2013.

③ PWC: 2019 – 2023 Global Entertainment & Media Outlook, 2019, https://www.pwc.com, 最后检索时间：2020年5月5日。

的结果,例如非熟练工人的流离失所,有无互联网访问的公司之间的不平衡以及某些人使用互联网建立垄断的可能性①。尽管新技术和新商业模式为提高效率和扩大收入、更快地创新、开拓新市场并获得其他收益提供了机遇,但随着供应链、劳动力市场和某些行业的中断,新挑战也随之出现。比如,人才和职位无法完全匹配。在美国田纳西州的纳什维尔,有大量的音乐制作和广播技能人才,但缺乏 IT 基础设施、具有系统管理和网络编程技能的人才②。

① World Bank: World Development Report 2016: Digital Dividends, 2016, https://www.worldbank.org, 最后检索时间: 2020 年 5 月 5 日。
② Alden, Edward, Taylor-Kale, Laura, *The Work Ahead*: *Machines*, *Skills*, *and U. S.*, New York, Council on Foreign Relations Press, 2018.

B.15
国际文化科技趋势报告

张晓明　秦　蓁*

摘　要： 本报告是对2017年1月至2019年9月国际文化产业领域动态
趋势的观察研究；研究方法主要是根据《2009年联合国教科
文组织文化统计框架》中文化产业类别框架中的关键词与
Garther技术成熟曲线涉及的关键词综合构成检索框架，按年
度搜索文化科技案例及文献。并依据以上研究框架，梳理、
归纳出近年来文化科技融合发展的十大趋势；描述5G、人工
智能、区块链、虚拟现实等新一代信息技术为文化产业可能
带来的变革——包括新的内容消费接触点、构建更为智能化
的内容确权机制等；分析这些文化科技新业态的发展与变化，
探讨在未来几年中文化科技融合可能产生的机遇。

关键词： 文化科技　数字创意　5G技术　人工智能　区块链

回顾过去的10年间，信息技术与文化及创意相关产业融合叠加的领域
已成为经济增长、技术创新、商业模式创新和投资的沃土。全球创意产品及
创意服务贸易增速显著，与新技术结合紧密的文化部门、领域更被视为未来
最具增长潜力的领域。4G时代，文化产业不断涌现出独角兽企业；正在走

---

* 张晓明，中国社会科学院中国文化研究中心副主任，研究员，主要研究方向为文化政策、文
化科技融合等；秦蓁，中国社会科学院文化中心特聘研究员，现任职于北京乐器学会，主要
研究方向为文化科技趋势、音乐科技趋势、数字娱乐、文化教育产品及商业模式。

来的 5G 时代在人工智能、虚拟现实等新一代信息技术的影响下，将再次改变创意产业的格局。随着技术更新周期的不断缩短，文化领域的创新和融合日趋加速，新产品、新服务的发展日新月异，全球各国都在对产业的划分做出调整，试图追踪、理解这种变化趋势，为产业乃至国家的经济发展探寻路径。本研究的意义正在于此：试图建立一个更为宽泛和动态的观察框架，对文化和创意领域与新技术结合的动态变化进行追踪和归纳，为文化科技企业和政府相关部门决策提供支持。

一　研究内容和框架

（一）研究内容

本课题研究内容是文化创意领域的科技应用创新动态，聚焦的是新一代信息技术及具有文化和科技属性的创新业态、产品和服务及其领先企业；课题人员选择企业或机构主要依据媒体公开发布的各领域排行数据，确定目前文化创意各领域具有全球影响力和代表性的机构、上市和新创企业（非上市）。主要数据采集时间段及来源：涵盖了 2017 年 1 月至 2019 年 9 月（少量为 2014~2016 年）全球主要国际机构和咨询机构发布的报告和主流媒体信息及专利数据库、主要经济体政府公开数据和政策信息、企业新产品（服务）信息。本次研究涵盖对象包括：全球主要文化产业发达国家（欧美日韩）文化科技领域产生的文化科技新产品、新服务业态。

（二）研究范围框架

研究之初首先建立了科技与文化属性兼顾的研究框架以界定研究内容，主要利用文化产业分类关键词、全球重点发展的高新技术领域关键词进行检索，并对这两部分内容的主要文献进行了比较和筛选。

文化产业分类方面：由于文化产业的分类框架在国际上不同组织和地区都有不同的分类标准和统计方式。因此，首先对主要国际机构对文化产业的分类差异进行了梳理——包含联合国教科文组织（UNESCO）① （文化产业）、世界知识产权组织（WIPO）② （版权产业）、欧盟委员会（European Commission）③ （文化经济）、欧盟委员会（European Commission）④ （创意内容产业）、经济合作与发展组织（OECD）⑤ （知识经济）、联合国贸易与发展会议（UNCTAD）⑥ （创意产业）。通过对各机构分类内容的对比发现，由于欧盟委员会的"创意内容产业""文化经济"和联合国贸易与发展会议对"创意产业"的划分聚焦于内容创作发行，不包含（或较少包含）辅助设备、旅游、教育、实体等类别；世界知识产权的"版权产业"从版权入手，缺少实体部分；经济合作与发展组织的"知识经济"偏重高级技术且范畴较为宽泛。因此最终选择了《2009 年联合国教科文组织文化统计框架》作为检索阶段定义文化及创意领域的框架，因为该统计框架追求最大化的国际

---

① 文化产业包括九大部类：文化和自然遗产、表演和庆祝活动、视觉艺术和手工艺、书籍和报刊、音像和交互媒体、设计和创意服务、横向领域（非物质文化遗产、教育、旅游）、体育休闲、娱乐。见联合国教科文组织 UNESCO. The 2009 UNESCO Framework for Cultural Statistics ［R/OL］. 2009. ［2011 – 02 – 13］. http：//unstats. un. org/unsd /statcom/doc10/BG – FCS – E. pdf。

② 文化产业包括四大类：核心版权产业、交叉版权产业、部分版权产业、边缘支撑产业。见世界知识产权组织 WIPO. Guide on Surveying the Economic Contribution of the Copyright – based Industries ［R/OL］. 2003. ［2011 – 03 – 13］。

③ 文化产业包括两大部类四个圈层：①文化部类：核心圈层，包括文化遗产、雕塑、博物馆；②文化产业圈层：包括电影、音乐、书籍出版、电子游戏等；③创意部类：创意产业及关联活动圈层，包括服装设计、广告、建筑设计等；④相关产业圈层，包括计算机制造、手机生产等。见 EC（European Commission）. The Economy of Culture in Europe. ［R/OL］. 2006. ［2011 – 2 – 15］. http：//ec. europa. eu/culture/key – documents/doc873_ en. htm。

④ 文化产业包括五大类：视听媒体（电影、电视广播）、音乐录制发行、书籍数字出版、电子游戏、文化空间（图书馆、博物馆等）。见 EC（European Commission）. The Future Evolution of the Creative Content Industries ［R/OL］. 2008. ［2011 – 2 – 17］。

⑤ 文化产业包括所有知识密集型活动：内含中高级技术的制造业、高附加值的"知识密集型"市场服务业（金融、保险、通信）、商业服务，后又增加了教育和医疗保健。见经济合作与发展组织（OECD）. The Knowledge-based Economy ［R/OL］. 1996. ［2011 – 03 – 17］。

⑥ 文化产业包括四个部分：遗产（传统文化表达和文化遗址）、艺术（视觉艺术、表演艺术）、媒体（数字出版、影音视频）和功能性创造（设计、新媒体以及创意服务）。见联合国贸易与发展会议（UNCTAD）. Creative Economy Report 2008：The Challenge of Assessing the Creative Economy：Towards Informed Policy-making ［R/OL］. 2008. http：//www. unctad. org/en/docs/ditc20082cer_ en. pdf。

可比性，且已被广泛地应用于各国和有关国际组织及地区组织的文化产业统计方法研究中，也为 2012 年我国文化及相关产业分类的修订提供了很多借鉴和参考。

从科技角度来看，报告综合了多份国际咨询机构、各国政府科技战略规划，从中梳理了国际上对于当前技术发展的整体判研趋势、具体投入重点和对于技术成熟度的预估（其中最主要的数据是国际咨询机构 Garther 与埃森哲每年的技术发展研究），以此找出技术重点，最后形成了本研究的检索框架（见图1）。

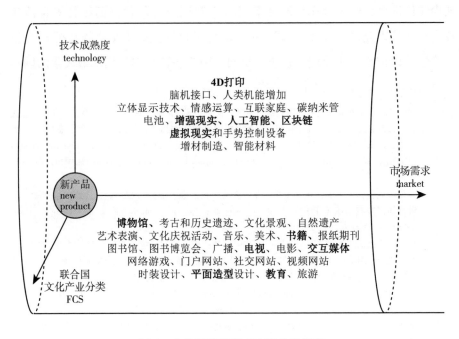

图1 文化科技趋势研究的检索框架

（三）趋势研究阐释及撰写结构

通过对以上框架中产生的企业、产品动态进行持续追踪，可以看到 IT 基础设施的改变为文化领域各行业带来了应用场景的革命性变化。同时，技术与技术之间是以一种组合的形式进化，这种组合进化将给细分领域某一环节带来的变化是通用的——如 4G 时代存在大量应用瓶颈的 AR/VR 产品，在 5G 时代将可能迎来指数级增长和爆发，AR/VR 设备可能将更广泛地应用于博物馆、教育、旅游、产品设计、演出等各领域的展示场景。基于这种底层变化逻辑，以行业划分①来阐释文化领域的趋势将变得冗余。因此，本趋势报告将根据对文化领域可能产生重大影响的技术进行梳理，将详细描述每项技术对文化领域场景产生变革的趋势。

二　技术将对文化产业产生哪些影响

4G 时代催生了文化领域各个行业的独角兽企业——在《2019 胡润全球独角兽榜》（估值 10 亿美元以上的企业，榜单上共 494 家）中，全球媒体和娱乐行业独角兽企业共 24 家，公司估值总计 10020 亿元，占全部独角兽企业市值的 8%。而 2019 年被誉为"5G 元年"，作为新型基础设施的重要代表，5G 商用给我们带来了广阔的想象空间，随之而来的改变也令人充满期待。

根据对文化科技融合发展趋势的持续监测，结合相关国际研究文献，未来 5 年中，5G、区块链、人工智能、虚拟现实技术被认为将会对文化产业的产业结构与商业形态产生巨大影响，将成为文化科技融合创新的重要赛道。课题组结合新兴技术特征和发展趋势、新兴文创科技企业业态案例，对以上技术为文创产业带来的变化趋势做出以下分析。

（一）5G 技术：产生更多内容消费"接触点"

5G 技术（5th Generation Mobile Networks 或 5th Generation Wireless Systems）是指最新一代蜂窝移动通信技术，与当前的 4G 技术相比，其主要的优势在于超高的速率（由 4G 的大概 3～5M/s 的下载速度变为 1G/s 的下载速度），海量的物联网连接以及在关键通信领域的优秀性能（比如，"低

---

① 《2009 年联合国教科文组织文化统计框架》中将文化领域划分为博物馆与自然遗产、表演和庆祝活动等。

延迟"为使用云服务提供实时交互性）。5G 的三大应用场景①为：eMBB（增强移动宽带：3D/超高清视频等大流量移动宽带业务）、mMTC（海量机器类通信：大规模物联网业务）和 uRLLC（超可靠低时延通信：无人驾驶、工业自动化等需要低时延、高可靠连接的业务）。据毕马威（KPMG）测算，5G 市场潜在价值将达 4.3 万亿美元，其发展周期将涵盖 3 个阶段：第一阶段（0～3 年），5G 技术主要应用于制造业及工业链，用以促进智慧城市和智能网络的发展；第二阶段（2～6 年），5G 技术覆盖面将扩大至服务行业，娱乐、传媒、医疗卫生等大量垂直行业将从中获益；第三阶段（5 年后），全球大部分电信运营商已经开始大规模部署 5G 网络，5G 技术的发展潜力将更为突出地显现。

趋势一：将使终端入口分散化，产生更多的内容消费"接触点"。智能家居、可穿戴、自动驾驶、虚拟现实等一批硬件（见图 2）和屏幕将打破目前内容分发集中于手机 App 的状态。市场调研机构 IDC 和《2019 年的互联网趋势报告》数据显示，2017 年和 2018 年，全球智能手机出货增长率分别为 0 和 -4%，呈负增长趋势。中国信息通信研究院数据显示，全球智能硬件出货量到 2020 年将达到 64 亿部以上，年复合增长率超过 30%。而 2019年全球物联网支出预计为 7260 亿美元，2020 年将超过 1 万亿美元。② 其中，智能家居场景预计到 2023 年有望成为物联网最大支出市场之一。来自 Gartner 的数据显示，到 2022 年，预计全球穿戴设备的出货总量会增加到 4.53 亿台；并认为耳戴式设备出货量将会有大幅增长（见图 3）。

趋势二：多终端将带来数据量的进一步爆发，可能推动更为个性化的内容服务。IDC 数据显示③，全球大数据储量爆炸式增长，2018 年全球大数据储量达到 33.0ZB（泽字节）；预计未来几年全球大数据规模也都会保持40% 左右的年增长率；同时预测，全球数据将从 2018 年的 33ZB 增至 2025

---

① 国际标准组织"第三代合作伙伴计划"（3GPP）定义了 5G 的三大场景。
② 资料来源：国际数据公司（IDC）。
③ 资料来源：IDC 数字化报告《数字化世界——从边缘到核心》白皮书。

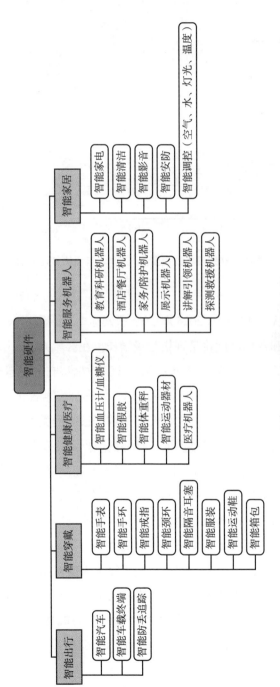

图 2　市场主要智能硬件分类

资料来源：根据公开信息整理。

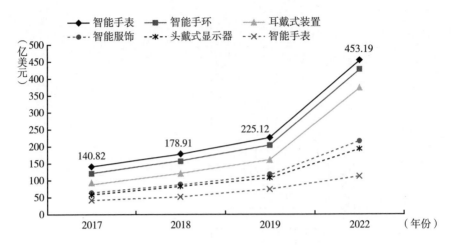

图3　2017～2019年全球穿戴设备的出货量与2022年预估量增长趋势

资料来源：Gartner。

年的175ZB。其中，从2015年到2025年，全球娱乐数据①将增长7.8倍，文创相关产业数据量和数据维度将呈现指数级增长。在区域方面，随着中国物联网等新技术的持续推进，到2025年中国产生的数据将有可能超过美国。

在4G时代，只有当终端用户打开软件应用，内容分发软件才能获取终端用户的交互数据，消费者对于不同文创产品的数据被不同类型的软件分割了，因此采集到的不是连贯的、多维度的、可靠的数据。由于软件获取的数据不充分，内容平台需要购买海量内容，并采用统一收费模式（所有人都支付相同的订阅费）。但5G技术带动的智能硬件爆发改变了这一切：厨房的冰箱乃至身上的衣服都可以接收和播放内容；内容商可以主动地获取更多维的数据——内容消费者每天的时间安排、生活习惯、活动区域、喜好等；当服务商获取的数据维度足够充分，就可以基于每个人的使用习惯进行更个性化的服务和收费，同时也为文创产业创造崭新的赛道。

趋势三：低延迟提升"云端内容"体验，降低对高端处理器和显卡的依赖。5G的接入速率和低延迟等特点支持了高画质和高频率，避免了卡顿、

---

① 娱乐数据：数字电视、在线视频、音乐和游戏等领域产生的数据。

延迟等现象；将内容都在服务器端运行，并能将渲染完成的游戏画面压缩后通过网络传输给用户，使得游戏和影视产业给用户的体验大幅提升，用户在客户端不再需要依赖任何高端处理器和显卡，只需要基本的视频解压能力即可，这大大降低了用户获取优质内容的硬件门槛。"云端内容"的概念在2010～2012年的游戏圈曾火爆一时，SONY、英伟达、谷歌等公司均有布局，但受限于虚拟化技术、网络带宽等因素一直推进缓慢。5G的推出将提高固定宽带和移动宽带的可靠性，网速和延迟问题都将得到缓解，将为"云端内容"的快速发展奠定基础。

综上所述，5G技术推动全球智能硬件市场向多样化、多品类的方向发展，将形成以"智能手机 + IoT① 终端"为核心的生态格局。内容、数据及各类创新将空前增长。

（二）人工智能技术：改变创意产业价值链

人工智能（Artificial Intelligence）技术研究包括机器人、语言识别、图像识别、自然语言处理和专家系统等多个方向。人工智能近年来发展迅猛，主要原因是数据的指数级增长和计算能力的日益增强。人工智能与大数据（Big Data）、云计算（Cloud Computing）＋边缘计算（Edge Computing）在产业应用中密不可分——基于5G的万物互联和高速传输，云计算结合边缘计算将帮助用户更快捷迅速、更便宜地调用算力、数据与存储资源。而人工智能可以利用算法和基于规则的逻辑来识别和处理数据流，能够实现多行业的自动化，与工业、商业、金融业、文化娱乐等行业深度融合，促使经济和商业形态发生变革。因此，人工智能不仅获得全球各国政府的高度重视，也是数字时代企业最重要的竞争力之一。美林证券数据显示，2015年，人工智能及相关技术的收入为20亿美元，预计到2025年这一数字将增至1270亿美元，复合年增长率将达到51%。德勤预测，2025年世界人工智能市场规模将超过6万亿美元，2017～2025年的复合增长率达30%。目前，人工智能技术几乎渗透到创意相关产业的每一环节，在音

---

① 物联网，Internet of Things。

乐、教育、旅游、新闻出版等文化领域都有着大量应用。

趋势四：人工智能将实现人类创意过程的自动化与辅助创作。自 20 世纪 90 年代起，索尼（Flow Machines）、谷歌（Magenta）等企业都建立了自己的音乐自动生成项目或实验室；近年来又涌现出了 musical.ai（美）、Jukedeck（英）、Amper Music（英）、Popgun（澳）等多家音乐自动生成新创企业；Second Brain 公司可以提供 AI 歌词创作等服务。在其他领域也有人工智能辅助创作的应用，例如人工智能电影剪辑在时尚零售业辅助设计师为客户提供个性化形象设计服务等案例显示了自动化与人机协作的强大威力。

趋势五：以用户为中心，跨物联网多平台个性化分发、匹配。利用基于神经网络的算法学习用户偏好并进行分类推荐已成为音乐平台的必备工具，而基于 5G 带来的碎片化内容消费场景，在内容提供商和海量软硬件内容分发商之间将更需要以智能技术去自动匹配和分发内容。目前，国外已经出现了一些早期的算法分类创业公司。课题组研究了由全球顶级音乐公司（华纳、环球等音乐产业头部企业）建立的音乐生态孵化中心 Techstars Music 孵化的项目，其中有一间名为 Endel（德）的公司通过算法提供定制音乐服务，Endel 的系统能够分析用户所处的时间、地点，正在进行的活动，以及心率、步频、天气和气温等情况，来理解用户并进行个性化的音乐推送，目前已经可以跨越汽车、智能家居、可穿戴设备等多个平台。这样的企业在全球科技项目中还处于早期，但这个方向在未来将非常重要。此外，其他涉及 AI 的音乐产业应用还有：音乐信息检索 MIR①（含数十项应用）、智能音乐分析、智能音乐教育、乐谱跟随、智能混音、音乐机器人、基于智能推荐的音乐治疗、图片视频配乐等应用。

基于对近年电影、音乐、新闻、设计等行业人工智能新创案例的追踪，人工智能技术正在推动产业向智能化迅速迈进，在创作、分发、消费全链条发挥巨大作用，逐渐颠覆创意产业的价值链。

---

① 基于内容的音乐信息检索 CBMIR（Content-based Music Information Retrieval）：音乐信息检索 MIR 是使用计算方法对数字音乐的内容进行理解和分析的交叉学科，在音乐教育、音乐理论、音乐表演、音乐创作、大众娱乐、辅助医疗及心理治疗等方面都具有重要应用价值。

（三）区块链技术：构建智能环境下的信任机制

区块链（Blockchain）也称为分布式账本技术（Distributed Ledger Technology），是分布式数据存储、点对点传输、共识机制、加密算法等计算机技术在互联网时代的创新应用模式。[①] 区块链具备分布式、不可篡改、价值可传递和可编程等特性，可以在不可信竞争环境中低成本建立信任机制；区块链正在改变诸多行业的应用场景和运行规则，是未来在数字经济中构建新型信任体系的重要技术手段之一。区块链的应用目前仍处于较为初级的阶段，在医疗、零售、供应链、能源、传媒等行业的应用正在逐步落地。目前，零售业与供应链管理是最大的区块链应用部门，也是增长最快的部门。相关机构预计，区块链将在 2030 年之前创造 3.1 万亿美元的商业价值[②]。市场机构 Research and Markets 的数据显示，2017～2022 年，区块链市场的年复合增长率为 42.8%，预计到 2022 年，全球区块链市场规模将达到 139.6 亿美元。从地区上看，美国区块链解决方案的支出占到全球区块链支出的 40%，西欧将成为仅次于美国区块链支出的第二大地区，其次是中国和亚太地区。区块链一直被文娱领域行业管理者、创作者关注，目前研究认为区块链在创意产业中的作用主要体现在以下方面。

趋势六：内容接收场景碎片化，智能合约进行确权管理。在未来万物互联的数字创意世界中，内容版权，如智能厨房、智能汽车、智能眼镜等设备场景的播放权会按场景切分得更为分散。当创作内容发布在各个平台上之后，就可以产生万亿、数万亿的播放，每次播放都可能产生大量"微交易"及收益，而缺乏资金和人力的创作者往往无力管理或追索。区块链被业内人士认为或许可以解决版权保护、跟踪和管理、交易的问题，在非常分散的情况下，区块链技术可以不由中心化来确权，由智能合约去完成庞大的工作量。通过区块链实现多平台的确权管理，可以使版权保护、收入更为透明，

---

① 根据《中国区块链技术和应用发展白皮书（2016）》。
② 资料来源：Gartner：《2019 年十大战略科技发展趋势》。

结算速度更为高效。全球音乐产业自 2015 年就开始进行区块链版权研究和项目实践，2017 年，世界最大的 3 家表演权组织——法国的 SOCAN①（音乐作者、作曲家和出版商协会），英国的 PRS② 和美国的 ASCAP③（美国作曲家、作者和出版商协会）为了应对音乐产业数字化带来的挑战，共同筹建了一个使用区块链技术管理音乐版权信息的权威共享系统，这是迄今为止全球音乐界最大的科技推动计划④。该平台由 Hyperledger 的开源 Fabric 分布式分类账本提供技术支持，由 IBM 公司进行管理。该项目可以通过区块链跟踪大量音乐内容复杂数据。此外，2017 年，MIT 的媒体实验室和美国伯克利音乐学院联合推动了一个音乐区块链应用项目，能做到去中心化分发内容。三大唱片公司、英特尔、Spotify、Netflix 都参与其中，目前项目已经试运行。

趋势七：让微价值可计量，改变传统宣传推广模式。数字时代文娱产业中粉丝的力量为人瞩目，但粉丝中购买明星的作品、门票、衍生品产生直接经济效益的人数比例仅占两成，不付费粉丝并非没有价值，而是其在传播中的弱价值并未被计量和挖掘，区块链技术则提供了一种可能性，对过去粗颗粒的点击、转发、传播数量进行更为精确的计量，让喜欢一首歌的粉丝在传播中可以获得收益，从而更主动地进行推广传播，使粉丝与内容创作者的价值双向流转。这一形式对于数字时代涌现的大量的独立创作人尤为重要，不知名而具有潜力的创作人缺乏资金和人力去进行宣发，而粉丝的传播行为可以转换为一种分红收益形式，最终可能会极大地改变目前文娱行业的宣发模式。

---

① SACEM：法国专业音乐协会（SACEM）是一家法国专业协会，负责收取艺术家权利，并将权利分配给原作曲家、作曲家和音乐出版商。
② PRS：PRS for Music Limited（前称 MCPS-PRS 联盟有限公司）是英国领先的版权社团，由机械版权保护协会（MCPS）和表演权社会（PRS）合并而成，它代表 12.5 万名会员为音乐作品进行集体权利管理。
③ ASCAP：美国作曲家、作家和发行商协会。
④ 资料来源：ASCAP，SACEM，and PRS For Music Initiate Joint Blockchain Project to Improve Data Accuracy For Right Sholders，https：//www. ascap. com/press/2017/04 – 07 – ascap – sacem – prs – blockchain。

趋势八：产品信息可溯源，建立身份认证体系。奢侈品零售、艺术品等实体产品交易已开始使用区块链技术，2018年，天猫推出了"全球首个基于奢侈品的正品溯源功能"，商品的原材料生产过程、流通及营销过程中产生的产品信息都被整个写入区块链，这样每件奢侈品将拥有属于自己的区块链ID"身份证"，让奢侈品正品保障的问题得到了解决。在艺术品溯源的应用方面，也涌现出一批企业，如2015年成立的美国企业Verisart使用区块链技术让艺术家、收藏家和经销商能够验证艺术品出处并溯源，2016年创立的Artchain.info公司是提供区块链技术生成真品证书的创业公司。

区块链能够为未来的内容运营商、独立创作者和小型工作室提供相关的版权、交易、信用等方面的技术支撑，在生产端、创意服务部门将会发挥巨大作用，从而为构建数字经济环境中的信用体系做出贡献。

（四）虚拟（增强）现实：从界面交互到沉浸式体验

虚拟现实（Virtual Reality，缩写为VR）是囊括计算机、电子信息、仿真技术于一体，在计算机生成的、可交互的三维环境中提供沉浸感受的技术；增强现实（Augmented Reality，缩写为AR）是一种将计算机生成的音乐、视频等虚拟信息模拟仿真，并应用到物理世界，实现对物理世界"增强"的技术；二者（以下简称AR/VR）均是新一代的信息通信技术的关键领域。

自2016年开启"AR/VR元年"至2017年，多家科技企业相继发布了虚拟现实设备产品——Sony开启Morpheus计划、Google推出Card board、三星与Oculus合作推出Gear。在行业经历了短暂寒冬期后，由于5G、AI为AR/VR市场提供了新的动力，近年AR/VR又呈现回暖之势——2018年，脸书推出Oculus Go，微软、谷歌等公司也相继发布了AR相关产品。花旗银行预测，VR和AR市场规模到2025年将达到6920亿美元。IDC认为，虚拟现实市场规模将从114亿美元（2017年）增加到2150亿美元（2021年），年复合增长率达到113.2%。普华永道数据显示，2021年全球将有

2.572 亿部 VR 头显投入使用，此期间复合年均增长率在 71.8% 左右。其中，VR 移动头显占 88.5%。对于文化领域和创意产业，AR/VR 提供的价值有以下几方面。

趋势九：全新的个性化媒介带来沉浸式体验。可以广泛运用在教育、影视、互动游戏、零售或其他文化、娱乐体验（博物馆或旅游目的地）等休闲活动中，为受众提供沉浸式体验。如 2016 年，美国盖蒂博物馆举办了"敦煌壁画：中国丝绸之路上的佛教艺术（Cave Temples of Dunhuang：Buddhist Art on China's Silk Road）"展，展览按原比例复制了 3 个虚拟现实仿真窟，包含洞窟内文物、彩塑、藏经洞的经书等，观展人戴上 VR 眼镜就可以看到复制的洞穴实体，大小和细节与原石窟一致。

趋势十：缩短产品设计和原型制作环节，开展与用户的大规模协作和个性化服务。AR/VR 可以实现城市规划、工业仿真等任务，也可以可视化定制新车、新房家装等；支持企业和设计师、消费者在虚拟现实中开展更广泛的协作。以家装设计为例，2016 年，宜家和美国第二大室内装饰材料零售商劳氏（Lowe's）开始利用虚拟现实进行家装；宜家在 Valve 游戏平台 Steam 推出了虚拟现实家装体验，并与法国 Allegorithmic 公司携手合作；劳氏还与微软 HoloLens 达成试点合作，使用其全息成像让购物者在虚拟环境中观看不同的设计方案。研究预计，企业对于 AR/VR 的部署增长将远远超过个人用户的应用增长，目前全球约有 73% 的 AR/VR 技术公司和内容供应商正在为企业功能开发 VR。[①] 预计到 2021 年，1/4 的大型企业将试点并部署 AR/VR 解决方案。

沉浸式技术的进步加上 5G、人工智能和计算机视觉，将重塑用户的互动体验，使用户从 2D 界面逐渐转向更丰富、更沉浸式的 3D 世界，也为运营商和内容制作者带来新的收入增长渠道。

任何新技术的应用都会产生不可预见的问题，从技术研发到产业应用层

---

① Alex Hadwick：《2019～2020 年虚拟现实 XR 产业报告》，2019，http://www.dx2025.com/archives/161.html。

面，产业中包含了众多不同类型的主体——创作者、分发商、消费者、技术服务提供商等，主体类型的多样化在客观上增加了创意与技术融合领域的复杂性和协调难度。因此，推动新技术应用落地并真正对创意产业形成影响力，还需要多方主体与监管部门通力合作，加强沟通协调，建立有效、持续、深入的管理机制。2020 年我国三大通信运营商表示 5G 将正式商用，在此之后，我们或将迎来一个全新的创意时代，前面还有更多挑战、决策在等待着企业家和行业管理者去面对和研究。

理论探讨篇

Theoretical Discussion

B.16
关于深化文化产业指数研究的若干设想

史东辉　朱兴邦*

摘　要：　指数研究是我国文化产业经济研究的一个重要领域。开展文
　　　　　化产业指数研究可重点涉及价格指数、景气指数和竞争力指
　　　　　数。其中，文化产业景气指数研究需要解决三个难题，包括
　　　　　指数与指数体系的设计、基准循环和景气状况临界点的确定
　　　　　以及数据的及时性、科学性、权威性。在竞争力评价方面，
　　　　　无论是文化制造业、文化服务业，还是其中各大类、中类、
　　　　　小类文化产业以及相应类别的产业组合，实际上都适合成为
　　　　　评价对象；竞争力指标体系应覆盖文化产业的盈利能力、经
　　　　　营能力、抗风险能力、市场潜力、发展潜力和社会贡献力；
　　　　　至于具体的评价方法和测算模型，则可考虑 CCSD 多属性评

* 史东辉，上海大学经济学院教授，博士生导师，主要研究方向为产业经济学及产业政策；朱
兴邦，上海大学经济学院博士研究生，主要研究方向为产业经济学及产业政策。

价方法、因子分析法和主成分分析法。

关键词： 文化产业　景气指数　经理人信心指数　竞争力指数

一　深化文化产业指数研究的必要性

指数是用以反映现象之间变化或差异程度的统计指标。指数的概念有广义和狭义之分，其中广义的指数指的是同一现象变动的相对数，如 GDP 指数；而狭义的指数乃是用来显示不能直接对比的现象变动或是差异程度的，如居民消费价格指数。在经济分析中，狭义指数的应用最为广泛，其作用通常有三：①综合反映由不能直接相加的多要素组成的某一现象的总体变动程度；②揭示各构成因素的变动对总体变动的影响程度；③测定平均数动态对比中各因素的影响程度。

一般说来，开展文化产业指数研究可重点涉及价格指数、景气指数和竞争力指数。

（一）价格指数（Price Index）

价格指数通常是指以一定时期为基期表示的由若干不同商品组成的某一组商品价格水平变动的幅度。我国现行的价格指数主要包括居民消费价格指数、生产者价格指数、商品零售价格指数、农产品收购价格指数、固定资产投资价格指数、房地产价格指数、证券市场价格指数等。价格指数一般以变动幅度（百分比）或相对数（如以基期为100）表示。

（二）景气指数（Prosperity Index）

经济周期亦常常被称为景气循环，由经济运行过程中扩张与收缩、繁荣与萧条、高涨与衰退等现象的高度复杂性所致，经济景气指数一直是许多宏观经济分析和监测活动的重要测算指标和表达工具，既能反映现实宏观经济

运行状况，又可用以预测未来经济发展趋势。尽管调查并测算经济景气程度的方法很多，各类经济景气指数也层出不穷，但是大多数经济景气指数都会设置一个临界值，以实际指数大于或小于该临界值表示经济的景气与否。事实上，我国各类产业经济景气指数的研究与发布活动颇为活跃，例如在经济日报社中国经济趋势研究院、国家统计局中国经济景气监测中心联合研究并发布的一系列中经景气指数中，就包括家电、钢铁、乳制品、水泥、服装、装备制造、煤炭、石油、有色金属、化工、电力等产业。

（三）竞争力指数（Competitiveness Index）

竞争力指数研究和发布兴起于20世纪90年代，它主要被用于不同国家（地区）之间的经济或某产业竞争力评价以及同一产业内不同企业竞争力的评价，也有一些涉及不同国家或地区或企业经济中某项要素（如创新、品牌）的竞争力评价。由于竞争力指数必然涉及不同国家或地区或企业之间的比较，并且其指标体系设计往往带有主观性，因此竞争力及其指数研究活动大多以民间智库和学术研究者为主体，很少见有政府部门参与。

就上述三类文化产业指数而言，进一步深化研究的必要性主要体现在：

第一，有助于完善我国产业经济景气指数研究体系。众所周知，文化产业已经成为我国经济的重要组成部分，其对我国经济增长的影响程度也日趋加深。据统计，2018年全国文化产业增加值为38737亿元，其占我国GDP的比重达到了4.3%，文化产业对2013～2018年我国GDP名义增长的贡献率更是高达5.5%。[①] 然而令人费解的是，迄今为止国内却一直未见有权威或是较为客观的文化产业景气指数的研究成果公布。而在那些已经形成良好的景气指数研究和发布体系的产业中，增加值远不及文化产业的产业数量却占了多数。

第二，有助于完善我国文化产业价格指数研究体系。长期以来，国家统计局每年都会公布文化娱乐用品及服务价格指数以及文化耐用消费品、其他

---

① 资料来源：国家统计局社会科技和文化产业统计局、中宣部文化体制改革和发展办公室编《中国文化及相关产业统计年鉴（2019）》，中国统计出版社，2019，第3、28页。

文娱用品、文化娱乐服务、旅游四项分类价格指数。不过,这些指数所揭示的充其量只是文化产业消费端的价格变动程度,而无法反映供给端的价格变动。就此而言,如果能够开展文化产业生产者价格指数和增加值平减指数研究,那就会令我国文化产业价格指数研究体系趋于完善。

第三,有助于完善我国文化产业竞争力指数研究体系。在我国,有关文化产业的各类竞争力评估及指数研究兴起于 20 世纪初,迄今已颇具规模。然而问题是,受国家统计局公开发布的数据所限,除了少数产业内的企业竞争力评估之外,关于国内各地区文化产业或其中某类产业竞争力指数的研究几乎都存在着指标体系方面的缺陷。因此,如果能够借第四次全国经济普查数据发布之机,充实完善法定公布的行业性指标体系,那么我国各类文化产业竞争力指数研究的质量无疑将得到显著提高。

二 关于文化产业景气指数研究的初步设想

开展文化产业景气指数研究可考虑涉及景气指数和信心指数两个领域。

(一)景气指数

参照现行各类景气指数的编制思路,在构建文化产业景气指数时,首先,自然需要选择并确定景气指数指标体系。这一指标体系应由一系列灵敏度高且便于观察的经济指标构成,指标选择应能够从不同方面反映文化产业发展特征,其中至少要涵盖文化产业生产、销售、利润、就业、投资等多方面的主要经济指标。其次,要确定时差关系的参照系,即基准循环,编制景气循环年(或季度或月)表,选择基准日期,并根据基准循环筛选出先行、一致、滞后指标。其中,先行指标用于事先预测文化产业经济运行的峰与谷;一致指标的时间与峰与谷出现的时间一致,用以综合描述经济所处状态;滞后指标则是对已经出现的峰与谷的一种确认。最后,可进一步计算扩散指数和合成指数,以描述观察期内文化产业经济总体运行情况,预测文化产业经济运行的转折点(高峰或低谷)。

在构建文化产业景气指数的基础上，有关研究还可考虑开展所谓文化产业景气灯号模型分析。该分析方法是借用交通管制的红、黄、绿信号灯的概念，通过计算景气综合评分，确定景气综合评分临界线，对景气状况进行整体评价，并将不同的景气状况用不同颜色的灯号表示，以直观、形象地揭示文化产业经济运行的景气状况。景气灯号模型的性质特点与景气指数相似，但由于其只是对现状的一种大致上的描述，因此预测功能相对不足。

当然，文化产业景气指数研究还需要解决三个难题。第一，指数与指数体系的设计。鉴于我国文化产业的组成庞杂，其内涵与外延至今仍存歧见，为此有关景气指数研究可根据市场和政府监管的需要，设计由多个层面组成的指数体系。除了文化产业景气指数之外，还可考虑设立文化制造业、文化服务业以及若干大类或中类组合的经济景气指数，如创意产业指数、影视产业指数、文化旅游指数、数字出版指数等。第二，基准循环和景气状况临界点的确定。我国文化产业的专项统计历史较短，学术界似乎也缺乏关于我国文化产业经济周期性特征的研究。为此，在开展文化产业经济景气指数研究过程中，不仅需要就繁荣、萧条、复苏等一系列景气状况给出定义，而且还必须给出我国文化产业或文化制造业、文化服务业经济景气循环的明确界定，而这又需要大量的前期研究积累。第三，由于景气指数研究要求在采集数据方面及时、持续，因此文化产业景气指数研究的开展无疑需要来自国家统计局及有关行业管理部门的支持。

（二）信心指数

在经济景气研究中，信心指数（Sentiment Index）大多被视为景气指数的有益补充，当然也有被当作反映经济景气程度的首要指数的。它以定性调查代替景气指数的定量统计，通过专题问卷调查，反映调查对象对经济环境的感受与信心，并以指数形式显示调查结果，借此预测经济发展的变动趋势，如消费者信心指数、企业家信心指数、经理人信心指数等。这种调查的独特之处在于，问卷中的问题均是定性判断的选择题形式，调查对象只需就调查内容的上升、不变和下降三个答案做出选择即可，最后由调查者汇集调查结果,通过计算扩散指数将定性判断定量化。

我国文化产业信心指数研究可从文化企业经理人信心指数入手。具体而言,可利用民意调查技术,通过问卷调查的方式,邀请经过科学筛选的文化及相关产业的各类企业经理人回答其对经营状况、市场环境与宏观政策的认识、看法、判断和预期,对调查结果加以汇总后,根据预先设定的临界值(如100)和统计处理方法,计算得出调查当期文化企业经理人信心指数。若信心指数高于临界值,表明我国文化产业处于景气状态,经济运行向好的方向发展;反之则意味着处于不景气状态,经济运行向不利的方向发展。考虑到我国文化产业的具体构成,与前述经济景气指数的编制一样,文化企业经理人信心指数也可分为文化制造业企业经理人信心指数和文化服务业企业经理人信心指数。

与前述景气指数不同,文化企业经理人信心指数的编制不需要借助官方统计数据,而完全依靠问卷调查的结果。因此,在选择调查对象、设计问卷内容、保障调查质量、计算扩散指数、界定临界值等方面的专业性、科学性和权威性,将直接决定文化企业经理人信心指数的可信度。

三 关于完善文化产业竞争力指数研究的初步设想

如前文所述,目前我国文化产业竞争力指数研究尚有一些不足。为此笔者建议从三个方面进一步完善有关研究。

(一)完善竞争力评价的产业对象

我国文化产业分为文化核心和文化相关两个领域,包括9个大类、43个中类、146个小类产业。把整个文化产业作为竞争力评价对象固然合理,但也易造成对文化产业各组成部分诸多特殊性的忽视。从竞争力评价的本意来说,无论是文化制造业、文化服务业,还是其中各大类、中类甚至小类产业,实际上都适合进行竞争力评价。不仅如此,基于特定研究的需要,研究者还可以选择相应类别的产业组合,进行有关的竞争力研究及评价,如图书

出版业、文化创意产业、数字文化产业、影视产业等。在我国各地区文化产业竞争力评价研究中，上述产业选择的多层级和多样性还能够克服文化产业总体竞争力评价的单一性缺点，有助于充分揭示反映各地区在不同层面文化产业或不同类别文化产业方面的竞争力差异及其结构，甚至还有利于反映各地区文化产业所固有的某些结构性特征。

（二）完善竞争力指标体系

顾名思义，竞争力体现的乃是产业供给端的综合能力。就此而言，研究并编制竞争力指数所需要的评价指标体系构建应立足于我国文化产业实际，本着科学性、实用性、可比性、可操作性作的原则，从产业发展的内生动力角度出发，这一指标体系应覆盖文化产业的盈利能力、经营能力、抗风险能力、市场潜力、发展潜力、社会贡献力等多个方面的多个指标，以求竞争力评价的客观、全面。

需要特别强调的是，在数据指标选择的客观性与主观性方面，研究者应在具体实践中逐步摸索、调整和优化，并充分顾及不同评价对象的特殊性。例如世界经济论坛（WEF）发表的历年《全球竞争力报告》（*The Global Competitiveness Report*）所采用的指标体系包括了数百个指标，可分为硬指标和软指标两类，前者指的是由统计数据反映的指标，而后者则由通过全球专家问卷调查所得的主观评价数据反映。虽然自其问世以来这一竞争力评价指标体系所涉及的具体指标一直在调整，但所谓软指标一直都是其竞争力评价指标体系中不可或缺的重要组成部分。

（三）优化评价方法和测算模型

对国内涉及竞争力评价的理论研究和实际应用进行梳理可以发现，目前较为成熟的竞争力综合评价方法主要包括德尔菲法、层次分析法（AHP）、网络层次分析法（ANP）、熵权法、主成分分析法（PCA）、因子分析法（FA）、CCSD 多属性评价方法等。其中，德尔菲法、层次分析法和网络层次分析法均是完全依赖专家的知识和经验，并不采用实际的经济统计数据，带有较强的主观性，容易受到专家认识局限性的影响。熵权法虽不存在主观性赋权问题，但该方法需要满足指标之间相互独立的限制性条件。在竞争力实际评价中，由于经济指标选取的复杂性及数据获得的局限性，很难保证所选取的各类竞争力评价指标之间完全独立，此时使用熵权法赋权会存在较大偏差。

相对而言，主成分分析法和因子分析法较为相近，二者均不存在主观性赋权问题，它们均是依据实际指标数据携带信息量的大小，用少数的几类变量（指标）来综合反映原始变量（指标）的主要信息，并且新的变量（指标）彼此之间互不相关，二者的评价过程完全是基于所构建的评价指标体系中各指标的客观数据。不过，鉴于主成分分析法提取出的主成分存在现实经济含义的解释缺陷，而因子分析法可以通过初始载荷矩阵的方差最大化旋转，使得原始变量（指标）在公因子上的载荷两极分化，这样公因子的含义便可以得到较好的解释，因此，当主成分分析法效果不理想时，可考虑采用因子分析法。

当然，因子分析法的使用也需要满足一定的条件，比如样本量需远大于指标个数、各指标之间不能完全独立、KMO 统计量要足够大（0.7 以上为宜）等。当这些条件无法满足，但又必须消除指标相关性对评价结果造成的影响时，可考虑采用 CCSD 多属性评价方法。该方法综合考虑了指标属性值的相关程度和偏差大小对评价结果的影响，依据每一个指标与剩余总指标间的相关程度，并结合指标值标准差最大原则来对各个指标进行赋权，从而能够有效消除指标间相关性对评价结果的干扰。因此，当主成分分析法、因子分析法不再适用时，该方法不失为一种新思路。

参考文献

徐国祥：《统计指数理论及应用》（第二版），中国统计出版社，2009。

Schwab, Klaus, ed., *The Global Competitiveness Report* (Geneva: World Economic Forum, 2018), https://www.weforum.org/reports/the - global - competitveness - report - 2018，最后检索时间：2020 年 5 月 3 日。

B.17
文化经济学的最新进展

周正兵 *

摘　要： 西方学术界普遍认为，自威廉·鲍莫尔 1966 年创立文化经济学学科以来，该学科经过半个多世纪的发展，已经初步成形，其标志就是 2006 年出版的《艺术和文化经济学手册》。本文就是以此为起点，描述西方文化经济学最近 10 余年时间的最新进展，我们整体的判断是文化经济学如今虽然较之世纪之初缺乏标志性成果，但在实证研究方面还算得上"生气勃勃"：在创意管理方面，学术界的研究也走向纵深，不仅对行业特征有着更加深入的了解，对于创意管理细节问题的洞察也更加细致入微，那个看不见的"黑箱"也渐露真颜；在文化消费与文化行为方面，文化经济学家主动借鉴其他领域的前沿成果，重回亚里士多德的实践智慧的路径，并在解读人类的文化行为方面有着不错的成就，甚至成为人类行为研究的前沿阵地，未来哲学社会科学的突破很有可能就诞生于此。

关键词： 文化经济学　理查德·凯夫斯　皮埃尔·门格尔　阿尤·克莱默　布鲁诺·费雷

自威廉·鲍莫尔（William Baumol）1966 年开创文化经济学学科之后，它就开始其独立发展的历程，在诸多应用研究领域，取得了丰硕的成果，并

---

* 周正兵，中央财经大学博士，教授，主要研究方向为文化经济与文化政策。

构筑了学科的基本框架。① 特别是 2006 年，文化经济学界通过集体的努力，撰写《艺术和文化经济学手册》，并纳入爱斯维尔的经济学手册序列，标志着文化经济学学科的基本成形并得到社会的认可。而在此之前著名文化经济学家露丝·陶斯（Ruth Towse）编撰的《文化经济学手册》，则通过学术史的梳理，集中呈现了文化经济学几乎所有具有分量的"建筑物"，从而为文化经济学学科圈定了"城墙"的范围，所有这些都标志着文化经济学不仅有了"建筑物"，也有了"城墙"，学科独立的基本要件都已经具备。② 本文所描述的是学科成形之后的最新进展，特别是最近 10 余年的研究进展，以期把握文化经济学发展的前沿动态。

对于这段时间的文献，回想 21 世纪伊始，文化经济学有了不少今天看来算得上经典的著作，仅 2001 年就有两本扛鼎之作问世，即大卫·索斯比（David Throsby）的《经济学与文化》（2001）、凯夫斯（Richard Caves）的《创意产业经济学》（2001）等。而最近的 10 年似乎有些萧条，就著作而言，除了大卫·索斯比的《文化政策经济学》（2010）、阿加·克莱默（Ajo Klamer）的《做正确的事》（2016）与布鲁诺·费雷（Bruno Frey）的《艺术与文化经济学》（2019），③ 此外就乏善可陈，而且大卫·索斯比与布鲁诺·费雷的著作都是对前面成果的汇总，其原创的成色已经大不如从前。当然，这并不意味着文化经济学在最近 10 年就毫无作为，文化经济学在弥补空白、加大深度与借鉴其他学科成果等方面还是有所斩获，在笔者看来，这些成绩主要体现在创意管理、文化消费与文化行为研究等重要方面。

---

① Ruth Towse, "Farewell Editorial," *Journal of Cultural Economics* 27（2003）：pp. 3 – 7.

② 约翰·穆勒在描述经济学发展史时，有一个妙喻："正像修建城墙那样，通常不是把它作一个容器，用来容纳以后可能建造的大厦，而是用它把已经盖好的全部建筑物围起来。"罗宾斯也用它来梳理经济学的学科历史，参见约翰·穆勒《论政治经济学的若干未定问题》，引自莱昂内尔·罗宾斯《论经济科学的性质和意义》，朱泱译，商务印书馆，2000，第 9 页。

③ David Throsby, *The Economics of Cultural Policy*,（Cambridge：Cambridge University Press，2010）；Arjo Klamer, *Doing the Right Thing*：*A Value Based Economy*（2nd ed），（London：Ubiquity Press，2016）；Bruno S. Frey, *Economics of Happiness. Springer Briefs in Economics*，（Heidelberg：Springer，2018）.

一　创意管理

我们知道，经济学在自由市场资本主义阶段，用"看不见的手"来解释社会经济生活，即每个利己的个体在市场机制作用下实现社会的共同利益，并将企业视为"黑箱"而弃置不顾。只是到了垄断资本主义阶段，企业在配置资源过程中发挥更重要的作用，人们才试图打开"黑箱"，了解企业这只"看得见的手"，这就是钱德勒所谓的"企业的管理革命"。就文化产业研究而言，这几乎就是历史的重演，关于创意管理的研究几乎在半个世纪之后才有理查德·凯夫斯填补空白，其开创之作《创意产业经济学》如今已是这个领域的经典。在这部著作当中，他从管理学角度令人信服地解读了创意的经济特征与组织管理问题，这显然也是我们梳理这个领域文献的良方。按照这个逻辑，本文对创意管理的文献梳理主要侧重两个方面：其一，创意的经济学特征，特别是风险性特征；其二，创意管理的组织问题，特别是公共文化机构的管理问题。

凯夫斯曾经描述创意产业的 7 大特征，其首要特征就是风险性，他从管理学的角度将其描述为"无人知晓"，其原因在于双向的信息不对称。不过由于篇幅的关系，其讨论的深度显然不足，然而风险显然是创意管理最为核心的问题，对于这个特征的准确理解无疑举足轻重。所幸的是，这方面的研究也颇为丰富，其中比较重要的有两部著作，即金·奥斯特林克与安娜·邓普斯特（Kim Osoterlinck and Anna M. Dempster）主编的《艺术世界中的风险与不确定性》[①] 与皮埃尔·门格尔（Pierre-Michel Menger）所著《创意经济学：不确定性中的艺术及其实现》，由于前者是文集，缺乏必要的体系性，这里我们集中介绍后者。[②] 众所周知，人们在实践上厌恶风险，常常采

————————

① Kim Oosterlinck, Anna M. Dempster (ed.), *Risk and Uncertainty in the Art World*, (London: Bloomsbury Publishing, 2014).

② Pierre-Michel Menger, *The Economics of Creativity*, *Art and Achievement under Uncertainty*, (Cambridge: Harvard University Press, 2014).

取避而远之的做法，而经济学家对此似乎也不太感冒，只是提醒人们要规避风险，因而并无什么值得称道的成果。而皮埃尔·门格尔的这本书显然是一个例外，它不仅直面风险问题，将风险视为创意不可或缺的条件，甚至认为没有风险就没有创意。显而易见的是，皮埃尔·门格尔不能倚重经济学理论，而只能转向社会学理论，特别是布尔迪厄的"惯习"（Habitus）观与社会学的互动观，试图还原主体的动机，这就意味创意行为不再是抽象的理性行为，而是动态的、不完美的实践行为。就此而言，皮埃尔·门格尔某种意义上又回到了亚里士多德的实践智慧（Phronesis），将自我实现的原则与创意的风险联系起来，从而给予创意行为的风险更为积极意义的说明，即将冒险性的创意行为作为"个体成就的向量（Vector of Individual Accomplishment）"。[①] 按照这个逻辑，作者综合经济学与社会学理论，对创意行为的合理性给出令人信服的解读。在他看来，创意行为的不确定性，或者艺术生涯的风险性，可以通过货币或非货币收入予以补偿，特别是非货币收入，也就是创意行为自我满足的本质所在，这很好地解释了为什么艺术家似乎更愿意承担风险。其实，文化经济学家布鲁诺·费雷很早就引入心理学的动机理论，对艺术家行为合理性予以说明，其结论有异曲同工之妙："就其均值而言，艺术家较之非艺术家在工作方面享受更高的幸福感，其主要原因在于自主性。"[②] 其后作者又通过两位伟大艺术家——贝多芬与罗丹的案例对于上述理论给予实证的说明，让其结论更具说服力。总而言之，"这是一本引人入胜的书，它在一个非理性的世界里，在缺乏清晰评估模型的前提下，通过将劳动、天赋和机会结合起来，给予艺术生产概念化描述"。[③]

按照凯夫斯的理解，创意组织问题的关键在于要回答"组织为什么存在"，"因此，艺术和商业之间合同是如何组织的问题，其实是一个更大的

① Pierre-Michel Menger, *The Economics of Creativity*, *Art and Achievement under Uncertainty*, (Cambridge: Harvard University Press, 2014).

② Trine Bille, Cecilie Bryld Fjællegaard, Bruno S. Frey, Lasse Steiner, "Happiness in the Arts - International Evidence on Artists' Job Satisfaction," *Economics Letters* 121 (2013): pp. 15 – 18.

③ Doris Hanappi, Pierre-Michel Menger, "The Economics of Creativity: Art and Achievement under Uuncertainty," *Journal of Economic Issues* 49 (2015): pp. 881 – 883.

问题，即艺术家与一般性（单调的）投入（Humdrum Inputs）之间为什么选择目前的这种方式，来构建两者之间的关系，而不是其他方式"。① 以电影行业为例，其组织的关键在于如何将创意性资源（如导演与明星等艺术家）与非创意性资源（如资本、设备等）进行优化配置，其配置方式可以是外部性的（如通过合同采购艺术家的服务），也可以是内部性的（如通过合同与员工确立长期雇佣关系）。但是，不论是何种合同，它们都要面临人类的有限理性、信息的不完全性以及电影行业的不确定性，因此，合同不可能是完全的，其关键之处在于如何通过财产权与控制权的优化配置，实现绩效最优的目标。② 从管理学的角度来看，电影合同的关键在于两种控制权的配置问题，即剩余控制权与决策控制权：其中剩余控制权涉及收入的分配问题，其目的在于建立激励机制，以刺激双方的积极性；决策控制权则涉及权力的分配问题，其目标在于将权力分配给合适的主体，以保证决策的科学性以及最终绩效的实现。不过略有遗憾的是，自凯夫斯之后，文化经济学在这个领域并无多少值得称道的成果，已有的成果多是关于组织行为的描述性研究，以下仅就博物馆管理方面的文献予以描述。

博物馆向来都是文化经济学关注的重点，从管理的角度而言，博物馆的产权及其组织安排将对其绩效产生怎样的影响，什么样的组织形式具有更高效率，这些显然是公共决策所关注的焦点问题。几位意大利学者利用2011年意大利博物馆普查数据，设计可访问性、游客体验、网站可见性和当地文化推广等绩效指标，以期分析博物馆类型对这些绩效指标的影响。作者分析三种类型博物馆——政府运营型、管理外包或财务独立型公共博物馆与私人博物馆，结果发现其他两种类型均优于政府运营型博物馆，这就意味着即便博物馆的产权是公共的，也并不意味着其经营权要掌握在政府手中，将经营权外包出去，或者将行政权力下放，这种官僚机构之外的组织形式也许具有

① Richard E. Caves, "Contracts between Art and Commerce," *Journal of Economic Perspectives* 2 (2003): pp. 73 – 83.

② Grossman, Sanford J. and Hart, Oliver D., "The Costs and Benefits of Ownership: A Theory of Vertical and Lateral Integration," *Journal of Political Economy* 94 (1986): pp. 691 – 719.

更高效率，这个结论具有十分重要的实践意义。① 恩里克·贝尔塔基尼
（Enrico E. Bertacchini）等人则聚焦于博物馆组织规模与资助来源对于创新
的影响，他们基于英国、法国、意大利和西班牙的491家博物馆的实证研究
发现：首先，博物馆的组织规模与创新有着较强关联，这个发现与熊彼特的
假设基本一致，即大公司的创新更具有规模优势，因而保持其竞争优势，而
大型博物馆的规模优势更为明显，它们有更多的人力与物力来进行创新，但
是，作者强调规模只是对创新产生影响，它与绩效之间则没有直接关联，这
个结论旨在提醒管理者更多关注机构的组织优化；其次，财务结构对博物馆
的创新有一定的影响，其中更多依赖公共资金的博物馆在创新动力方面存在
不足，甚至会限制博物馆的组织变革，最终影响组织绩效。基于这些实证发
现，作者建议博物馆应该尽量摆脱传统所有制结构与国家经营模式，引入更
多的市场化组织与管理模式，提高博物馆的管理绩效，这个建议对于我国博
物馆的管理无疑具有重要借鉴意义。②

二　文化消费与文化行为

著名经济学家提勃尔·西托夫斯基在其著作《无快乐的经济：人类获
得满足的心理学》中认为，"经济对人类幸福的贡献是众所周知的，但缺乏
的是理解经济在人类满足的整体框架中的位置，理解幸福的其他来
源……"。③ 这其中最被忽略的领域无疑是消费，工业革命以来的文明根基
是生产性文明，消费并没有得到足够的重视，看看我们的教育，每一所学校

---

① Enrico E. Bertacchini, Chiara Dalle Nogare, Raffaele Scuderi, "Ownership, Organization
Structure and Public Service Provision: The Case of Museums," *Journal of Cultural Economics* 42
(2018): pp. 619 – 643.

② Carmen Camarero, Ma José Garrido, Eva Vicente, "How Cultural Organizations' Size and Funding
Influence Innovation and Performance: The Case of Museums," *Journal of Cultural Economics* 35
(2011): pp. 247 – 266.

③ 提勃尔·西托夫斯基：《无快乐的经济：人类获得满足的心理学》，高永平译，中国人民大
学出版社，2008。

基本就是一个生产者培养的场所，而经济学理论也是如此，其关于消费的表述除了理性人与边际效应假设之外就没有什么实质性内容。文化经济学显然也未能免俗，21世纪之前并无多少有价值的研究成果。这里笔者引入经济学前沿方法——行为经济学与幸福经济学，将所有这方面的文献概括为两个脉络鲜明的研究流派：前者利用行为经济学的理念与方法，研究文化消费行为的经济与社会特征，其代表性人物如阿尤·克莱默（Arjo Klamer）；后者利用幸福经济学的理念与思路，研究文化消费行为的文化与社会价值，其代表性人物如布鲁诺·费雷。

众所周知，传统经济学基于理性人的假设，常常忽略对消费主体及其行为的研究，一个显然易见的例证是，人们常常将房子等同于家，因为只有房子是货币化市场交换的对象，而房子里面的行为，由于无法进行货币计量而常常被忽略。其经典的解读来自马歇尔，"经济学是一门研究财富的科学，但另一方面，由于它研究人类在社会中的活动，所以也属于社会科学的一部分，而这一部分则是在研究人类为了满足欲望而所做的种种努力。这种努力和欲望能用财富或它的一般代表物——货币——来作为衡量的标尺"。[①] 但是，正如马克思所言，房子所代表的只是价值，家才是使用价值的真正载体，也就是说，房子是家的重要构成成分，但是房子并不是家，房子的交换价值也不可与家的使用价值同日而语，而这其中的关键是，家的使用价值是由消费者创造出来，虽然房地产企业建造了房子，为家提供了基本的物质条件，但是，对于家的使用价值而言，其功能仅此而已，而家的全部使用价值需要消费者的倾情投入与无私奉献，消费者才是家的主人及其使用价值的缔造者。被誉为服务营销之父的克里斯琴·格罗路斯（Christian Grönroos）认为消费者是价值的最终创造者，但是，生产者也可以在不同情景中担当两种重要角色，即促进者与共创者：前者采用商品逻辑，只提供商品资源，为消费提供物质条件，并没有参与消费，也不能影响价值创造过程；后者采用服务逻辑，在产品提供过程中与消费者积极互动，共同创造最终的使

---

① 马歇尔：《经济学原理》（2012年版），宁琦译，湖南文艺出版社，第38页。

用价值。① 除了研究生产者主体的角色之外，消费者主体相关研究也有不少发现：有研究认为消费者除了投入时间与精力之外，还需要各类技能与资本，如消费者要有使用商品的知识与技能；② 有研究发现，使用价值发生于不同的情景之中，因此，消费者独特的经验、体验以及社会关系，将影响使用价值的生成。③ 其实，这些研究都是从人的行为的视角还原了消费行为的复杂性：其一，消费行为是一种经验，而不是一种理论假设，我们不能将其简化为一种抽象的理性选择行为，而只能从经验层面描述消费行为；其二，我们必须改变对消费者的忽视与误解，不能将消费者简单理解为一个被动的接受者，那样的话，消费者研究将终止于购买行为，我们要充分重视消费者的积极与主动作用，及其在使用价值创造中的人力资本与时间投入；其三，消费行为是一个"活的经验"，它是一个不间歇的过程，不仅包括实际使用的过程，还包括之前的历史情景与之后的未来影响，因此，我们要到这个时间轴中去理解消费行为。

其实，所有这些研究都表明，基于传统经济学的假设我们很难解释消费行为，为此，我们必须寻找另外的理论基础，就此而言，阿加·克莱默的努力及其成果无疑是近年最令人瞩目的。在 2016 年国际文化经济学协会年会上，他发表了主席演讲《基于价值的文化经济学方法》，系统阐述其实践价值论思想。④ 为了说明其实践价值论方法，作者先从艺术的特殊性入手，他旗帜鲜明地认为，艺术不是通常意义上的经济产品，而是一种共享产品："艺术要想成为艺术，就必须能够被分享，或者成为共同实践的一个部分"。为了让读者更易于理解，他将艺术类比于友谊，友谊就是一种典型的共享产

① Christian Grönroos, "Service Logic Revisited: Who Creates Value? and Who Co-creates?," *European Business Review* 20 (2008): pp. 298 – 314.

② Vargo, S. L. and Lusch, R. F., "Evolving to a New Dominant Logic for Marketing," *Journal of Marketing* 68 (2004): pp. 1 – 17.

③ Cova, B., Dalli, D., & Zwick, D., "Critical Perspectives on Consumers' Role as 'Producers': Broadening the Debate on Value Co-creation in Marketing Processes," *Marketing Theory* 11 (2011): pp. 231 – 241.

④ Arjo Klamer, "The Value-based Approach to Cultural Economics," *Journal of Cultural Economics* 40 (2016): pp. 365 – 373.

品，所有人都通过付出才能共享友谊，任何搭便车的行为都是愚蠢的，其结果只能是丢失友谊，艺术亦是如此，人们可以购买艺术，但是要实现艺术价值，他们必须愿意投入才能实现价值。基于此，作者认为基于价值论的艺术行为包括两个重要方面：其一，艺术主体必须明确真正重要的是什么，从事艺术的目的何在，也就是艺术主体必须明确其价值所在，这是艺术行为的前提；其二，艺术主体必须实现其认可的价值，或者按照作者的说法就是价值实现（Valorization），即赋予作品以艺术与文化的意义，这是艺术行为的关键。当然，由于艺术作品的共享性质，因此价值及其价值实现就必然具有社会属性，即"艺术作品具有共享或共同实践的性质，它必须被创作者之外的人所认可。它是共享性产品，必须能够被那些具有共同实践的团体所共享"。① 当然，这方面更为集中的表述来自阿加·克莱默所著《做正确的事：基于价值的经济学》，该著作试图将经济学从标准的理性行为主义，拖回至其本初的研究对象——人类行为的实践智慧，其实，"回到亚里士多德"恐怕是这本书最为响亮的口号。也正是如此，作者系统比较了标准经济学与属于实践智慧的价值实践理论的区别，颇具启发意义，不妨引述如下（见表1）。②

表1　标准经济学与价值论方法的差别

标准经济学	价值论方法
核心问题:配置稀缺资源	实现价值
市场经济体系	人类实现价值的立场
以价值为基础/实体理性	工具推理:关注意义
分析性与政策导向	解释性、训导性与诊断式
定量分析	定性分析
基本假设/启发	基本假设/启发

---

① Arjo Klamer, "The Value-based Approach to Cultural Economics," *Journal of Cultural Economics* 40 （2016）: pp. 365 – 373.

② Arjo Klamer, *Doing the Right Thing: A Value Based Economy* (2nd ed), （London: Ubiquity Press, 2017）, p. 42.

续表

标准经济学	价值论方法
理性决策者	实践智慧
生产、分配与消费之间有着明确区分	消费也是生产与共同创造
消费者效用最大化	人类通过多种商品实现多种价值
只认可私人与集体产品	最重要的产品都是共享的
通过效用、收益、增长与福利实现效益目标最大化	人类确定其追求的特定产品
经济是独立的	经济是基于文化的活动

资料来源：Arjo Klamer, 2016.

正如评论者所言，"经济思想家回归其道德哲学的根基，社会和政治思想家处理实际事务要远离经济学'铁笼子'的制约，不只是思考技术意义上'效率'的概念。克莱默要求我们将政治经济学从工具主义转向更广泛的用以讨论'美好社会'的价值观"。[①] 如果我们意识到传统经济学在解释人类行为中的局限性，显然这是一本值得一读的佳作，不管其著述方式多么感性、其结论也许缺乏说服力。

最近几年有关不同学科所展开的幸福研究不在少数，其中社会学、心理学与经济学角度的研究成果颇为丰富，相比较而言，文化与幸福之间关系的研究似乎有些欠缺，苏珊·加洛韦（Susan Galloway）在梳理 1995～2006 年的文献发现，有关这个议题的英文学术文章只有 17 篇，她对这些文献做了很好的梳理与概括，是我们接着说的重要资源，我们不妨引述如下（见表2）。[②]

时间虽然过去 10 余年，但是这方面研究成果并不算多，以国际知名的文化经济学杂志《文化经济学学刊》为例，最近的 10 余年时间里值得一提的论文也只有区区 2 篇。其中一篇是英国学者根据《理解社会》第二轮调查

---

① Pete Boettke, recommendation, cited in Arjo Klamer: *Doing the Right Thing: A Value Based Economy* (*2nd ed*), Ubiquity Press, 2017.

② Galloway, S., "Cultural Participation and Individual Quality of Life: A Review of Research Findings," *Applied Research in Quality of Life 1* (3-4) (2006): pp. 232-242.

表2　文化参与和个体生活质量关系的相关发现

参考文献	相关发现	能推而广之吗?
专门关注文化		
Coffman and Adamek (1999)	"人际关系、个人幸福感和成就感,丰富娱乐活动是定义老年人生活质量的"(p.31),而且乐队成员普遍认为其成员资格对此贡献很大	不,不能针对其他更多的老年人群。因为"不同人口学背景的样本可能会发现音乐对生活质量的相对影响的不同结果"
Burack et al. (2003)	对感知的全球生活质量没有影响,无论是生活质量具体条目,还是综合量表。然而,大家一致表示听音乐能够立即带来满足感	不可以,样本为作者自行选定,且样本量很小
Wood and Smith(2004)	能够观察到积极治疗对情感的影响	不可以,只限于现场音乐表演
Michalos(2005)	只有很小的积极影响,对生活质量具体指标没有显著影响	不可以,样本不代表城市普通家庭,而只偏向那些对艺术感兴趣的人
包括文化在内的更广泛的行为		
Bowling and Gabriel (2004)	对社会和个体活动有积极作用,其中也包括文化(但这只是7个主要方面的其中之一,每个方面都有助于个体生活质量提高)	可以,对于那些英国65岁以上独立居住的居民而言
Michalos and Zumbo (2000)	关注休闲活动,因此没有艺术相关动与生活质量之间关联的发现	不可以,样本不能代表城市居民
Kelly et al. (2001)	注重日常生活活动,15项指标中有3项与文化有关。参与一般的日常生活活动,与生活质量感知的相关性较弱。讽刺词之间的相关性更强,活动满意度与全球生活质量有着较强的关联,但是没有针对文化方面的专门分析	不可以,所有发现只针对特定特征的人群,即在北爱尔兰某个卫生委员会地区患有严重和长期精神疾病的成年人
Silversteinand Parker (2002)	关注广泛的休闲活动,重点是其中与文化相关的活动。随着时间的推移,任何种类的休闲活动水平都会提高对生活质量的评价	不可以,作者注意到瑞典社会的文化特性,对于生活质量的一维测量中缺乏精确性,并存在潜在的偏见

资料来源:Susan Galloway,2006.

(2010~2011)的数据分析艺术、文化、体育活动与主观幸福感的关系,其结果显示大多数文化产品能够带来积极的休闲体验与满足感,而且只有经常性的参与者才能产生这种积极的效用。相比于此前的研究，这个研究的样本量较为可观，而其结论也比较具体，是一篇不错的实证研究。① 另外一篇来自美国的学者，他们基于文化的发展观（Culture-based Development，CBD），研究文化与区域发展之间的关系，其核心目标是要将基于文化的发展观推广至经济影响之外，这其中自然也包括了幸福感的研究，作者利用社会普查的数据中所包含的文化与幸福感数据，却得出一个颇为模棱两可的结论：如果从积极意义上考虑社会幸福感的话，文化活动似乎并没有什么作用；但是如果从消极意义上来看，财产犯罪却与文化活动有着很强的负向关联。作者从规范意义上将这个现象解释为，"如果我们假设米达尔恶性循环（Myrdalian Vicious Cycle）的负面效应的话，文化的效用就颇为显著"，抛开结论的正确性与意义不论，这倒是提醒我们从另外一个角度思考文化对于幸福的价值。②

当然，这个领域研究的集大成者非布鲁诺·费雷莫属，他的大部分著作如《真实幸福探秘：一场经济学中的革命性突破》与《艺术与经济学：分析与文化政策》已有中文译本，学术界对其主要思想早已耳熟能详。布鲁诺·费雷在这个领域的贡献诚如诺贝尔经济学奖获得者让·梯若尔所言，"布鲁诺·费雷和他的同事们，出色地证明了这一思想，幸福研究方法在经济学和扩展全部人文科学的视野方面，可以发挥一个非常大的作用"。③ 显然易见的是，他采用幸福研究方法研究文化问题，特别是电视与互联网消费问题，不仅有着重要的方法论拓展，更是有了很多耐人寻味的结论。这里仅结合其新近出版的施普林格简明经济学系列之一的《幸福经济学》④ 摘要予

---

① Daniel Wheatley, Craig Bickerton, "Subjective Well-being and Engagement in Arts, Culture and Sport," *Journal of Cultural Economics* 41 (2017).

② Annie Tubadji, Brian J. Osoba, Peter Nijkamp, "Culture-based Development in the USA: Culture as a Factor for Economic Welfare and Social Well-being at a County Level," *Journal of Cultural Economics* 39 (2015).

③ 布鲁诺·弗雷：《真实幸福探秘：一场经济学中的革命性突破》，熊毅译，东北财经大学出版社，2013。

④ Bruno S. Frey, *Economics of Happiness*, *Springer Briefs in Economics*, (Heidelberg: Springer, 2018).

以介绍。在这部不足百页的手册中，作者介绍了电视与幸福之间的关系，即消费者常常高估观看电视这些看似自由与理性选择的消费行为的效用，其结果却是过多的观看行为，实际上降低了幸福的效用。在这本书当中，作者还紧跟人类行为的新趋势，将这种研究范式应用于互联网行为与幸福之间的关系研究，其结论也是网络社交时间与幸福程度呈负相关。不过在笔者看来，这本书的学术价值与实践价值不只是其方法论与现象诠释，更重要的是其作为自由主义经济学家所采取的市场化立场，他旗帜鲜明地反对"政府将幸福最大化作为其政策主张"，其结果只能是幸福指数的数据将被政府控制，有关幸福的政策与效果就会演变为一场自说自话的游戏。与之相反，作者建议政府所能做的是，"为每个人提供机会，让他们找到自己通往幸福的道路"。就此而言，幸福经济学的研究为人们追求幸福提供了方向与工具，作者举例说明道，幸福研究表明慈善行为能够提高幸福感，那么促使人们更多地参与慈善行为显然是一个重要的努力方向，而政策所要做的是为人们提供更多这样的机会，如提供税收减免、保险等公共政策。这让我想起另外一位自由市场主义文化经济学家——艾伦·皮考克（Allen Peacock）[①]，他始终坚持文化领域的公共政策要以不干预消费者主权为界限，毕竟市场是配置资源的最好手段，恐怕这个原则也可以推广到幸福领域：幸福无论是何种意义上的"优效品"，其选择权也应该掌握在消费者手中，而不是政府手中，否则其结果只能是事与愿违。

三　结论与思考

（一）简要的结论

著名经济学史家，马克·布劳格（Mark Blaug）多年前曾经这样评价文

[①]　周正兵：《艾伦·皮考克的文化经济学思想述评》，《北京联合大学学报》（人文社会科学版）2017年第1期。

化经济学的发展，"文化经济学的发展程度介于教育经济学与卫生经济学之间，较之教育经济学更有创新精神，但是较之卫生经济学则在研究成果方面略有逊色，这可能要归因于文化经济学有些孤立，不太愿意借鉴经济学其他领域发展成果，更不要说心理学、社会学和政策分析等领域的成果，尽管如此，文化经济学还是不断为文化热衷的问题提供了各种新的经济学方法应用。总而言之，文化经济学在新的领域生气勃勃"。① 如今的文化经济学虽然较之世纪之初缺乏标志性成果，但的确还算得上"生气勃勃"：在创意管理方面，学术界的研究也走向纵深，不仅对行业特征有着更加深入的了解，对于创意管理细节问题的洞察也更加细致入微，那个看不见的"黑箱"也渐露真颜；在文化消费与文化行为方面，文化经济学家主动借鉴其他领域的前沿成果，重回亚里士多德的实践智慧的路径，并在解读人类的文化行为方面有着不错的成就，甚至成为人类行为研究的前沿阵地，未来哲学社会科学的突破很有可能就诞生于此。

（二）几点思考

第一，本土研究明显滞后，国际化程度更是不足。比较而言，我国文化产业学科建设不仅滞后于西方，而且滞后于我国文化产业的实践，甚至与西方文化产业研究起步时期的研究水平比较起来都要逊色。张晓明先生多年前将这种局面概括为"泡沫化"现象："大量的'文化产业论坛'徒有虚名，成为政府部门的'造势'与'做秀'；雨后春笋般出现的文化产业研究机构也几乎成为理论界的'跑马占地'之举；无数'专著'和'论文'篇幅的浩大与内容的贫乏恰成对照。"② 这种研究现状如今虽有改善，但是总体而言仍然不容乐观，文化经济学作为新兴学科，在学术史脉络、学术规范，特别是在基础文献方面均存在明显不足，既无法回应我国文化产业生动实践的诠释性诉求，更谈不上国际性的对话。特别是在国际对话方面，目前国内很

---

① Mark Blaug, "Where are We Now on Cultural Economics," *Journal of Economic Surveys* 2 (2001): pp. 123 – 143.

② 张晓明：《文化产业发展急需理论支持》，《学习时报》2006 年 12 月 25 日。

少有学者能够准确地介绍我国文化产业发展的生动实践，而西方学者出于意识形态的原因常常有意片面甚至曲解中国的实践，造成极其不良的国际形象，这种情形有待学术界的共同努力予以纠偏。

第二，西方文献仍然是重要基础，加强引进是务实之举。文化经济学家露丝·陶斯曾经在《文化经济学刊》的编者按中抱怨西方文化经济学界对于文化经济学学科历史及其文献置若罔闻，殊不知学术界的前辈已经在艺术价格、艺术家劳动力市场、表演艺术财务问题、艺术的经济影响、遗产、艺术家资助、趣味养成等重要议题上取得了丰富的成果，是后辈学者应该接着说的重要学术资源。① 显而易见的是，陶斯所批评的这种现象在国内学术界更是有过之而无不及，我们常常为了一个西方学术界原本界定清晰的概念争论不休，争论各方几乎不去做必要的文献梳理，而争相去写那些空洞无物的檄文，这几乎成了笑谈。我们认为，就我国学术成果的积累水平与现实的需求而言，西方文化经济学文献仍然是相关领域学术建设的重要基础，加强引进仍然是务实之举，这样才能夯实国内学术建设的根基。

第三，本地经验无疑是宝贵财富，总结提炼乃迫切之需。众所周知，我国文化产业最近有着明显的发展，特别是出于技术变革的原因，甚至在某些领域实现了弯道超车。相对于如此生动的文化经济实践而言，我国学术界的贡献就显得有些尴尬，常常进退失据：一方面，相较于西方学术界而言，我们亦步亦趋地跟随西方，却常常落在队伍末尾，毫无话语权可言；另一方面，对于本土丰富的经验，我们没有珍惜并正视这些资源，关注其中的新经验、新模式，并为此提供富有解释力的模式与工具，理论界基本处于失语的状态。就此而言，我们要拥抱新时代给我们提供的生动实践，关注其中的新经验、新模式，及时总结相关经验，提炼可能的模式，才有可能实现理论创新，我们才能掌握与西方平等对话的话语权。

---

① Ruth Towse, "Farewell Editorial," *Journal of Cultural Economics* 27 (2003): pp. 3 –7.

B.18
国外文化消费影响因素研究综述[*]

张凤华^{**}

摘　要： 本文对最近二十多年来文化消费行为的决定因素的研究进展
进行跟踪研究。重点对影响文化消费行为的价格、收入、文
化资本和文化消费偏好形成因素进行了追踪介绍，在此基础
上，结合中国居民文化消费的最新理论成果，对这些核心因
素的影响效应进行了对比分析，最后对当前文化消费理论研
究的贡献与局限性进行总结和展望。

关键词： 文化消费　文化资本　偏好形成　收入　价格

近年来我国文化消费增长迅速，但与国际文化消费经验值相比，国内文化消费绝对水平较低①，文化消费需求潜力难以激发②。伴随我国经济转型和新常态下的宏观战略调整，相关政府部门和文化行政管理机构对扩大文化

---

* 本文受到国家社会科学基金艺术学青年项目"艺术经济学微观基础的理论体系建构研究"
资助（项目批准号：14CH141）。

** 张凤华，经济学博士，武汉大学国家文化发展研究院讲师，主要研究方向为文化经济学、
文化消费。

① 李蕊：《中国居民文化消费：地区差距，结构性差异及其改进》，《财贸经济》2013年第7
期；李蕊：《中国城镇居民文化消费：现状，趋势与政策建议》，《消费经济》2014年第6
期；李惠芬、付启元：《城市文化消费比较研究》，《南京社会科学》2013年第4期；姜宁、
赵邦茗：《文化消费的影响因素研究——以长三角地区为例》，《南京大学学报》（哲学·人
文科学·社会科学）2015年第9期；毛中根、杨丽姣：《文化消费增长的国际经验及中国
的政策取向》，《经济与管理研究》2017年第1期。

② 焦斌龙：《新常态下我国文化产业供给侧结构性改革的思考》，《经济问题》2017年第5期。

消费这个问题给予了前所未有的关注①，文化消费成为当前国内经济学界研究的热点问题之一。

文化消费不仅是经济行为也是社会行为，文化消费与其他商品消费相区别的一个重要特征是文化偏好的异质性。国内学者大多利用宏观经济统计数据，对我国文化消费的宏观经济影响因素开展了多层次的分析研究②。国内已有的研究对于理解我国文化消费现状和存在的问题具有重要意义，但是无法提供文化消费异质性对个人消费决策的影响证据，而这一点恰恰是政府部门和文化机构制定文化消费激励措施的关键。文化消费行为的研究重心一直位于西方国家③，本文贡献是通过梳理西方国家关于文化消费行为的影响因素研究，厘清个体文化消费行为的主要决定因素，结合我国文化消费的研究现状，取长补短，为我国扩大和促进文化消费的政策制定提供理论依据。

一　文化消费的范畴和定义

以 20 世纪 60 年代美国芝加哥大学经济学家鲍莫尔和鲍恩教授出版的《表演艺术的困境》为代表，早期文化消费的主要研究范围是剧院现场演

---

① 近十年来，文化消费的激励政策推陈出新，国务院于 2015 年印发《关于积极培育新消费，以新供给形成引领经济发展的新动力》，其中文化消费被提升为以新兴消费培育新经济增长点的动力之一，2016 年，"扩大文化消费"被列入文化部的文化发展规划，2017 年《公共文化服务保障法》正式实施生效，为满足人民基本文化权益提供了权威性制度保障。实践措施：2015 年，文化部和财政部联合发起"拉动城乡居民文化消费试点项目"，初探文化消费的激励机制，2016 年进一步开展"国家文化消费试点城市"项目。

② 姜周、吕巍：《基于城乡对比的文化消费影响因素研究——以 CGSS2013 为例》，《上海管理科学》2016 年第 6 期；车树林、顾江：《文化消费的社会网络效应——基于全国 31 个省市区面板数据的实证分析》，《消费经济》2016 年第 6 期；张苏秋、顾江：《居民教育支出对文化消费溢出效应研究——基于全国面板数据的门限回归》，《上海经济研究》2015 年第 9 期；高莉莉、顾江：《能力、习惯与城镇居民文化消费支出》，《软科学》2014 年第 12 期；车树林、顾江：《收入和城市化对城镇居民文化消费的影响——来自首批 26 个国家文化消费试点城市的证据》，《山东大学学报》（哲学社会科学版）2018 年第 1 期。

③ 笔者以"文化消费（文化参与）的影响因素"为主题，对 20 世纪 90 年代以来发表在权威性国际期刊（*Journal of Cultural Economics*，*POETRIC* 和 *Applied Economics*）上的与之密切相关的文献进行检索，研究区域包括美国、西班牙、英国、芬兰、德国、意大利等，研究内容涉及表演艺术、博物馆和美术馆、节庆活动等。

出，随着文化消费结构和模式的变迁，研究范围逐步扩大，从剧院现场演出、博物馆、视觉艺术、音乐、电影到文化艺术节庆活动、体育休闲和旅游等，文化消费的研究范围不断扩展。从文化消费动机和偏好的视角，西方学术界通常将艺术文化内容分为高雅艺术（Highbrow Culture）和大众艺术（Popular Culture）。前者通常以表演艺术、视觉艺术、博物馆和美术馆、古典音乐为代表，美国国家艺术基金将核心艺术文化活动界定为爵士乐、古典音乐表演、歌剧、音乐类演出和非音乐类演出、芭蕾、艺术博物馆和美术馆，其他则为"非艺术文化休闲活动"，如，阅读、看电视/录像、电子游戏等。截至目前，西方学者关于文化消费的定量研究涉及了广泛的文化产品和服务类型，例如休闲阅读[1]、音乐欣赏[2]、现场演出[3]、文化节庆活动[4]、视频游戏[5]、博物馆参与[6]、电影[7]、表演艺术[8]，还有一些被称为"混合文

[1] Ringstad, Vidar, and Knut Løyland, "The Demand for Books Estimated by Means of Consumer Survey Data," *Journal of Cultural Economics* 30 (2006).

[2] Favaro, Donata, and Carlofilippo Frateschi, "A Discrete Choice Model of Consumption of Cultural Goods: The Case of Music," *Journal of Cultural Economics* 31 (2007).

[3] Ateca-Amestoy, Victoria, "Determining Heterogeneous Behavior for Theater Attendance," *Journal of Cultural Economics* 32 (2008). Castiglione, Concetta, and Davide Infante, "Rational Addiction and Cultural Goods: The Case of the Italian Theatregoer," *Journal of Cultural Economics* 40 (2016).

[4] Palma, María Luisa, Luis Palma, and Luis Fernando Aguado, "Determinants of Cultural and Popular Celebration Attendance: The Case Study of Seville Spring Fiestas," *Journal of Cultural Economics* 37 (2013). Zieba, Marta, "Full-income and Price Elasticities of Demand for German Public Theatre," *Journal of Cultural Economics* 33 (2009). Willis, K. G., and J. D. Snowball, "Investigating How the Attributes of Live Theatre Productions Influence Consumption Choices using Conjoint Analysis: The Example of the National Arts Festival, South Africa," *Journal of Cultural Economics* 33 (2009).

[5] Borowiecki, Karol J., and Juan Prieto-Rodriguez, "Video Games Playing: A Substitute for Cultural Consumptions?," *Journal of Cultural Economics* 39 (2015).

[6] Brida, Juan Gabriel, Chiara Dalle Nogare, and Raffaele Scuderi, "Frequency of Museum Attendance: Motivation Matters," *Journal of Cultural Economics* 40 (2016).

[7] Sisto, Andrea, and Roberto Zanola, "Cinema Attendance in Europe," *Applied Economics Letters* 17 (2010). Dewenter, Ralf, and Michael Westermann, "Cinema Demand in Germany," *Journal of Cultural Economics* 29 (2005).

[8] Grisolía, José M., and Kenneth G. Willis, "A Latent Class Model of Theatre Demand," *Journal of Cultural Economics* 36 (2012). Werck, Kristien, and Bruno Heyndels, "Programmatic Choices and the Demand for Theatre: The Case of Flemish Theatres," *Journal of Cultural Economics* 31 (2007).

化产品和服务"——例如一些节庆活动中既包括高雅艺术演出也包括大众文化活动[1]。

文化消费数量衡量，在研究中大体上包括以下三个维度。一是参与次数。在特定时间内，个人进行文化消费的频次，在文化消费的研究中一般分为文化活动参与可能性和参与频次。二是参与时长。文化消费时间是指个人在某段时期内，花费在文化消费上的时间长度，通常用小时来计量，常见各国居民时间使用调查，例如，利用西班牙国民时间使用分配调查（2002～2003）数据[2]。三是居民文化消费支出。这个指标通常出现在住户调查数据中，反映了家庭人均文化消费支出规模。例如，使用巴西家庭预算调查，主要指标为人均文化消费支出[3]。

二　经济约束与文化消费

经典经济学需求理论告诉我们价格和收入是影响个人消费需求的重要经济约束，文化消费需求也不例外。文化产品需求符合普通商品的需求法则，需求量（参与频次或文化参与时间）与价格负相关，与收入正相关。然而，文化产品自身属性和文化消费偏好的双重异质性增加了文化消费影响因素的复杂性。由于实证方法存在遗漏变量和模型内生性问题，一些关于文化消费的价格弹性的研究存在估计偏误，导致文化消费的价格弹性估计结果并不完

---

[1] Notten, Natascha, et al., "Educational Stratification in Cultural Participation: Cognitive Competence or Status Motivation?," *Journal of Cultural Economics* 39 (2015). Diniz, Sibelle Cornélio, and Ana Flávia Machado, "Analysis of the Consumption of Artistic-cultural Goods and Services in Brazil," *Journal of Cultural Economics* 35 (2011). Falk, Martin, and Tally Katz-Gerro, "Cultural Participation in Europe: Can We Identify Common Determinants?," *Journal of Cultural Economics* 40 (2016).

[2] Muniz, Cristina, Plácido Rodríguez, and María José Suárez, "Participation in Cultural Activities: Specification Issues," *Journal of Cultural Economics* 41 (2017).

[3] Diniz, Sibelle Cornélio, and Ana Flávia Machado, "Analysis of the Consumption of Artistic-cultural Goods and Services in Brazil," *Journal of Cultural Economics* 35 (2011).

全一致①。第一，隐形价格，时间成本的影响。② 对德国剧院参与的研究表明，加入闲暇价格和全收入前后的需求价格弹性估计分别为 - 0. 26 和 - 0. 43。第二，互补性支出成本，如交通成本和餐饮、住宿等。第三，文化消费群体特征差异。其他条件不变的情况下，高收入群体对价格敏感性较低，但是时间成本较高；低收入群体，尤其是学生，对价格敏感性较高，但是时间成本较低。第四，不同的文化产品类型：公共文化产品，市场文化产品。公共文化产品一般价格门槛较低或者无门槛，③ 对美国博物馆参与因素研究表明，博物馆参与次数的价格弹性不敏感，参与次数的价格弹性在 - 0. 12至 - 0. 26 之间波动，尤其是历史博物馆和综合博物馆参观者对价格极其不敏感。市场文化产品价格相对较高，④ 研究发现电影需求的价格弹性大于1，富有弹性 - 2. 4 ~ - 2. 7。还有，文化艺术活动的周期性因素，如学者⑤基于芬兰国家大剧院 2001 ~ 2009 年的细分数据，从戏剧表演活动周期和戏剧类型等层面研究了产业供给要素对戏剧需求的影响。实证结论表明，戏剧票价的整体需求价格弹性为 - 1. 16，首演门票需求价格弹性大于1，复演门票价格弹性小于1，缺乏弹性，诸如这类因素都会引起文化消费的需求价格弹性的不一致。

收入对文化消费需求的影响取决于文化供给的属性，收入对公共或者低门槛的非营利文化活动影响不显著，⑥ 对美国一系列博物馆参与因素的研究

① Seaman, Bruce A., "Empirical Studies of Demand for the Performing Arts," *Handbook of the Economics of Art and Culture* 1 (2006). Willis, K. G., and J. D. Snowball, "Investigating How the Attributes of Live Theatre Productions Influence Consumption Choices using Conjoint Analysis: The Example of the National Arts Festival, South Africa," *Journal of Cultural Economics* 33 (2009).

② Zieba, Marta, "Full-income and Price Elasticities of Demand for German Public Theatre," *Journal of Cultural Economics* 33 (2009).

③ Luksetich, William A., and Mark D. Partridge, "Demand Functions for Museum Services," *Applied Economics* 29 (1997).

④ Dewenter, Ralf, and Michael Westermann, "Cinema Demand in Germany," *Journal of Cultural Economics* 29 (2005).

⑤ Laamanen, Jani-Petri, "Estimating Demand for Opera Using Sales System Data: The Case of Finnish National Opera," *Journal of Cultural Economics* 37 (2013).

⑥ Luksetich, William A., and Mark D. Partridge, "Demand Functions for Museum Services," *Applied Economics* 29 (1997).

表明，参与者的家庭收入水平与个人参与次数没有明显关系。有学者①的研究表明收入对听音乐频次没有显著影响。对于高雅艺术而言，收入水平越高，文化参与次数越高②。

此外，也有一些学者研究了收入对参与强度和参与可能性的边际效应影响差异，从政策意义上区分收入对"不参与者"和"参与者"的影响。③ 研究表明收入对参与有正效应，但对参与频次的影响不显著。有学者④对台湾地区表演艺术参与的研究结果表明，收入对参与可能性影响显著，但对参与频次的影响不明显。

上述研究考察了收入对文化消费的直接影响，有学者⑤的研究发现如果考虑闲暇成本的影响，那么表演艺术的需求收入变得更富有弹性。有学者⑥认为引致消费是影响收入与文化消费关系的另一种潜在因素，非直接支出与文化消费支出是互补关系，如停车和吃饭，与文化消费正相关，收入越高，艺术文化消费支出越多，而且支出的结构更加多元化。学者⑦考察了收入对表演艺术消费的间接影响，研究表明，偏好形成与经济资本之间具有即时互补性，实际收入的增加会导致文化品位积累的提升，文化品位的培育会进一步增加对文化产品的流动性需求。

三　文化资本与文化消费

文化资本决定论在西方文化消费者研究中占据极其重要的地位，文化社

① Prieto-Rodríguez, Juan, and Víctor Fernández-Blanco, "Are Popular and Classical Music Listeners the Same People?," *Journal of Cultural Economics* 24 (2000).

② Gray, Charles M., "46 Participation," *A Handbook of Cultural Economics* (2003).

③ Palma, María Luisa, Luis Palma, and Luis Fernando Aguado, "Determinants of Cultural and Popular Celebration Attendance: The Case Study of Seville Spring Fiestas," *Journal of Cultural Economics* 37 (2013).

④ Wen, Wei-Jen, and Tsung-Chi Cheng, "Performing Arts Attendance in Taiwan: Who and How Often?," *Journal of Cultural Economics* 37 (2013).

⑤ Zieba, Marta, "Full-income and Price Elasticities of Demand for German Public Theatre," *Journal of Cultural Economics* 33 (2009).

⑥ Diniz, Sibelle Cornélio, and Ana Flávia Machado, "Analysis of the Consumption of Artistic-cultural Goods and Services in Brazil," *Journal of Cultural Economics* 35 (2011).

⑦ Brito, Paulo, and Carlos Barros, "Learning-by-consuming and the Dynamics of the Demand and Prices of Cultural Goods," *Journal of Cultural Economics* 29 (2005).

会学家认为文化资本通过代际传递，影响着后人的教育、就业和社会网络，进而塑造了后代人的文化资本，诸如内在的美学修养，而其他的情景因素，如社会资本、时间成本和经济约束只能影响具备这种兴趣的人参与文化活动的次数①。文化资本决定者认为教育驱动内在的精神需求，与其他经济条件相比，内在动力对文化消费的影响更大②，父母积极参与文化消费为孩子树立榜样并通过言传身教引导和塑造了孩子未来的文化偏好和文化消费模式③，学历教育提升了个人认知能力。受教育程度较高的人不仅比受教育水平低的人参与文化活动多，受教育水平越高，文化参与次数越高④，而且偏好高雅文化⑤。

在现代文化消费的研究中，文化经济学家将个人消费资本积累视为文化消费偏好形成的一个重要的新增路径。文化消费偏好形成路径理论假说包括习惯形成（Habit Formation）、理性上瘾（Rational Addiction）和消费中学习（Learning-by-consuming）。在习惯形成假说中，文化经济学家特别强调一个人当前的艺术需求受到过去艺术消费的影响，研究表明上一年表演艺术消费对本期表演艺术消费具有很强的正效应，并且在统计上是显著的⑥。理性上

① Willekens, Mart, and John Lievens, "Family (and) Culture: The Effect of Cultural Capital within the Family on the Cultural Participation of Adolescents," *Poetics* 42 (2014).

② Katz-Gerro, Tally, "Cultural Consumption Research: Review of Methodology, Theory, and Consequence," *International Review of Sociology* 14 (2004).

③ van Hek, Margriet, and Gerbert Kraaykamp, "How do Parents Affect Cultural Participation of Their Children?: Testing Hypotheses on the Importance of Parental Example and Active Parental Guidance," *Poetics* 52 (2015). Notten, Natascha, et al., "Educational Stratification in Cultural Participation: Cognitive Competence or Status Motivation?," *Journal of Cultural Economics* 39 (2015).

④ Gray, Charles M., "46 Participation," *A Handbook of Cultural Economics* (2003). Kraaykamp, Gerbert, Wouter van Gils, and Wout Ultee, "Cultural Participation and Time Restrictions: Explaining the Frequency of Individual and Joint Cultural Visits," *Poetics* 36 (2008). Brida, Juan Gabriel, Chiara Dalle Nogare, and Raffaele Scuderi, "Frequency of Museum Attendance: Motivation Matters," *Journal of Cultural Economics* 40 (2016).

⑤ Notten, Natascha, et al., "Educational Stratification in Cultural Participation: Cognitive Competence or Status Motivation?," *Journal of Cultural Economics* 39 (2015).

⑥ Seaman, Bruce A., "Empirical Studies of Demand for the Performing Arts," Handbook of the Economics of Art and Culture 1 (2006).

瘾理论①是指过去消费经历的增加提升了现期消费的边际效用，其核心思想是过去消费和当期消费之间具有相邻互补性（Adjacent Complementarity），消费资本存量（The Stock of Consumption Capital）会影响当期消费的稳态路径，上瘾程度越深，消费稳态越不稳定。由于上瘾物品的跨期消费之间存在正向强化作用（Positive Reinforce），意味着更多的现期消费导致更高的未来消费水平。某种文化产品消费是否属于上瘾行为，受多种因素的影响，Cameron 的②实证研究表明英国电影消费不符合理性上瘾理论，然而，Sisto 等③利用 1989～2002 年欧洲 12 国混合面板数据验证了看电影符合理性上瘾假说，Castiglione 等④验证了意大利去剧院看演出属于理性上瘾消费。理性上瘾的政策含义是价格的暂时性变化对当期上瘾物品的消费影响比补偿性的长期变化的影响小。

消费中学习是"理性上瘾理论"应用于文化消费偏好分析的延伸⑤，Garboua 等⑥认为过去好的或者不好的文化消费体验只是消费资本积累的过程，研究表明，对剧院熟悉程度达到 80% 的人，看演出的价格需求弹性为 -1.47，其他熟悉程度相对较低的人对看演出的需求价格弹性为 -1。Favaro 等⑦在对意大利音乐消费行为的考察中，选用了文化消费经历（音乐演奏、编曲）和艺术培训（上音乐学校的经历）作为文化资本的另一种形

---

① Becker, Gary S. , and Kevin M. Murphy, "A Theory of Rational Addiction," *Journal of Political Economy* 96 (1988).

② Cameron, Samuel, "Rational Addiction and the Demand for Cinema," *Applied Economics Letters* 6 (1999).

③ Sisto, Andrea, and Roberto Zanola, "Cinema Attendance in Europe," *Applied Economics Letters* 17 (2010).

④ Castiglione, Concetta, and Davide Infante, "Rational Addiction and Cultural Goods: The Case of the Italian Theatregoer," *Journal of Cultural Economics* 40 (2016).

⑤ McCain, Roger A. , "Cultivation of Taste and Bounded Rationality: Some Computer Simulations," *Journal of Cultural Economics* 19 (1995).

⑥ Garboua, Louis Lévy, and Claude Montmarquette, "A Microeconometric Study of Theatre Demand," *Journal of Cultural Economics* 20 (1996).

⑦ Favaro, Donata, and Carlofilippo Frateschi, "A Discrete Choice Model of Consumption of Cultural Goods: The Case of Music," *Journal of Cultural Economics* 31 (2007).

态来测度文化资本对消费者行为的影响，文化消费经历和艺术培训与音乐消费显著正相关，其贡献率分别为 1.382 和 0.809。Ateca-Amestoy 等[1]在考察美国剧院参与的研究中，将"是否阅读剧本"和通过电视和广播收看收听演出的经历定义为文化资本，研究发现阅读剧本和通过多媒体观看收听表演节目对剧院参与具有显著正效应，边际贡献率分别为 0.76 和 0.23。Palma 等[2]实证研究结果表明童年时期文化活动的参与经历对嘉年华活动参与有显著正影响，其他活动参与的影响效应不显著。

三种偏好形成假说的共同基础是文化消费的跨期相关性，即过去文化消费经历对当期以及未来文化消费偏好的影响。"习惯形成"提出了跨期消费相关性，"理性上瘾"强调跨期文化消费的相邻互补性，过去、现在和未来跨期消费的正向强化，"消费中学习"声称文化消费偏好形成是无意识的消费资本积累过程，在消费中完成学习过程，形成主观质量判断，形成文化消费偏好。

四　技术创新与文化消费

近年来，技术创新成为测度和考察文化消费的另一个受到关注的外生因素。技术与文化产品融合给当代文化产品供给和文化消费方式带来无限的想象空间，在很大程度上革新了传统文化供给和文化消费路径和模式。信息技术透过数字媒体和网络影响文化消费[3]，智能终端和电子介质的普及将会在

---

① Ateca-Amestoy, Victoria, "Determining Heterogeneous Behavior for Theater Attendance," *Journal of Cultural Economics* 32（2008）.

② Palma, María Luisa, Luis Palma, and Luis Fernando Aguado, "Determinants of Cultural and Popular Celebration Attendance: The Case Study of Seville Spring Fiestas," *Journal of Cultural Economics* 37（2013）.

③ Katz-Gerro, Tally, "Cultural Consumption Research: Review of Methodology, Theory, and Consequence," *International Review of Sociology* 14（2004）. DiMaggio Paul, Toqir Mukhtar, "Arts Participation as Cultural Capital in the United States, 1982 – 2002: Signs of Decline?," *Poetics* 32（2004）.

很大程度上提升人们参与文化消费的机会和水平①。技术创新不仅提高了文化产品与服务的供给能力，降低了文化产品与服务的相对价格，增加了消费者剩余，提高了文化消费者福利，而且增加了文化产品与服务的种类，引致新文化产品类型、新文化偏好、新文化产品市场和文化技术的协同演进②。研究表明，数字传播技术扩大了现场表演艺术场馆的虚拟空间并增加了新消费群体③。

五　结论与展望

国内外关于文化消费的研究视角和框架既有区别又有联系。国外关于文化消费的研究，发端于文化经济学关于文化艺术资助的讨论，文化艺术机构必须在实践上发挥自身的社会价值，促进更多的文化艺术参与，从而证明其获取政府和社会资助的价值，目的是向资助部门提供文化艺术活动的社会经济价值证据。因此，国外研究从一开始就更多关注参与者或者消费者个体。国内文化经济的发展是由国家宏观发展战略主导，从中央到地方的关注点是如何提升文化消费对经济增长的贡献，国内学者大多采用宏观经济视角的传统框架——制度、人口、收入、教育、生命周期等，考察宏观经济因素对文化消费的影响。

对比国内外学者对中西方文化消费的影响因素研究结果，如前文所述，西方国家普适性的观点是教育对文化参与（文化消费）的影响最为显著，边际效应也最大，中国学者在宏观层面的研究表明中国居民的文化消费是收入主导型的④，其他相关因素如社会保障和城镇化水平强化了收入对文化消

① Borowiecki, Karol J., and Juan Prieto-Rodriguez, "Video Games Playing: A Substitute for Cultural Consumptions?," *Journal of Cultural Economics* 39 (2015).

② Potts, Jason, "New Technologies and Cultural Consumption," *Handbook of the Economics of Art and Culture*. Vol. 2. Elsevier (2014).

③ Bakhshi, Hasan, and David Throsby, "Digital Complements or Substitutes? A Quasi-field Experiment from the Royal National Theatre," *Journal of Cultural Economics* 38 (2014).

④ 高莉莉、顾江：《能力，习惯与城镇居民文化消费支出》，《软科学》2014 年第 12 期。

费的边际效应①。如引言中所述，当前国内经济学界的研究成果极大丰富和提升了我国文化消费理论研究，然而，也存在一些技术上的局限性。首先，我国区别于西方国家的文化消费的一个重要特征是文化消费的高补贴性，从公共文化服务到营利性文化活动（电影和演出补贴）；其次，从 2007 年以来，网络文化消费成为一种日趋流行的文化消费形态，这种消费形态的转变也会对文化消费支出的测度造成很大影响；最后，2012 年以前，文化消费支出与教育支出是合并统计指标，统称"文教娱乐"支出，笔者根据 2013 年数据测算，"教育支出"占"文教娱乐"支出的 30% 以上，这种统计偏误在某种程度上高估了文化消费支出水平。

为了提供一个与西方研究成果具有可比性的研究结果，Courty 等②首次采用大规模中国居民文化参与调查数据，考察了一组文化参与类型的微观影响因素，包括收入、教育、年龄、职业和性别。③ 主要研究结论表明，首先，中国居民文化参与水平与地区经济发展水平具有非线性关系，西部较为贫穷落后的地区和东部经济发达地区的居民文化参与水平较高，中部地区居民的文化参与水平相对较低，呈现明显的"U 形"关系。其次，教育对居民文化参与具有重要影响，而且教育的边际影响效应显著高于收入的边际效应，这个特征在市场文化消费活动中尤其显著（如电影和演出）。这个结论与多数西方学者的研究结论是一致的。最后，对样本进行地区经济水平分组的研究结果证明，教育和收入对收入水平较高地区的居民文化参与的边际影响较低，这在某种程度上意味着中国政府对文化消费的高补贴政策促进了文化参与的公平性，然而，由于这个结论来自横截面调查数据，谨慎起见，并

---

① 姜周、吕巍：《基于城乡对比的文化消费影响因素研究——以 CGSS2013 为例》，《上海管理科学》2016 年第 6 期；车树林、顾江：《收入和城市化对城镇居民文化消费的影响——来自首批 26 个国家文化消费试点城市的证据》，《山东大学学报》（哲学社会科学版）2018 年第 1 期。

② Courty, Pascal, and Fenghua Zhang, "Cultural Participation in Major Chinese Cities," *Journal of Cultural Economics* 42（2018）.

③ 该调查是由文化部资助，武汉大学国家文化发展研究院主持开展的一项大规模居民文化消费调查。调查采用面对面询问调查的方式，于 2015 年 7 月至 2015 年 8 月在全国 13 个省会城市中开展，历时 2 个月，共收集有效样本 43932 份。

不能作为政策有效性的稳健证据。

正如 Courty 等[1]所述，中国独特的制度背景和文化发展模式为世界文化经济学的理论研究提供了丰富的可能性，然而，这个领域的研究的确需要更多的经济学学者加入，在理论和方法上进行创新，激发出更多的真知灼见，促进该领域研究水平的提升。文化经济学不可能依赖传统经济学的研究路径，这是由它自身的特点决定的。同时，文化经济学者还应该和统计部门有良好的合作，因为良好的数据质量可为文化经济理论创新提供更多机会。

---

[1] Courty, Pascal, and Fenghua Zhang, "Cultural Participation in Major Chinese Cities," *Journal of Cultural Economics* 42 (2018).

附　录

Appendix

B.19
中国文化发展大事记

一　2017年

1月4日　《文化部"一带一路"文化发展行动计划（2016—2020年)》正式公布，为"一带一路"文化建设工作的深入开展绘制了路线图。

1月6日　工业和信息化部、财政部下发《关于推进工业文化发展的指导意见》。该意见认为，大力发展工业文化，是提升中国工业综合竞争力的重要手段，是塑造中国工业新形象的战略选择，是推动中国制造向中国创造转变的有力支撑。

1月12日　国务院办公厅下发《关于印发〈知识产权综合管理改革试点总体方案〉的通知》。该方案强调推进知识产权综合管理改革是深化知识产权领域改革、破解知识产权支撑创新驱动发展瓶颈制约的关键，对于切实解决地方知识产权管理体制机制不完善、保护不够严格、服务能力不强、对创新驱动发展战略缺乏强有力支撑等突出问题具有重要意义。

1月13日 国务院印发《"十三五"国家知识产权保护和运用规划》，明确了"十三五"知识产权工作的发展目标和主要任务，对全国知识产权工作进行了全面部署。这是知识产权规划首次被列入国家重点专项规划。

1月17日 工业和信息化部印发《大数据产业发展规划（2016～2020年)》，特别提出加快增强大数据产业应用能力，到2020年，大数据相关产品和服务业务收入突破1万亿元，年均复合增长率保持在30%左右。

1月25日 中共中央办公厅、国务院办公厅印发《关于实施中华优秀传统文化传承发展工程的意见》。该意见提出到2025年，基本建成中华优秀传统文化传承发展体系。

1月25日 国家版权局正式印发《版权工作"十三五"规划》。

2月7日 国家文物局印发《关于加强尚未核定公布为文物保护单位的不可移动文物保护工作的通知》。该通知指出，尚未核定公布为文物保护单位的不可移动文物是我国不可移动文物资源的基础组成部分，与各级文物保护单位共同构成了不可移动文物资源整体。

2月21日 国家文物局印发《国家文物事业发展"十三五"规划》。该规划认为，"十三五"时期，是全面建成小康社会的决胜阶段，也是文物事业改革发展的关键时期。

2月23日 文化部发布《文化部"十三五"时期文化发展改革规划》。这是指导"十三五"时期文化系统发展改革工作的总体规划，是落实《中华人民共和国国民经济和社会发展第十三个五年规划纲要》和《国家"十三五"时期文化发展改革规划纲要》的具体体现。

2月28日 雅昌艺术市场监测中心（AMMA）和 Artprice 联合推出的《2016年度艺术市场报告》正式发布。该报告显示，2016年度全球纯艺术市场拍卖总成交额为124.49亿美元，同比减少23%。中国纯艺术拍卖总成交量为9.14万件，总成交额为47.92亿美元，以38%的市场份额跃居全球第一；美国退居全球第二，市场份额降至28%；英国以17%的市场份额位居第三。

3月1日 我国文化产业领域的第一部法律《电影产业促进法》正式实

施，中国电影行业从此将"有法可依"。该法对"偷票房"行为做出了明确的处罚规定，电影院未如实统计销售收入的，由县级人民政府电影主管部门处5万元以上50万元以下的罚款；情节严重的，责令停业整顿；情节特别严重的，由原发证机关吊销许可证。

3月1日 由中华人民共和国第十二届全国人民代表大会常务委员会通过的《中华人民共和国公共文化服务保障法》正式实施。《公共文化服务保障法》的实施为现代公共文化服务体系建设提供了坚实保障。

3月22日 文化部发布《国家艺术基金"十三五"时期资助规划》。国家艺术基金是由国家设立，旨在繁荣艺术创作、打造和推广原创精品力作、培养艺术创作人才、推进国家艺术事业健康发展的公益性基金。

3月24日 国务院办公厅下发《关于〈中国传统工艺振兴计划〉的通知》。该计划旨在落实党的十八届五中全会关于"构建中华优秀传统文化传承体系，加强文化遗产保护，振兴传统工艺"和《中华人民共和国国民经济和社会发展第十三个五年规划纲要》关于"制定实施中国传统工艺振兴计划"的要求，促进中国传统工艺的传承与振兴。

4月5日 中央精神文明建设指导委员会下发《关于深化群众性精神文明创建活动的指导意见》。该指导意见要求重点抓好理想信念教育、爱国主义教育、公民道德建设、弘扬中华优秀传统文化、诚信建设、建设社会主义法治文化、发挥先进典型示范引领作用等方面的工作。

4月11日 文化部出台《推动数字文化产业创新发展的指导意见》。该意见旨在贯彻落实《"十三五"国家战略性新兴产业发展规划》《文化部"十三五"时期文化发展改革规划》，深入推进文化领域供给侧结构性改革，培育文化产业发展新动能。

4月14日 杭州召开中国数字阅读大会，并发布《2016年度中国数字阅读白皮书》。白皮书显示，2016年，我国数字阅读用户规模突破3亿，市场规模达120亿元。

4月19日 文化部2017年全国文化产业工作会议在江苏苏州召开。会议正式发布了《文化部"十三五"时期文化产业发展规划》。该规划明确了

"十三五"时期文化产业发展的总体要求、主要任务、重点行业和保障措施，以8个专栏列出22项重大工程和项目，着力增强可操作性。

4月24日 最高人民法院首次发布《中国知识产权司法保护纲要（2016～2020）》，明确知识产权司法保护目标，完善制度设计，建立科学合理的知识产权损害赔偿制度体系，进一步解决知识产权案件赔偿低等问题。

4月25日 财政部办公厅发布通知，部署2017年度文化产业发展专项资金申报管理的有关工作。2017年专项资金继续重点用于落实党中央和国务院确定的重大政策、项目，并继续采用市场化运作模式，通过参股基金等方式，提高资源配置效率。

4月26日 文化部印发《"十三五"时期文化科技创新规划》。该规划是为了贯彻《国家创新驱动发展战略纲要》、《国家"十三五"时期文化发展改革规划纲要》及《文化部"十三五"时期文化发展改革规划》而制定的，旨在加快文化科技创新体系建设。

4月28日 文化部发布《文化部办公厅关于做好2017年度中央财政文化产业发展专项资金重大项目申报工作的通知》。该通知指出文化部牵头负责"实施文化金融扶持计划""支持特色文化产业发展""促进文化创意和设计服务与相关产业融合发展"等三个重大项目的征集、遴选工作。按照财政部的通知要求，对符合三个重大项目支持重点的政府和社会资本合作（PPP）项目、文化与科技融合发展项目，将优先予以支持。

5月4日 文化部发布《"十三五"时期繁荣群众文艺发展规划》。

5月6日 《朗读者》第一季圆满收官。节目播出以来，在豆瓣网评分最高达9.5分，连续6周位列豆瓣综艺板块推荐位第一。截至5月1日，《朗读者》节目相关视频全网播放量超过7.45亿次，在微信公众号上阅读量达10万+的"爆文"已累计达225篇。

5月7日 中共中央办公厅、国务院办公厅印发《国家"十三五"时期文化发展改革规划纲要》。

5月8日 科技部、中央宣传部印发《"十三五"国家科普与创新文化建设规划》。该规划是为了贯彻落实《国家创新驱动发展战略纲要》《"十三五"国家科技创新规划》而制定的。

5月10日 中央宣传部、文化部、财政部联合印发《关于戏曲进乡村的实施方案》，提出到2020年，要在全国范围实现戏曲进乡村制度化、常态化、普及化，增加农村公共文化服务总量，解决农民看戏难的问题。

5月11日 中共中央办公厅、国务院办公厅印发《关于加强文化领域行业组织建设的指导意见》。旨在深入贯彻落实中央关于深化文化体制改革和创新社会治理体制的有关部署要求，推动文化领域行业组织健康有序发展。

5月25日 文化部印发《"十三五"时期文化扶贫工作实施方案》。该方案提出，到2020年，贫困地区文化建设要取得重要进展，文化发展总体水平接近或达到全国平均水平。

5月28日 南昌汉代海昏侯墓考古发掘出最新成果，失传1800年之久的《齐论语》竹简完成扫描，为文字释读做好准备。

6月14日 国家新闻出版广电总局印发《网络文学出版服务单位社会效益评估试行办法》。该试行办法是国家新闻出版广电总局依据《关于推动国有文化企业把社会效益放在首位、实现社会效益和经济效益相统一的指导意见》而制定的。

6月15日 国家文物局印发《关于加强"十三五"文物科技工作的意见》，该意见提出优先开展7个方面的重点任务，即强化应用基础研究，推进预防性保护技术创新，构建文物保护修复综合技术体系，建立现代信息技术应用体系，着力推进文物保护装备升级及应用，建立和完善标准体系，加强科技成果推广示范。

6月30日 中国网络视听节目服务协会在京召开常务理事会，审议通过《网络视听节目内容审核通则》。

7月6日 国家体育总局、国家旅游局联合发布《"一带一路"体育旅游发展行动方案》。该方案提出以"一带一路"为突破口，加快国内沿线地区体育旅游融合发展，推动沿线国家体育旅游深度合作，为促进国内区域协调发展和构建人类命运共同体做出积极贡献。

7月12日　文化部发布《"十三五"时期艺术创作规划》，明确了"十三五"时期艺术创作的指导思想、基本原则、发展目标及主要指标、创作主题、重点任务、保障措施。

7月12日　第41届联合国教科文组织世界遗产委员会会议（世界遗产大会）在波兰克拉科夫闭幕。中国世界文化遗产提名项目"鼓浪屿：历史国际社区"被成功列入《世界遗产名录》。至此，中国世界遗产总数已达到52处。

7月24日　由文化部和中国社会科学院共同主办的2017年"汉学与当代中国"座谈会在京开幕，来自全球22个国家的26名海外学者与国内19名著名学者参加了本次座谈会。

7月26日　文化部印发《"十三五"公共图书馆事业发展规划》，明确了"十三五"时期全国公共图书馆事业发展主要目标、重点任务和保障措施。

8月3日　工商总局、国家文物局联合印发《关于联合开展文物流通市场专项整顿行动的通知》，旨在严格落实文物安全监管责任，封堵非法文物销售渠道，维护文物市场秩序。

8月11日　首届中国"网络文学＋"大会在北京亦创国际会展中心开幕。本次大会由国家新闻出版广电总局、北京市人民政府指导，北京市委宣传部、中国音像与数字出版协会、北京市新闻出版广电局、北京市互联网信息办公室、北京市文学艺术界联合会、北京经济技术开发区管理委员会主办，以"网络正能量、文学新高峰"为主题，搭建网络文学创作、开发、交流平台。

8月21日　由文化部、国家新闻出版广电总局和中国作家协会联合主办的"2017年中外文学出版翻译研修班"在北京开班，旨在帮助国外译者、专家、策划人深度了解中国文化，促进中国文学作品的翻译推介。

8月26日　第九次中日韩文化部长级会议在日本京都召开，此次会议是落实中日韩领导人文化领域有关成果的重要举措。会议通过了《京都共同文件》，该文件进一步明确三国重点文化合作领域与项目，确定将于2018

年在中国召开第十次中日韩文化部长级会议。

9月5日 《中国数字音乐产业发展报告》发布。该报告显示，2016年全球录制音乐市场总规模达157亿美元，中国网络音乐用户达5.03亿；中国数字音乐产值达143.26亿元，同比增长39.36%。

9月11日 2017年青年汉学家研修计划在京正式启动。共有来自美国、英国、智利、阿尔巴尼亚、埃及、埃塞俄比亚、印度、意大利等26个国家的27位优秀青年汉学家应邀来华参加本期研修。该项目旨在搭建一个支持海外汉学家开展中国学研究的平台，为其学术研究提供便利和实质性帮助，支持其与中国本土优秀的学术、文化、教育领域的机构、团体、企业和学者开展交流和合作研究项目，帮助其提升学术水平和国际影响力。

9月13日 由中央宣传部、财政部、文化部、国家新闻出版广电总局、中国残联组织实施的"盲人数字阅读推广工程"在国家图书馆启动。中共中央政治局委员、中央书记处书记、中央宣传部部长刘奇葆出席启动仪式，并向图书馆和盲人教育机构代表发放智能听书机、盲用电脑等盲用阅读设备。

9月16日 2017年国家文化产业创新实验区发展论坛拉开帷幕，北京朝阳区宣布正式设立总规模100亿元的文化创意产业发展引导基金，发挥财政资金的杠杆效应，促进国家文化产业创新实验区规模化、集聚化、专业化、高端化发展。与此同时，文创实验区还正式发布了首批"蜂鸟企业"名单，着力培育文创领域"独角兽"企业和行业领军企业，建立文创"战略储备库"。

9月20日 第二届丝绸之路国际文化博览会在甘肃敦煌开幕。共有来自51个国家和国内各方面的近500位嘉宾参会。参展人数和中外新闻记者超过2100人。

9月22日 在杭州举办的第三届中国—中东欧国家文化合作部长论坛上，中国与中东欧16国共同发表了《中国－中东欧国家文化合作杭州宣言》，并签署一系列文化合作计划及备忘录。论坛期间，中国文化部部长雒树刚与中东欧国家9位文化部长以及4位文化部副部长举行双边会见，并与多国签署双边政府间或文化部间的文化合作执行计划。

9 月 28 日　中华文化讲堂"行走千年的琴韵与画意"走进欧洲最古老、最负盛名的音乐学院之一——意大利罗马圣西西莉亚音乐学院。本期讲堂活动由中华人民共和国文化部、中华人民共和国驻意大利共和国大使馆和圣西西莉亚音乐学院共同主办，中国对外文化集团公司策划承办。

10 月 9 日　全国古籍保护工作部际联席会议在北京召开。会议总结了2015 年部际联席会议以来古籍保护工作的情况，并明确了下一阶段部际联席会议的重点工作。

10 月 20 日　文化部印发《关于公布第一批国家级文化产业示范园区创建资格名单的通知》，"21 世纪避暑山庄"文化旅游产业园区等 10 个园区获得第一批国家级文化产业示范园区创建资格。

10 月 29 日　电影《战狼 2》以 56.83 亿元的成绩圆满收官，该电影在中国内地观影人次达到 1.59 亿，进入全球票房排行榜第 55 名。

10 月 29 日　由中山大学中文系、中国非物质文化遗产研究中心、中国古文献研究所与社会科学文献出版社联合主办的"中国非遗保护数据库、中国俗文学文献数据库、非物质文化遗产蓝皮书发布会暨学术研讨会"在中山大学举办。研讨会上，中国非遗保护数据库和中国俗文学文献数据库正式启动。

11 月 4 日　第十二届全国人民代表大会常务委员会第三十次会议通过《中华人民共和国公共图书馆法》，2018 年 1 月 1 日起正式实施，这是我国文化领域的又一部重要法律。

11 月 24 日　我国第一部《中华医学百科全书》发布。全书共 138 卷，覆盖我国医学领域的方方面面。

11 月 24 日　联合国教科文组织网站发布消息，我国申报的甲骨文顺利通过联合国教科文组织世界记忆工程国际咨询委员会的评审，成功入选《世界记忆名录》。

11 月 27 日　文化部文化扶贫工作会议在北京召开。会议传达了中央有关脱贫攻坚工作的文件精神，对下一个阶段文化扶贫工作进行了部署。

11 月 28 日　文化部部长雒树刚与香港特区行政长官林郑月娥在香港共同见证文化部与特区政府签署首个《内地与香港特区深化更紧密文化关系

安排协议书》。雒树刚强调，文化部将大力支持香港和澳门特区积极参与亚洲区域和次区域文化合作，以及"一带一路"文化建设。

11 月 29 日 为期三天的中国文化馆年会在安徽马鞍山正式开幕，国家公共文化云在开幕式上正式启动。国家公共文化云统筹整合文化共享工程、数字图书馆推广工程、公共电子阅览室建设计划三大文化惠民工程，旨在实现全国各级各类公共文化机构的互联互通，资源和服务的共建共享。

12 月 1 日 文化部下发《关于申报 2018 年度文化产业发展专项资金（重大项目方面）中央本级项目的通知》。专项资金将重点用于落实党中央、国务院关于推动文化产业发展有关重大政策。

12 月 3 ~ 5 日 第四届世界互联网大会全体会议在乌镇举行，中外嘉宾就"数字经济——创新发展新动能"的主题进行研讨。

12 月 10 日 第三届海上丝绸之路国际艺术节在古代海上丝绸之路重要起点城市——福建泉州拉开序幕，来自 30 多个海丝沿线国家和地区的数十个演艺团体携手献演，共同打造"艺术的盛会、人民的节日"。

12 月 14 日 台湾著名诗人、《乡愁》作者余光中先生在台湾高雄辞世，享年 90 岁。

12 月 17 日 上海出台《关于加快本市文化创意产业创新发展的若干意见》，通过 50 条具体措施，为进入新时代的人文之城建设"升级"提供强有力的体制机制保障。

12 月 17 日 著名画家齐白石作品《山水十二条屏》亮相拍场，以 9.315 亿元成交，成为目前全球最贵的中国艺术品，也使得齐白石成为首位晋升"一亿美元俱乐部"的中国艺术家。

12 月 28 日 中央宣传部、国家网信办、工业和信息化部、教育部、公安部、文化部、工商总局、国家新闻出版广电总局联合印发《关于严格规范网络游戏市场管理的意见》，部署对网络游戏违法违规行为和不良内容进行集中整治。

二 2018年

1月1日 纪录片《如果国宝会说话》首播，播出后迅速走红各大视频网站，豆瓣评分高达9.5分。

1月3~4日 2018年全国文化厅局长会议在北京召开。会议深入贯彻落实党的十九大关于文化建设的重大决策部署和2018年全国宣传部长会议精神，总结2017年文化工作，部署2018年重点工作。

2月6日 中共中央办公厅、国务院办公厅印发《关于加强知识产权审判领域改革创新若干问题的意见》，主要内容有：①完善知识产权诉讼制度；②加强知识产权法院体系建设；③加强知识产权审判队伍建设；④加强组织领导。

2月12日 中央宣传部、国家网信办、文化部、国家新闻出版广电总局、全国"扫黄打非"工作小组办公室做出部署，2月上旬至4月下旬进一步开展针对网络直播平台传播低俗色情暴力等违法有害信息和儿童"邪典"动漫游戏视频的集中整治行动。

3月18日 台湾著名作家、近代史学者李敖因罹患脑癌，在台北与世长辞，享年83岁。

3月21日 中共中央印发《深化党和国家机构改革方案》。其主要内容有：①中央宣传部对外加挂国家新闻出版署（国家版权局）牌子；②中央宣传部对外加挂国家电影局牌子；③将文化部、国家旅游局的职责整合，组建文化和旅游部；④在国家新闻出版广电总局广播电视管理职责的基础上组建国家广播电视总局，作为国务院直属机构；⑤整合中央电视台（中国国际电视台）、中央人民广播电台、中国国际广播电台，组建中央广播电视总台，作为国务院直属事业单位，归中央宣传部领导；⑥将旅游市场执法职责和队伍整合划入文化市场综合执法队伍，统一行使文化、文物、出版、广播电视、电影、旅游市场行政执法职责。

3月22日 国务院办公厅印发《关于促进全域旅游发展的指导意见》。

该意见就加快推动旅游业转型升级、提质增效，全面优化旅游发展环境，走全域旅游发展的新路子做出部署。

3月28日 哔哩哔哩（简称"B站"）在纳斯达克上市，每股发行价为11.50美元，共计发行4200万股ADS，整体募资规模4.83亿美元，交易代码为"BILI"。承销商为投资银行摩根士丹利、美银美林和摩根大通。

3月29日 国务院办公厅印发《知识产权对外转让有关工作办法（试行）》，分别对审查范围、审查内容、审查机制和其他事项进行了规定。

3月29日 爱奇艺在美国上市。发行价18美元/股，募集22.5亿美元。

4月4日 国家网信办依法约谈"快手"和今日头条旗下"火山小视频"相关负责人，提出严肃批评，责令全面进行整改。

4月8日 新组建的文化和旅游部正式挂牌。这意味着可以更好地统筹文化事业、文化产业发展和旅游资源开发，为经济发展助力。

4月8日 北京知识产权法院对百度与搜狗"互联网专利第一案"最后一批案件已做出判决。针对备受瞩目的"一种中文词库更新系统及方法"案、"一种网络资源地址输入的方法和一种输入法系统"案和"在中文输入法中恢复候选词顺序的方法及系统"案，法院宣判："驳回原告北京搜狗科技发展有限公司的全部诉讼请求，百度输入法不存在侵权行为。"

4月20日 国家文物局正式发布外国被盗文物数据库。该数据库的建设，将有助于防止外国被盗文物进入我国境内流通，进一步加强对我国执法机构的信息化支持，提升社会公众和专业人士的法律意识与风险保护意识。

5月4日 纪念马克思200周年诞辰大会在北京人民大会堂隆重举行。中共中央总书记、国家主席、中央军委主席习近平在会上发表重要讲话。

5月11日 虎牙正式在纽交所敲钟上市，股票代码为HUYA。上市当日，虎牙直播开盘价为15.5美元，较12美元每股的发行价涨逾30%。至此，虎牙成为继欢聚时代、陌陌、天鸽互动后，中国第四家直播领域的上市公司。

5月17日 首届中国网络文学周在浙江杭州开幕。开幕式上，中国作协首次发布《中国网络文学蓝皮书（2017）》，并公布2017中国网络小说排

行榜。截至 2017 年 12 月，中国网络文学用户已达 3.78 亿人，其中手机网络文学用户达 3.44 亿人；中国 45 家重点文学网站的原创作品总量达 1646.7 万种，年新增原创作品 233.6 万部；中国网络文学创作队伍非签约作者达 1300 万人，签约作者约 68 万人，总计约 1400 万人。

5 月 27 日 "数据驱动的智慧城市安全发布会"在贵阳举行。会上，360 企业安全集团发布了国内首个体系化、可落地的城市级网络安全运营体系——360 城市网络安全运营中心和 2018《大数据城市网络安全指数报告》。

6 月 21 日 经党中央批准、国务院批复，自 2018 年起我国将每年农历秋分设立为"中国农民丰收节"。该节将极大地调动起亿万农民的积极性、主动性、创造性，加快推进农业农村现代化。

6 月 24 日 腾讯选秀综艺《创造 101》收官，当晚全网播放量达 4.6 亿次，截至当日总播放量 48.6 亿次，微博话题阅读量达 104.5 亿次。

6 月 27 日 中央宣传部、文化和旅游部、税务总局、国家广播电视总局、国家电影局等联合印发通知，要求加强对影视行业天价片酬、"阴阳合同"、偷逃税等问题的治理，控制不合理片酬，推进依法纳税，促进影视业健康发展。

7 月 4 日 李彦宏在 Baidu Create2018 百度 AI 开发者大会上宣布推出由百度自主研发的中国首款云端全功能 AI 芯片——"昆仑"。"昆仑"是中国第一款云端全功能 AI 芯片，也是目前为止业内设计算力最高的 AI 芯片。它的运算能力比最新基于 FPGA 的 AI 加速器，性能提升了近 30 倍。

7 月 6 日 中共中央总书记、国家主席、中央军委主席、中央全面深化改革委员会主任习近平主持召开中央全面深化改革委员会第三次会议并发表重要讲话。会议审议通过了《关于加强文物保护利用改革的若干意见》。

8 月 1 日 全国"扫黄打非"办公室会同工业和信息化部、公安部、文化和旅游部、国家广播电视总局、国家网信办联合下发《关于加强网络直播服务管理工作的通知》。主要内容有：①加强网络直播服务许可和备案管理工作；②强化网络直播服务基础管理工作；③组织开展存量违规网络直播服务清理工作；④建立健全网络直播服务监管工作机制；⑤网络接入服务提供者、应用商店未尽到许可、备案手续审核及监管义务造成有害信息传播的，由有关主管部门按照相关法律法规予以查处。

9月1日 亚运会女篮决赛，中国女篮以71∶65的比分战胜朝韩联队，时隔8年重夺亚运会女篮金牌。

9月26日 中共中央、国务院印发《乡村振兴战略规划（2018～2022年)》，部署一系列重大工程、重大计划、重大行动。这是我国出台的第一个全面推进乡村振兴战略的五年规划。其中，对繁荣发展乡村文化、巩固农村思想文化阵地、保护利用乡村传统文化、重塑乡村文化生态、发展乡村特色文化产业、健全公共文化服务体系、增加公共文化产品和服务供给、广泛开展群众文化活动等方面进行了部署。

10月8日 中共中央办公厅、国务院办公厅印发《关于加强文物保护利用改革的若干意见》。该意见要求各地区、各部门进一步做好文物保护利用和文化遗产保护传承工作，到2025年，紧紧围绕走出一条符合我国国情的文物保护利用之路。

10月11日 国务院办公厅印发《完善促进消费体制机制实施方案（2018～2020年）的通知》。其主要内容有：①进一步放宽服务消费领域市场准入；②完善促进实物消费结构升级的政策体系；③加快推进重点领域产品和服务标准建设；④建立健全消费领域信用体系；⑤优化促进居民消费的配套保障；⑥加强消费宣传推介和信息引导。

10月25～28日 第十三届中国北京国际文化创意产业博览会正式开幕。1800余家文化创意企业齐聚北京，举办展览展示、推介交易、论坛交流等六大类近百场活动。会上发布的《面向高质量的发展：2017～2018年度IP评价报告》首次利用新技术科学量化IP价值，涉及电影、连续剧、游戏、文学、漫画、动画等领域274个文化产品IP超过7500万条数据。

10月30日 著名作家金庸逝世，享年94岁。

11月3日 IG战队夺得"英雄联盟"S8世界总决赛冠军。这是中国战队在LPL（英雄联盟职业联赛）迎来的第一个冠军。

11月6日 商务部在首届中国国际进口博览会期间发布《中国服务进

口报告2018》。这是首部由中国政府部门发布的服务进口报告。

11月9日 国家广电总局公布关于进一步加强广播电视和网络视听文艺节目管理的通知，要求坚决遏制追星炒星、泛娱乐化等不良倾向，严控片酬，坚决打击收视率（点击率）造假行为。

11月15日 文化和旅游部、国家发改委等17个部门印发《关于促进乡村旅游可持续发展的指导意见》。该意见明确了促进乡村旅游可持续发展的五项措施。

11月28日 中国网络视听节目服务协会在成都发布《2018中国网络视听发展研究报告》。该报告显示，截至2018年6月，我国网络视频用户规模达6.09亿，全年视频内容行业的市场规模预计超过2016亿元，同比增长39.1%；截至2018年6月，短视频用户的规模为5.94亿，占网络视频用户97.5%；预计全年行业的市场规模将超118亿元，同比增长106%。

12月18日 庆祝改革开放40周年大会在北京人民大会堂隆重举行。中共中央总书记、国家主席、中央军委主席习近平在大会上发表重要讲话。

12月29日 财政部、中央宣传部联合发布《国有文化企业改革发展报告（2018）》。该报告显示，截至2017年底，全国国有文化企业资产总额45662.2亿元，同比增长23.6%；全年实现利润总额1481.2亿元，同比增长7.8%；净利润1287.8亿元，同比增长7.6%。

12月31日 国家电影局发布的数据显示，当年全国电影总票房为609.76亿元，同比增长9.06%，城市院线观影人次为17.16亿，同比增长5.93%；国产电影总票房为378.97亿元，同比增长25.89%，市场占比为62.15%，比上年提高了8.31个百分点。

三 2019年

1月2日 艾瑞咨询发布《2018年中国动漫行业研究报告》。该报告显示，动漫产业总产值突破1500亿元，在线内容市场规模近150亿元。泛二次元用户规模近3.5亿，在线动漫用户量达2.19亿。动漫产业具有巨大的产值能力，且产值的最大输出来自下游的衍生开发。广告、用户付费和 IP 授权是动漫企业盈利的三大来源，IP 授权带来的收入占比更高。

1 月 10 日 由国家发改委、中国人民银行、文化和旅游部、中央组织部、中央宣传部、中央统战部、中央文明办、科技部、财政部、人力资源和社会保障部、自然资源部、海关总署、税务总局、市场监管总局、银保监会、证监会、全国总工会等部门联合签署的《关于对文化市场领域严重违法失信市场主体及有关人员开展联合惩戒的合作备忘录》发布。此举旨在加快建立以信用监管为核心的监管制度，推进文化市场信用体系建设，建立健全文化市场领域失信联合惩戒机制。

2 月 4 日 猫眼娱乐在港交所上市。发行价是 14.80 港元每股，首日报收 14.64 港元每股。

2 月 28 日 中国互联网络信息中心（CNNIC）在京发布第 43 次《中国互联网络发展状况统计报告》。该报告显示，截至 2018 年 12 月，我国网民规模达 8.29 亿，普及率达 59.6%，较 2017 年底提升 3.8 个百分点，全年新增网民 5653 万；我国手机网民规模达 8.17 亿，网民通过手机接入互联网的比例高达 98.6%。

3 月 7 日 财政部发布《关于推进政府和社会资本合作规范发展的实施意见》。该意见表明，优先支持文化、体育、旅游等基本公共服务均等化领域有一定收益的公益性 PPP 项目。

3 月 13 日 文化和旅游部办公厅发布关于贯彻落实《国家级文化生态保护区管理办法》的通知。该通知要求充分认识加强非物质文化遗产区域性整体保护的重要意义，进一步夯实国家级文化生态保护区建设的主体责任，全面落实国家级文化生态保护区建设管理的重点举措。

3 月 22 日 在国家主席习近平与意大利总理朱塞佩·孔特的共同见证下，中意双方代表签署《中华人民共和国文化和旅游部与意大利共和国文化遗产和活动部关于 796 件中国文物艺术品返还的证书》。此次文物返还不仅是中国流失文物追索返还工作中历时最长的案例，还是近 20 年来最大规

模的中国流失文物回归。也是中意两国根据国际公约和两国政府间打击和预防文物非法贩运双边协定开展的首次成功务实合作。

4月2日 财政部公布2019年中央财政预算。在专项转移支付方面，文化产业发展专项资金预算数为3.23亿元，比2018年执行数减少27.03亿元，下降89.3%。主要是从2019年起，中央财政通过政府投资基金对文化产业予以支持，有关转移支付资金转列中央本级。

4月3日 国家广播电视总局发布《未成年人节目管理规定》。该规定提出要防止未成年人节目出现商业化、成人化和过度娱乐化倾向；不得宣扬童星效应或者包装、炒作明星子女；等等。

4月6日 文化和旅游部办公厅印发《公共数字文化工程融合创新发展实施方案》，旨在适应移动互联网等现代科技发展趋势，破解公共数字文化工程发展中存在的瓶颈问题，推动工程转型升级、深度融合，创新公共数字文化服务业态，提升服务效能。

4月11日 艾瑞咨询发布《2019年中国数字音乐产业研究报告》。该报告显示，2018年中国数字音乐市场规模已达76.3亿元，同比增长接近60%。数字音乐平台用户付费率为5.3%，预计将在2020年达到8.0%。

4月12日 中国音像与数字出版协会在第五届中国数字阅读大会上发布《2018年度中国数字阅读白皮书》。该白皮书显示，2018年，中国数字阅读整体市场规模达254.5亿元，同比增长19.6%；我国数字阅读用户总量达到4.32亿，人均数字阅读量达12.4本。中国数字阅读整体市场规模已达到254.5亿元，同比增长19.6%，从投资市场上看，2018年数字阅读产业的融资数量共57笔，融资金额呈现上涨趋势，达70.3亿元。

4月25日 最高人民检察院召开以"充分履行检察职能、提升知产保护品质"为主题的新闻发布会。最高人民检察院检委会委员、第四检察厅厅长郑新俭表示，2018年，检察机关共批准逮捕涉及侵犯知识产权犯罪案件3306件5627人，同比均上升31.7%；提起公诉4458件8325人，同比分别上升21.3%和22.3%。

5月7日 文化和旅游部制定《文化和旅游规划管理办法》，从总则、立项和编制、衔接和论证、报批和发布、实施和责任等方面对文化和旅游规划体系进行统一，对规划管理进行完善，以提高规划质量。

5月9日 中共中央办公厅、国务院办公厅印发《大运河文化保护传承利用规划纲要》。充分挖掘大运河丰富的历史文化资源，保护好、传承好、利用好大运河这一祖先留给我们的宝贵遗产，打造大运河文化带，是新时代党中央、国务院做出的一项重大决策部署。

5月9日 商务部服贸司负责人介绍了2019年一季度服务进出口总体情况及服务外包、文化贸易和技术贸易发展情况。一季度，我国文化产品进出口总额196.9亿美元，同比增长7.0%；其中，出口173.3亿美元，增长7.6%，进口23.6亿美元，增长2.9%，贸易顺差149.7亿美元，规模扩大8.4%。从类别看，文化内涵较为丰富的出版物出口增长较快，增长12.1%。从国别和地区看，对欧盟出口增长24.6%，对"一带一路"沿线国家出口增长18.1%。个人、文化和娱乐服务出口2.6亿美元。文化体育和娱乐业对外投资1.4亿美元。

5月17日 瑞幸咖啡正式在美国纳斯达克敲钟上市，股票代码为"LK"。该品牌从创立到上市仅用18个月，创下中国咖啡品牌自创立到美股上市的最快纪录。

5月18日 由国家文物局、湖南省人民政府主办的2019年"5·18国际博物馆日"中国主会场活动开幕式在湖南省博物馆举行。国家文物局局长刘玉珠发言致辞表示，截至2018年底，全国博物馆达5354家，比上年增加218家。

5月21日 腾讯研究院发布《数字中国指数报告（2019）》。该报告指出，2018年中国数字经济规模已经达到29.91万亿元，2018年中国GDP总量的1/3借助数字技术实现。

6月17日 国务院印发《关于促进乡村产业振兴的指导意见》。该意见提到了培育壮大六个产业，其中包括做精乡土特色产业和优化乡村休闲旅游业。

6月24日 2019FBA 3X3篮球世界杯决赛在荷兰结束。中国女篮19∶13

战胜匈牙利，夺得冠军。这是中国篮球历史上第一个世界冠军。

6月28日　《文化产业促进法（草案征求意见稿）》面向全社会公开征求意见。《文化产业促进法（草案征求意见稿）》承前启后，既总结了这些年文化产业发展的理论和实践，又指向未来，为文化产业发展保驾护航。

7月5日　《长安十二时辰》在豆瓣拿下8.7分。该剧以"付费内容"形式在北美地区上线，这也是国产剧"出海"后首次进入包月付费区。

7月7日　在阿塞拜疆首都巴库举行的联合国教科文组织第43届世界遗产委员会会议通过决议，根据世界遗产第3、4条标准，将中国世界文化遗产提名项目"良渚古城遗址"列入《世界遗产名录》。至此，我国世界遗产总数达到55处，成为拥有世界遗产数量最多的国家之一。

7月23日　知识产权局发布《全球数字版权保护技术跨世纪追踪与分析（1994~2017）》。该文件指出，中国是数字版权保护技术领域成长最快的国家。

7月26日　文化和旅游部印发《文化和旅游部办公厅中国农业银行办公室关于金融支持全国乡村旅游重点村建设的通知》。该通知提出了加大信贷投放、推进产品创新、强化政策保障、夯实发展基础、推动产业升级、延伸服务渠道、开展综合服务、促进乡村消费8项金融支持重点村发展的措施。

7月31日　国家统计局公布了对全国规模以上文化及相关产业近5.6万家企业的调查，2019年上半年，上述企业实现营业收入40552亿元，按可比口径计算比上年同期增长7.9%，总体继续保持平稳较快增长。

7月31日　文化和旅游部官方网站发布《海峡两岸旅游交流协会关于暂停大陆居民赴台个人游试点的公告》。公告称，鉴于当前两岸关系，决定自2019年8月1日起暂停47个城市大陆居民赴台个人游试点。

8月3日　国务院发展研究中心·东方文化与城市发展研究所、中国社科院中国文化研究中心联合腾讯社会研究中心等单位在北京共同发布《中国数字文化产业发展趋势研究报告》。该报告指出，中国文化产业在2004年到2017年的增速两倍于GDP增速，2017年数字文化产业增加值为1.03万亿到1.19万亿元人民币（以下同），总产值为2.85万亿到3.26万亿元。这是中国第一份权威数字文化产业报告。

8月9日 华为消费者业务首届开发者大会上华为首次公布了自研操作系统"鸿蒙"。副总裁余承东表示，未来 5~10 年，华为消费者业务的长期战略是全场景智慧生活战略。

8月13日 科技部、中央宣传部等六部门联合印发《关于促进文化和科技深度融合的指导意见》。该意见提出，到 2025 年，建成 100 家左右特色鲜明、示范性强、管理规范、配套完善的国家文化和科技融合示范基地，200 家左右拥有知名品牌、引领行业发展、竞争力强的文化和科技融合领军企业，使文化和科技融合成为文化高质量发展的重要引擎。

8月19日 中共中央、国务院发布《关于支持深圳建设中国特色社会主义先行示范区的意见》。该意见提出，支持深圳大力发展数字文化产业和创意文化产业，加强粤港澳数字创意产业合作。

8月23日 国务院办公厅印发《关于进一步激发文化和旅游消费潜力的意见》。该意见提出了 9 项激发文化和旅游消费潜力的政策举措：一是推出消费惠民措施，二是提高消费便捷程度，三是提升入境旅游环境，四是推进消费试点示范，五是着力丰富产品供给，六是推动景区提质扩容，七是发展假日和夜间经济，八是促进产业融合发展，九是加强市场监管执法。

9月2日 国务院办公厅印发《体育强国建设纲要》，为新时代体育强国建设画出全新蓝图。该纲要提出，到 2020 年，建立与全面建成小康社会相适应的体育发展新机制，体育领域创新发展取得新成果，全民族身体素养和健康水平持续提高，公共体育服务体系初步建立，竞技体育综合实力进一步增强，体育产业在实现高质量发展上取得新进展。

9月17日 国务院办公厅发布《关于促进全民健身和体育消费推动体育产业高质量发展的意见》。该意见明确，要以习近平新时代中国特色社会主义思想为指导，强化体育产业要素保障，激发市场活力和消费热情，推动体育产业成为国民经济支柱性产业，积极实施全民健身行动，让经常参加体育锻炼成为一种生活方式。

9月26日 国务院总理李克强主持召开国务院常务会议。会议核定了第八批 762 处新的全国重点文物保护单位，包括古遗址、古建筑、近现代重

要史迹及代表性建筑等。

10 月 7 日 国庆假期，1 亿多人次走进影院，国庆档电影票房累计突破 48 亿元大关，比上年同期增长 1 倍以上，创下"十一"黄金周票房纪录。

10 月 8 日 文化和旅游部就《在线旅游经营服务管理暂行规定（征求意见稿）》向社会公开征求意见。此举旨在保障旅游者合法权益，规范在线旅游市场秩序，促进在线旅游产业可持续发展。

10 月 16 日 国务院发布《国务院关于核定并公布第八批全国重点文物保护单位的通知》，该通知公布了文化和旅游部、国家文物局确定的第八批全国重点文物保护单位（共计 762 处）以及与现有全国重点文物保护单位合并的项目（共计 50 处）。

10 月 22 日 伽马数据发布《2019 中国游戏产业半年度报告》。数据显示，上半年中国游戏产业市场规模达 1163.1 亿元，同比增长 10.8%，增速重回两位数，移动游戏增幅更是达到了 18.8%，上年同期增长仅为 12.9%。伽马数据最新统计显示，第三季度游戏产业继续保持强势增长。

10 月 25 日 国家新闻出版署发布《关于防止未成年人沉迷网络游戏的通知》，其中提出具体要求包括：实行网络游戏账号实名注册制度、控制未成年人使用网络游戏时段时长、规范向未成年人提供付费服务、探索实施适龄提示制度等。

10 月 27 日 国家电影专资办票房数据显示，《哪吒之魔童降世》总票房定格在 49.74 亿元，登顶中国动画电影票房榜新冠。于 7 月 26 日正式上映的《哪吒》，仅 1 小时 29 分影片总票房破 1 亿元大关，创动画电影最快破亿新纪录。

10 月 31 日 在 2019 年中国国际信息通信展览会上，工业和信息化部与三大运营商举行 5G 商用启动仪式。中国移动、中国联通、中国电信正式公布 5G 套餐，并于 11 月 1 日正式上线 5G 商用套餐。这标志着我国将正式进入 5G 商用时代。

11 月 7 日 国务院印发《关于进一步做好利用外资工作的意见》。该意见完善了外国投资者申请从事娱乐场所经营业务的相关规定；对有创新创业意愿的外国留学生，可凭中国高校毕业证书申请 2 年私人事务类居留许可。

11 月 8 日　国家发改委联合国务院扶贫办、中央和国家机关工委、教育部、财政部、农业农村部、商务部、文化和旅游部、国资委、中央军委政治工作部、全国总工会、共青团中央、全国妇联、全国工商联、中华全国供销合作总社，发出《动员全社会力量共同参与消费扶贫的倡议》。该倡议指出，东部等帮扶省市要利用技术、产业、资本、市场等优势，引导企业到贫困地区建设生产基地、兴办农产品深加工企业，积极购买受援地产品和服务，组织到受援地旅游，与受援地建立长期稳定的产销衔接关系和劳务对接机制。受援地要加快调整优化农业产业结构，提升农产品质量、扩大供给规模、提升品牌效应，满足高品质、个性化、多样化需求。

11 月 12 日　国务院批复同意在北京市暂时调整实施部分行政法规和经国务院批准的部门规章规定，包括《旅行社条例》《外商投资电信企业管理规定》《中华人民共和国认证认可条例》《民办非企业单位登记管理暂行条例》《娱乐场所管理条例》《营业性演出管理条例》6 部行政法规和《外商投资准入特别管理措施（负面清单）（2019 年版）》的有关规定。批复允许外商投资设立娱乐场所，不设投资比例的限制。选择文化娱乐业聚集的特定区域，允许外商投资设立演出场所经营单位，不设投资比例的限制，允许设立外商独资演出经纪机构，并在全国范围内提供服务。

11 月 13 日　何鸿燊先生决定将马首铜像正式捐赠给国家文物局。国家文物局经与何鸿燊先生协商一致，将马首铜像划拨北京市圆明园管理处收藏，回归原属地。

11 月 19 日　中共中央、国务院发布《关于推进贸易高质量发展的指导意见》，从优化贸易结构、培育新业态、建设平台体系等十方面具体阐释了当前我国贸易高质量发展的方向。

11 月 20 日　国家统计局发布第四次全国经济普查公报。在文化及相关产业板块，通过对 2018 年末数据与 2013 年末数据进行对比分析发现，2018 年末，全国有文化及相关产业法人单位 210.3 万个，比 2013 年末增长 129.0%；从业人员 2055.8 万人，比 2013 年末增长 16.8%；资产总计 22.6 万亿元，比 2013 年末增长 118.3%。

11 月 20 日　我国首个国家级 5G 新媒体平台——中央广播电视总台"央视频"5G 新媒体平台正式上线。该平台是中央广播电视总台基于"5G＋4K/8K＋AI"等新技术全新打造的综合性视听新媒体旗舰。

11 月 20 日　《世界互联网发展报告 2019》和《中国互联网发展报告2019》蓝皮书在第六届世界互联网大会上发布。《中国互联网发展报告 2019》指出，2018 年，中国数字经济规模达 31.3 万亿元，占 GDP 的比重达 34.8%。

11 月 24 日　中共中央办公厅、国务院办公厅印发《关于强化知识产权保护的意见》。该意见提出，力争到 2022 年，侵权易发多发现象得到有效遏制，权利人维权"举证难、周期长、成本高、赔偿低"的局面明显改观。到 2025 年，知识产权保护社会满意度达到并保持在较高水平，保护能力有效提升，保护体系更加完善，尊重知识价值的营商环境更加优化，知识产权制度激励创新的基本保障作用得到更加有效发挥。

12 月 1 日　中共中央、国务院印发《长江三角洲区域一体化发展规划纲要》。"推动文化旅游合作发展"被列入该规划纲要。

12 月 5 日　中共中央办公厅、国务院办公厅印发《长城、大运河、长征国家文化公园建设方案》。该方案提出，到 2023 年底基本完成建设任务，使长城、大运河、长征沿线文物和文化资源保护传承利用协调推进局面初步形成，权责明确、运营高效、监督规范的管理模式初具雏形，形成一批可复制推广的成功经验，为全面推进国家文化公园建设创造良好条件。

12 月 10 日　文化和旅游部官方网站发布《国家级非物质文化遗产代表性传承人认定与管理办法》，计划于 2020 年 3 月 1 日起施行。该办法指出，文化和旅游部一般每五年开展一批国家级非物质文化遗产代表性传承人认定工作。国家级非遗传承人不得以歪曲、贬损等方式使用非物质文化遗产。

12 月 10 日　中国电视剧制作产业协会会长尤小刚发布 2019 年《中国电视剧（网络剧）产业调查报告》。该报告显示，2019 年中国短视频用户使用时长首次超过长视频。其中，在用户规模上，短视频也以 32% 的同比增速达到了目前 8.21 亿的月活跃用户数，长视频月活跃用户数则为 9.64 亿。

12 月 11 日　由新华社承建的媒体融合生产技术与系统国家重点实验室

正式揭牌运行。这是在中央宣传部指导下、科技部批准建设的媒体融合生产领域首个国家重点实验室。

12月13日 中国旅游研究院发布《中国旅游景区发展报告（2019）》。数据显示，2018年，国内游客与入境游客对景区景点的满意度指数分别为8.07、7.55，均处于"基本满意"水平，国内游客对景区的评价相比2017年有所提升，入境游客对景区的服务质量满意度相比2017年有较大下降。

12月17日 国家文化和旅游部部长雒树刚与澳门特区行政长官崔世安在澳门签署《关于建设"澳门故宫文化遗产保护传承中心"合作备忘录》。内地与澳门将合作建设澳门故宫文化遗产保护传承中心，共同推进文物保护、文创研发和教育推广工作。

12月18日 抖音举办"2019DOU知创作者大会"并发布《2019年度抖音知识创作者图鉴》。该图鉴显示，截至12月2日，抖音上粉丝过万的知识内容创作者数量已超过7.4万名，这些优质知识内容创作者累计创作了1985万条优质知识短视频，累计播放量超过了1.9万亿次；视频日均播放量超过了52.1亿次，每一条知识短视频，触及了近10万人次。

12月19日 百度诉字节跳动不正当竞争："头条搜索"干预搜索结果。因认为其享有权利的视频产品被今日头条作为在"头条搜索"中触发搜索广告的关键词，干预搜索结果，"好看视频"开发者北京百度网讯科技有限公司以不正当竞争为由将今日头条运营商北京字节跳动科技有限公司诉至法院。

12月20日 2019年中国游戏产业年会在海口召开，中国音像与数字出版协会游戏出版工作委员会发布《2019年中国游戏产业报告》。该报告显示，2019年中国游戏市场实际销售收入2308.8亿元，同比增长7.7%；中国游戏用户规模达到6.4亿人，同比增长2.5%；中国自主研发游戏在国内市场实际销售收入达到1895.1亿元，同比增长15.3%；中国自主研发游戏海外市场收入增速高于国内市场，2019年中国自主研发游戏海外市场实际销售收入达115.9亿美元，增长率21%。

（清博研究院李祖希、杨柳青等整理）

社会科学文献出版社

皮 书

智库报告的主要形式
同一主题智库报告的聚合

✤ 皮书定义 ✤

皮书是对中国与世界发展状况和热点问题进行年度监测，以专业的角度、专家的视野和实证研究方法，针对某一领域或区域现状与发展态势展开分析和预测，具备前沿性、原创性、实证性、连续性、时效性等特点的公开出版物，由一系列权威研究报告组成。

✤ 皮书作者 ✤

皮书系列报告作者以国内外一流研究机构、知名高校等重点智库的研究人员为主，多为相关领域一流专家学者，他们的观点代表了当下学界对中国与世界的现实和未来最高水平的解读与分析。截至2020年，皮书研创机构有近千家，报告作者累计超过7万人。

✤ 皮书荣誉 ✤

皮书系列已成为社会科学文献出版社的著名图书品牌和中国社会科学院的知名学术品牌。2016年皮书系列正式列入"十三五"国家重点出版规划项目；2013~2020年，重点皮书列入中国社会科学院承担的国家哲学社会科学创新工程项目。

中国皮书网

（网址：www.pishu.cn）

发布皮书研创资讯，传播皮书精彩内容
引领皮书出版潮流，打造皮书服务平台

栏目设置

◆ **关于皮书**

何谓皮书、皮书分类、皮书大事记、
皮书荣誉、皮书出版第一人、皮书编辑部

◆ **最新资讯**

通知公告、新闻动态、媒体聚焦、
网站专题、视频直播、下载专区

◆ **皮书研创**

皮书规范、皮书选题、皮书出版、
皮书研究、研创团队

◆ **皮书评奖评价**

指标体系、皮书评价、皮书评奖

◆ **互动专区**

皮书说、社科数托邦、皮书微博、留言板

所获荣誉

◆ 2008 年、2011 年、2014 年，中国皮书
网均在全国新闻出版业网站荣誉评选中
获得 "最具商业价值网站" 称号；
◆ 2012 年，获得 "出版业网站百强" 称号。

网库合一

2014年，中国皮书网与皮书数据库端口
合一，实现资源共享。

权威报告·一手数据·特色资源

皮书数据库
ANNUAL REPORT(YEARBOOK)
DATABASE

分析解读当下中国发展变迁的高端智库平台

所获荣誉

- 2019年，入围国家新闻出版署数字出版精品遴选推荐计划项目
- 2016年，入选"'十三五'国家重点电子出版物出版规划骨干工程"
- 2015年，荣获"搜索中国正能量 点赞2015""创新中国科技创新奖"
- 2013年，荣获"中国出版政府奖·网络出版物奖"提名奖
- 连续多年荣获中国数字出版博览会"数字出版·优秀品牌"奖

成为会员

通过网址www.pishu.com.cn访问皮书数据库网站或下载皮书数据库APP，进行手机号码验证或邮箱验证即可成为皮书数据库会员。

会员福利

- 已注册用户购书后可免费获赠100元皮书数据库充值卡。刮开充值卡涂层获取充值密码，登录并进入"会员中心"—"在线充值"—"充值卡充值"，充值成功即可购买和查看数据库内容。
- 会员福利最终解释权归社会科学文献出版社所有。

社会科学文献出版社 皮书系列
SOCIAL SCIENCES ACADEMIC PRESS (CHINA)

卡号：652894171418
密码：

数据库服务热线：400-008-6695
数据库服务QQ：2475522410
数据库服务邮箱：database@ssap.cn
图书销售热线：010-59367070/7028
图书服务QQ：1265056568
图书服务邮箱：duzhe@ssap.cn

S 基本子库
SUB DATABASE

中国社会发展数据库（下设 12 个子库）

整合国内外中国社会发展研究成果，汇聚独家统计数据、深度分析报告，涉及社会、人口、政治、教育、法律等 12 个领域，为了解中国社会发展动态、跟踪社会核心热点、分析社会发展趋势提供一站式资源搜索和数据服务。

中国经济发展数据库（下设 12 个子库）

围绕国内外中国经济发展主题研究报告、学术资讯、基础数据等资料构建，内容涵盖宏观经济、农业经济、工业经济、产业经济等 12 个重点经济领域，为实时掌控经济运行态势、把握经济发展规律、洞察经济形势、进行经济决策提供参考和依据。

中国行业发展数据库（下设 17 个子库）

以中国国民经济行业分类为依据，覆盖金融业、旅游、医疗卫生、交通运输、能源矿产等 100 多个行业，跟踪分析国民经济相关行业市场运行状况和政策导向，汇集行业发展前沿资讯，为投资、从业及各种经济决策提供理论基础和实践指导。

中国区域发展数据库（下设 6 个子库）

对中国特定区域内的经济、社会、文化等领域现状与发展情况进行深度分析和预测，研究层级至县及县以下行政区，涉及地区、区域经济体、城市、农村等不同维度，为地方经济社会宏观态势研究、发展经验研究、案例分析提供数据服务。

中国文化传媒数据库（下设 18 个子库）

汇聚文化传媒领域专家观点、热点资讯，梳理国内外中国文化发展相关学术研究成果、一手统计数据，涵盖文化产业、新闻传播、电影娱乐、文学艺术、群众文化等 18 个重点研究领域。为文化传媒研究提供相关数据、研究报告和综合分析服务。

世界经济与国际关系数据库（下设 6 个子库）

立足"皮书系列"世界经济、国际关系相关学术资源，整合世界经济、国际政治、世界文化与科技、全球性问题、国际组织与国际法、区域研究 6 大领域研究成果，为世界经济与国际关系研究提供全方位数据分析，为决策和形势研判提供参考。

法律声明

"皮书系列"（含蓝皮书、绿皮书、黄皮书）之品牌由社会科学文献出版社最早使用并持续至今，现已被中国图书市场所熟知。"皮书系列"的相关商标已在中华人民共和国国家工商行政管理总局商标局注册，如 LOGO（🖎）、皮书、Pishu、经济蓝皮书、社会蓝皮书等。"皮书系列"图书的注册商标专用权及封面设计、版式设计的著作权均为社会科学文献出版社所有。未经社会科学文献出版社书面授权许可，任何使用与"皮书系列"图书注册商标、封面设计、版式设计相同或者近似的文字、图形或其组合的行为均系侵权行为。

经作者授权，本书的专有出版权及信息网络传播权等为社会科学文献出版社享有。未经社会科学文献出版社书面授权许可，任何就本书内容的复制、发行或以数字形式进行网络传播的行为均系侵权行为。

社会科学文献出版社将通过法律途径追究上述侵权行为的法律责任，维护自身合法权益。

欢迎社会各界人士对侵犯社会科学文献出版社上述权利的侵权行为进行举报。电话：010-59367121，电子邮箱：fawubu@ssap.cn。

社会科学文献出版社